"十二五"普通高等教育本科国家级规划教材

国家级一流本科课程配套教材

统计学

STATISTICS（第四版）

吴风庆　王艳明　主编

科学出版社

北　京

内 容 简 介

统计学是一种有效的数据分析的现代科学，统计方法与技术已被广泛应用于理论与实践的各个领域，是各领域理论研究者和实际工作者的必备知识与技能。本书是在《统计学（第三版）》的基础上，充分听取专家与读者的意见修订而成，并对有关内容、实例进行了更新，增加了二维码及案例导入。本书主要包括描述统计（数据的收集、数据整理与显示、数据分布特征的测度）、推断统计（抽样与参数估计、假设检验、方差分析）、社会经济中常用的统计方法与技术（列联表、相关与回归分析、时间序列分析与预测、统计指数、统计综合评价）等三部分内容。

本书既可作为高等院校经济管理类专业的本（专）科生教材，也可作为广大实际工作者的参考书。

图书在版编目（CIP）数据

统计学 / 吴风庆，王艳明主编. —4 版. —北京：科学出版社，2023.8

“十二五”普通高等教育本科国家级规划教材

国家级一流本科课程配套教材

ISBN 978-7-03-071767-2

Ⅰ. ①统… Ⅱ. ①吴… ②王… Ⅲ. ①统计学-高等学校-教材
Ⅳ. ①C8

中国版本图书馆 CIP 数据核字（2022）第 037266 号

责任编辑：王京苏 / 责任校对：贾娜娜

责任印制：赵 博 / 封面设计：楠竹设计

科学出版社 出版

北京东黄城根北街 16 号

邮政编码：100717

http://www.sciencep.com

北京富资园科技发展有限公司印刷

科学出版社发行 各地新华书店经销

*

2008 年 7 月第 一 版 开本：787 × 1092 1/16

2011 年 6 月第 二 版 印张：18

2016 年 1 月第 三 版 字数：420 000

2023 年 8 月第 四 版 2025 年 8 月第二十七次印刷

定价：49.00 元

（如有印装质量问题，我社负责调换）

前　言

《统计学》于 2008 年 7 月出版发行,《统计学（第二版）》和《统计学（第三版）》分别于 2011 年 6 月和 2016 年 1 月出版发行，教材的修订再版得到了广大读者的厚爱。令我们深感鼓舞的是,《统计学（第二版）》于 2011 年荣获第二届山东省高等学校优秀教材，并于 2014 年入选“十二五”普通高等教育本科国家级规划教材，2021 年《统计学（第三版）》荣获山东省普通高等教育一流教材；该教材还是经济统计学国家级一流本科专业、应用统计学国家级一流本科专业、统计学国家级一流本科课程等质量工程建设的重要成果之一。

《统计学（第四版）》的编写过程中，我们时刻以党的二十大精神为指引，牢记教育是国之大计、党之大计，始终坚持教育发展的人民立场，全面贯彻党的教育方针，落实立德树人的根本任务，实施科教兴国的伟大战略。新版教材是在第三版的基础上广泛吸取教师及读者的意见修订而成的，除保持了第三版的内容体系与特点外，增添和改进的内容主要有以下几方面。

第一，增添了二维码内容，对每章、节的内容进行了扩充。为了使每章内容的表现形式更加活跃并具有趣味性，增添了“二维码”栏目，将统计学相关知识、前沿发展等拓展知识展现在读者面前。

第二，完善补充了“案例引入”。在每章的开始部分完善、补充了与该章内容相关的案例，凸显了统计学教学中倡导的“数据+模型+分析”的案例式教学方法，以引导读者更好地理解和掌握有关知识。

第三，案例选择尽量贴近现实生活、社会经济发展取得的辉煌成就等，激发读者的学习兴趣，加深其对问题的理解与方法的掌握，树立实现民族复兴的理想与责任，培养实事求是、踏实做事、诚信做人的品格。

《统计学（第四版）》仍由吴风庆、王艳明任主编，共十二章内容，各章编写分工如下：王艳明（第一章），马丽（第二章），刘晓华（第三章），吴风庆（第四章），王忠辉、袁靖（第五章），李丽（第六章），张灵科（第七章），杨秀艳（第八章），何琳（第九章），李志强（第十章），张首芳（第十一章），贾小爱（第十二章）。吴风庆负责全书的设计、总纂和定稿工作。

本教材能够再版得到了科学出版社郝静同志及其他编辑的大力支持与帮助，在编写过程中针对教材存在的不足他们都给予了很多的指导，在此表示衷心的感谢!

《统计学（第四版）》的修订出版，得到了山东工商学院统计学院全体教师的支持，在此表示诚挚的感谢!

虽然我们为提高教材质量做了很多努力，但可能仍有疏漏或不足之处，恳请同行专家和读者不吝赐教，以便今后进一步修订与完善。

目　录

第一章

导　论

本章从整体上介绍统计学的基本问题、数据的主要类型、统计学中的几个基本概念等统计领域的基本知识，为以后各章的学习奠定基础。具体要求：①了解统计基本思想、具备统计思维，系统把握统计学的含义、学科性质、研究方法；②掌握统计数据的类型及应用；③掌握统计总体、样本、参数、统计量、指标、变量等基本概念及其相互关系并能理解运用；④了解几种常用的统计应用软件。

统计学的发展历程

➤案例引入

统计是静止的历史，历史是流动的统计。由此可见，统计量化历史，数据见证历史。见图 1-1 至图 1-3。

上述内容都离不开统计学理论与方法。统计是如何开展研究的，其理论、方法、基本内容有哪些，本章将做总体介绍。

图 1-1　国家统计局网站

图 1-2　中国统计年鉴（2022）

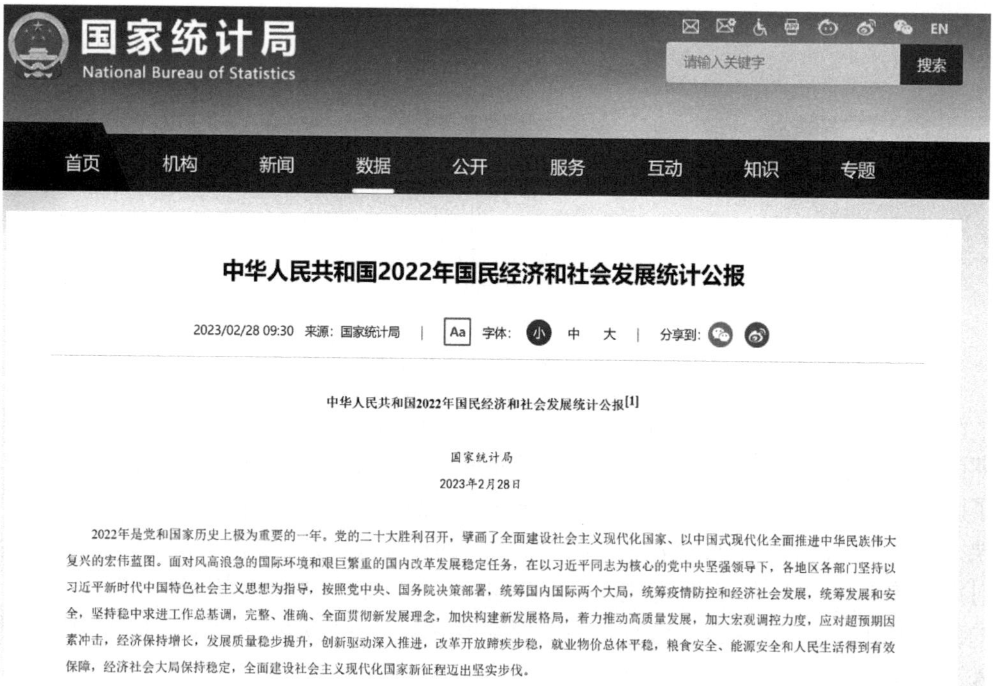

图 1-3 2022 年国民经济和社会发展统计公报

第一节 统计学的基本问题

本节主要从统计三论，即统计本质论、统计任务论、统计方法论的角度，探讨什么是统计学、统计学干什么、统计怎么干等基本问题。

一、什么是统计学

提出这个问题，主要是为了阐述统计学的本质。统计学的本质可以从统计活动和统计学两方面来阐述。

（一）统计活动

统计活动也称为统计实践、统计工作，是指根据研究目的及要求，运用科学的统计理论与方法，对客观事物或人类实践活动的数据资料进行调查、整理、分析的过程。统计调查、统计整理和统计分析是基本的统计活动，其所提供的统计资料包括原始资料、整理结果和分析结论。进行这些基本活动之前的统计设计，以及之后的资料保存、使用等也是必要的统计活动。

统计活动一般按照统计设计、统计调查、统计整理、统计分析和统计资料的开发利用这几个阶段依次进行，如图 1-4 所示。

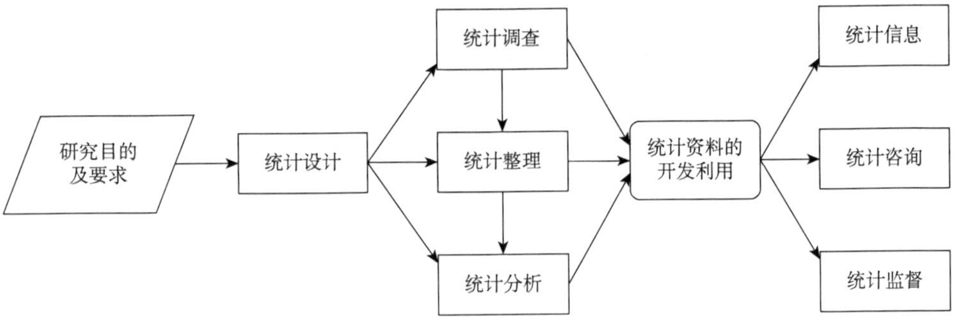

图 1-4　统计活动过程示意图

统计活动历史悠久，在原始社会时期，人们通过结绳记事分配劳动成果，这便出现了早期的统计思想与方法。后来由于采集对象不同，人们在结的大小和形状上对采集对象进行了区分，形成了最早的统计分类（统计分组）思想。例如，某国家或地区的人口统计在反映人口总量的同时也应反映各类别的人口数，如男性人口数、女性人口数，城镇人口数、乡村人口数等，这样人口统计才更全面、更有意义，才能真正为国家或地区制定与人口有关的各项方针政策提供依据。统计作为一项管理活动，中外历代统治者都不同程度地利用其来治理国家，在此就不一一列举。

（二）统计学

1. 统计学的含义

从已出版的国内外统计学教科书来看，关于统计学含义的阐述没有本质差异，都主要围绕数据的收集、整理和分析等来描述。下面主要介绍六种有代表性的解释。

（1）统计学是收集、分析、表述和解释数据的科学。

（2）统计学是收集、分析、表述和解释数据的艺术和科学。

（3）统计学是收集、处理、分析、解释数据并从数据中得出结论的科学。

（4）统计学是对数据进行收集、组织、展示、分析和解释，从而帮助决策者做出更为有效的、科学的决策。

（5）统计学是有关如何测定、收集、整理、归纳、分析反映客观现象总体数量的数据，以便得出正确认识的方法论科学。

（6）统计学是用以收集数据、分析数据和由数据得出结论的一组概念、原则和方法。

综上，我们认为统计学是研究怎样有效地收集、整理和分析数据，以对所研究的问题做出推断和预测，为采取一定的决策和行动提供依据和建议的科学。简单地说，统计学就是关于数据的一门科学。

统计学离不开数据，数据是统计学的核心。统计认识的对象主要是客观世界的数量方面，统计活动的目的主要是用数据来表述客观世界的数量关系，统计分析的目标主要是依靠数据对客观事物的性质做出定性与定量的判断。

统计对客观现象数量方面的分析主要包括三个方面：一是描述分析客观现象的数量多少，即现象的规模、大小和水平，如某国家或地区的人口数、GDP（gross domestic product，国内生产总值)、原煤总产量、高等学校数量等。二是描述分析客观现象之间的数量关系，即研究现象的内部结构、比例关系和相关关系，如性别比例、三次产业结构、收入与消费的关系、师生比等。三是描述分析研究现象的质与量之间的关系，即研究现象质与量互变的界限，研究质与量的统一。例如，完成计划与未完成计划具有质的差异，计划完成程度为 100%就是质与量互变的界限。对于劳动生产率这样的正指标，计划完成程度等于或大于 100%即为完成或超额完成计划；低于 100% 则为未完成计划。至于完成 110%还是 120%对完成计划来说只有量的差异，没有质的区别。质与量的统一，即要正确认识事物的量，必须以认识事物的质为前提，否则会得出错误的结论。

2. 统计学学科体系

进入 20 世纪后，随着数学、计算机科学、经济学等各个学科的发展，统计学无论是在理论方法上还是在应用上都迅速发展。统计学学科体系日趋完善，进入现代统计学时期。现代统计学已发展成一门多分支的学科，并且仍处于不断发展的过程中。根据研究的侧重点不同，人们通常将统计学划分为理论统计学和应用统计学两大类。

(1)理论统计学是指统计学的数学原理，它根植于纯数学的一个领域——概率论。从广义的角度来说，统计理论包括概率论，此外它还包括一些并不属于传统概率论的内容，如随机化原则的理论、各种估计的原理、假设检验的原理以及一般决策的原理，这些原理可以看成概率论公理的扩增。

(2)与理论统计学相对应的是应用统计学。在统计实践中常常会遇到一些新问题，使原有的统计方法不适用，这时就需要统计学家针对新问题建立一个与实际情况相适应的统计模型，创造新的统计方法去分析。将统计学的基本原理应用于各个领域就形成了各种类型的应用统计学。这类统计学的特点是不着重于统计数学原理的推导，而是侧重于阐明统计的思想，并将理论统计学的结论作为工具应用于各个具体领域。

现代统计学的另一个显著特点是信息技术、网络技术在统计中的广泛应用使得统计学学科的内容更加丰富，应用更为广泛，作用更加强大，用以数据为基础的科学分析方法进行宏微观决策越来越受到重视。

统计学学科体系

◎想一想

统计学与你就读的专业学科有何区别与联系。

3. 统计学与其他学科的关系

统计学与数学、哲学、社会学、经济学等其他学科也有着不同程度的联系。统计学中广泛应用了数学方法，进行统计研究要遵循哲学的基本原理，对社会经济问题的数量特征进行统计分析必须以社会学、经济学理论为基础，统计研究的结果丰富了社会学、经济学的内容。统计学与上述相关学科相互促进、共同发展。

（1）统计学和数学的关系。统计学着重于研究客观现象的数量特征。统计学中具有方法论性质的数理统计学是应用数学的一个分支，因此统计学与数学的关系十分密切，且与其他应用数学有一定的共性。和数学中的有关定理一样，统计学中的一些分布也是客观现象数量特征的一种抽象。统计学中要使用很多数学方法，学好统计学尤其是理论统计学要有坚实的数学基础。

（2）统计学与其他专门学科的关系。统计方法有着广泛的实用性，适用于其他任何学科中偶然现象的描述、分析，因此其与很多专门学科关系密切。但是统计方法只是从事物的外在数量表现去推断该事物可能的规律性，它本身不能说明何以会有这个规律性，这是各专门学科的任务。例如，用统计方法分析一些资料得出，吸烟与某些消化道疾病有关，这是通过对比吸烟者和不吸烟者的发病率数据得出的结论，但它不能解释吸烟何以会增加患这类疾病的危险性，这是医学这一专门学科的任务。所以统计方法只是一种工具，应用它进行定量分析时必须和定性分析结合起来。尤其是将统计方法应用于社会经济领域更应如此，因为社会经济现象比自然现象更为错综复杂，而又不可能像自然科学那样在实验室内排除其他因素进行实验。

◎知识窗

统计学的统一

据权威统计学史记载，从17世纪开始就有了“政治算术”“国势学”的社会统计学，到19世纪出现了大数法则和误差理论形成的数理统计学。经过近400年的变迁，世界上已形成社会统计学与数理统计学两大体系。两体系争论不休，难分伯仲。统计学家王见定教授[①]经过30年的深入研究，发现了社会统计学与数理统计学的联系和区别。王见定教授指出社会统计学描述的是变量，数理统计学描述的是随机变量，他准确地界定了社会统计学与数理统计学各自的研究范围，以及它们在一定条件下可以相互转化的关系，这是他对统计学的最大贡献。

“社会统计学与数理统计学的统一”对近400年历史的统计学进行了科学的梳理，规范了整个统计学的发展，结束了100年来社会统计学与数理统计学之间的争论。

英文版《社会统计学与数理统计学的统一》一书于2010年6月由中国经济出版社出版，并陆续向国外发行。

资料来源：作者根据相关资料整理而得。

① 王见定教授1982年1月毕业于北京工业大学，他是数学家、国际统计学会会员、国务院政府特殊津贴专家，长期从事数学、统计学、经济学的研究工作，做出了大量的原创工作。

二、统计学干什么

统计学干什么是从统计任务论的角度提出的问题。统计学的主要任务可以概述为通过科学、准确地反映客观实际，认识和把握客观现象的规律与特征，为管理与决策服务。实践证明，统计学是一门应用性很强的学科，统计学只有与其他实质性学科相结合才能发挥其应有的作用。已故的陈希孺院士在就“统计学发展前景展望”答记者问时曾提到：“统计学研究应努力与其他实用学科结合而形成交叉或边缘学科。”著名统计学家 C. R. 拉奥（C. R. Rao）也提出“统计学基本上是寄生的：靠研究其他领域内的工作而生存”。将统计学与各实质性学科相结合，并根据各自领域的特点和问题，开发和研究新的统计方法，是统计学学科发展的主流与研究方向。

统计方法已被应用到自然科学和社会科学的众多领域，统计学学科也已发展成为由若干分支学科组成的学科体系。可以说，统计方法是适用于所有学科领域的通用数据分析方法，只要有数据的地方就会用到统计方法。下面简单介绍统计方法在经济管理领域中的应用。

（一）经济领域

在现实的经济生活中，判断和认识经济形势及其未来的走向，是政府、企业和家庭进行决策的基础和前提。对经济形势进行分析判断，需要掌握有关的统计信息与统计方法。例如，微观经济领域的专家需要使用统计方法为决策者提供计划经营战略、市场战略、新产品开发方案等；宏观经济领域的专家既可以利用统计方法描述国家和区域居民家庭收入的分布状况，也可以对经济变量（如通货膨胀率、GDP、失业率等指标）的未来水平进行分析预测，还可以研究变量（如消费和可支配收入）之间的关系等。

（二）金融领域

随着金融市场、金融业态和金融模式的不断发展，统计学在金融领域的应用越来越多。例如，通过科学有效的统计方法和工具对金融领域的问题进行分析和研究，并对其效果进行验证，预测未来的金融市场走势，从而做出相应决策。

（三）财务会计与财务管理

财务会计主要以财务报表的形式传达信息。上市公司必须由独立的外部审计机构来审计财务报表，以评价这些报表的合法性。统计抽样对选择合适的样本单位（如账目）进行审计有很重要的作用。例如，一家事务所想确定上市公司的资产负债表上的应收账款金额是否真实。由于事务所的账目数量很大，查看和验证每一账户要花费太多的时间和费用，所以事务所一般的做法是由审计人员运用统计抽样技术，从所有账户中选择部分账户作为样本，在核查样本账户的准确性后，确定资产负债表上的应收账款金额是否有问题。

财务管理是企业的一种主要管理职能，主要处理企业在提供产品和服务时的财务决策问题。在企业中，财务部门常常运用统计学方法在不同的投资组合中做出决策，追踪财务指标的变化趋势，及时调整企业的生产经营决策。

（四）市场分析

营销是企业根据目标用户的需求提供产品和服务，实现盈利的一种经营活动。那么对谁营销？如何营销？效果怎样？可以运用统计学方法收集用户对产品的兴趣度、对价格的接受度、对产品推广方式的认可度等，以此对用户进行行为分析，为企业开发产品、制定价格、铺建销售渠道、进行市场推广等提供依据。这类分析对制定各类产品的未来市场营销战略大有裨益。

（五）质量管理

20 世纪初，大工业的发展对产品质量检验问题提出了新的要求，即只抽取少量产品作为样本对全部产品的质量做出判断。生产部门常常运用统计学方法改进产品质量或服务质量，质量控制是统计学在生产中的一项重要应用。在质量管理体系中，过程控制、数据分析、纠正与预防措施等很多要求均与统计技术应用有关，无论在质量管理的哪一个阶段，统计技术作为一种有效的质量控制和质量改进的工具，都发挥了巨大的作用。例如，质量管理中的控制图主要用于显示质量波动的形态，直观地传递有关过程质量状况的信息，确定在什么地方进行质量改进工作，等等。

另外，统计方法也被大量应用于其他领域。例如，在进行农作物实验时，如果其他实验条件相对固定，我们会发现某种农作物的产量会随施肥量的增加而增加。刚开始增加施肥量时，产量增加较快，当施肥量达到一定程度后，农作物产量的增加量会逐渐减少，甚至不再增加。这时如果再增加肥料，产量反而会减少。施肥量与农作物产量的数量关系就是我们要探索的规律性。

美国总统大选往往需要统计调查来获知选民对候选人的看法，进而获悉谁将以多大的优势赢得选举；生物医学领域也大量应用统计学方法进行遗传学研究、药品研发、病理研究等；古往今来，在战争中用统计方法设计作战方案，效果也十分明显，如第二次世界大战的“理智避开德军潜艇”的案例就给我们带来了很多启示。1943 年以前，大西洋上的英美运输船队常常受到德国潜艇的袭击。当时，英美两国由于实力有限，无力增派更多的护航舰艇，一时间，德国的“潜艇战”搞得盟军焦头烂额。为此，一位美国海军将领专门请教了几位统计学家，他们经过统计计算分析发现，舰队与敌潜艇相遇具有一定的规律，即对于一定数量的船，编队规模越小，编次就越多，编次越多，与敌人相遇的可能性就大。美国海军接受了统计学家的建议，命令舰队在指定海域集合，集体通过危险海域，然后各自驶向预定港口，结果盟军舰队遭袭被击沉的比例由原来的 25% 下降为 1%，损失大大减少。

以上介绍的只是统计学在部分领域的应用，一叶而知秋，由此我们可以看出，统计无处不在，统计大有可为。

◎想一想

除上述应用外，统计学还有哪些应用领域？

三、统计怎么干

作为人类认识客观世界的一种活动，统计怎么干体现在统计活动的以下几个基本阶段。

（一）统计设计

统计设计是统计活动的第一阶段。根据统计目的及要求，统计设计是对统计调查、整理、分析和资料保存、利用、发布等统计活动的通盘考虑和安排。统计设计的结果表现为各种标准、规定、制度、方案和办法，如统计分类标准、统计指标体系、统计调查方案、统计报表制度等。一个好的统计设计不仅要以统计学的一般理论和方法为指导，而且还要求设计者对所研究的问题本身具有深刻的认识并具备相关的学科知识。例如，要设计一套反映国民经济运行情况的统计指标体系，仅有一般的统计知识是不够的，还必须具备经济学的知识和理论素养，要知道国民经济运行的含义、特征和环节等。

（二）统计资料收集

资料的收集方法主要有实验法与调查法。实验法主要应用于自然科学和工程技术研究，统计学中的实验设计就是研究如何科学地设计实验方案，从而使通过实验采集的数据符合分析的目的和要求。而对于社会经济现象来说，一般无法进行重复实验，要取得有关数据就必须到实际中去选取足够多的单位进行调查，并加以综合研究，如居民消费行为调查、满意度调查等。如何科学地进行调查是统计学研究的重要内容。

（三）统计整理

统计资料收集上来之后，还必须经过整理、加工和分析才能发挥作用。统计整理在统计活动过程中起到承上启下的作用，一方面它是资料收集工作的继续；另一方面它又是统计分析的前提，能够为统计分析与研究准备系统的资料。

（四）统计分析

统计分析是利用统计调查、整理所掌握的资料，运用统计特有的方法进行分析研究，透过客观现象的数量表现认识事物的本质及其发展变化的规律性，从而揭示矛盾，找出原因，提出解决措施的一种研究深化及提高的过程。

（五）统计发布

统计发布顾名思义是将统计工作的成果按照一定的标准与程序对外公布的一项活动。随着世界经济一体化进程的加快，各国在贸易、技术和资本等方面的交流与合作越来越频繁，为加强国际组织对各国经济运行状况的监督，减少贸易摩擦，国际货币基金组织（International Monetary Fund，IMF）制定了数据公布通用系统（General Data Dissemination System，GDDS）和数据公布特殊标准（Special Data Dissemination Standard，SDDS），它们统称为统计数据公布的国际标准。各成员国要按照统一程序提供全面、准确的国民经济运行数据。2002 年 4 月 15 日，中国正式加入国际货币基金组织 GDDS。加入 GDDS，既有益于我国民众了解经济发展态势，也有益于提升中国在国际组织中的地位，增强外商到中国投资的信心，从而推动中国对外开放的步伐。同时，加入该系统，对深化我国统计体制改革也有非常重要的促进作用。

GDDS、SDDS：数据公布的国际标准

（六）统计资料的积累、开发与应用

统计的目的在于认识客观世界的规律。对于统计资料需要加以积累，可以根据需要进行进一步的加工，结合经济学、管理学、医学等相关学科的理论知识进行分析和利用。如何更好地将统计数据和统计方法应用于各自的研究领域是应用统计学研究的一个重要方面。

◎想一想

在你的学习生活中，如何运用统计思维进行思考和分析、解决问题。

第二节　统计研究方法与统计数据计量

一、统计研究的方法

统计学是一门方法论科学。人们在无数统计实践经验的基础上，经过逐步概括和总结，形成了一系列专门的统计方法。图 1-5 按照统计工作的不同阶段和作用列出了常用的统计方法。

（一）大量观测法

大量观测法就是对所研究的客观现象总体的全部或者足够多的个体进行观测以达到正确认识总体的目的。大量观测法不是一种具体的应用方法，而是研究客观现象总体的数量特征的重要思想方法和原则，是统计研究的指导原则。大量观测法要求在通过统计实验法或者统计调查法收集原始资料时遵循大量实验和大量调查的原则。对规模小、个体集中的简单总体进行统计研究时，有可能做到对所有个体全部进行观测。但是，对于在一个城市里居住的全体居民或全国人口这样的总体，就不必对所有个体逐个进行观测，而是选择足够多的个体进行非全面观测。观测的个体越多，对总体的认识就越准确，选择多少取决于研究目的，研究对象的特点、要求以及客观条件等。

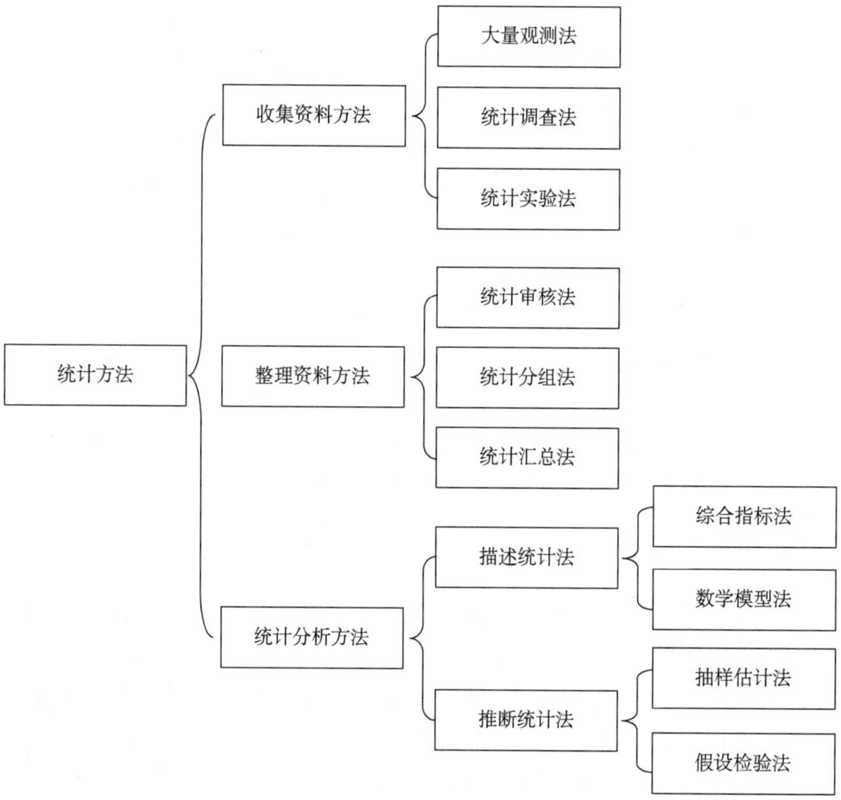

图 1-5 统计方法体系简图

进一步延伸，在研究某个现象发展变化的规律时，需要收集足够多的时间点上的资料；在进行综合评价时，要全面考虑影响评价值的因素，这些都体现了大量观测法的思想和原则。

（二）统计实验法和统计调查法

统计实验法和统计调查法是统计实践中收集所需资料的两类具体方法，统计实验法是按照一个设定的实验程序，观测所取得的数据，再对其进行整理、分析，达到对现象的总的认识。例如，某种产品的使用寿命是根据多次实验测试收集的资料分析而得，某种药品的疗效需要大量的临床实验验证。统计实验法所收集的资料往往是现实中没有或者很难取得的，科学研究人员通常采用统计实验法进行科研创新活动。分析社会经济现象，更多的是通过统计调查法，主要依靠调查人员通过各种途径收集所研究现象的数据资料，包括历史资料和现实资料。

（三）描述统计法和推断统计法

描述统计法和推断统计法是统计分析的两类方法。描述统计法是通过对所收集的数据进行加工处理，计算综合性的统计指标，描述所研究现象总体的数量特征和数量关系的方法。根据所描述问题的特点，具体可以使用综合指标法和数学模型法。综合指标法是指运用各种统计综合指标反映和研究社会经济现象总体的一般特征和数量关系的研究方法；数学模型法是根据一定的经济理论和假定条件，用数学方程模拟现实经济现象的相互关系的一种研究方法。推断统计法是在对已知事物进行描述的基础上，对未知事物进行推断的方法。根据推断的内容不同可分为抽样估计法及假设检验法等。抽样估计法是用已知的样本信息推断未知的总体信息；假设检验法是根据样本的信息对总体信息是否成立进行检验。

描述统计是整个统计学的基础，而推断统计在现代统计学中的地位和作用越来越重要，已成为统计学的核心内容。当然如果没有描述统计收集可靠的统计数据并提供有效的样本信息，再科学的推断统计方法也难以得出切合实际的结论。从描述统计发展到推断统计，既反映了统计学发展的巨大成就，也是统计学发展成熟的重要标志。

统计分析方法是统计方法的核心，其特点是运用数学、概率论与数理统计学等理论与方法对客观现象进行数量分析。现代统计学研究的重点就是统计分析方法及应用。

二、统计数据的计量

在收集数据之前我们需要了解所调查的对象的计量和测度。对于不同的事物，我们能够予以计量或测量的程度是不同的，有些事物只能对其属性进行分类，如市场调研中的客户满意程度、绩效考核中的评分种类、贷款企业的信誉等级等；而很多其他事物是可以用比较精确的数字来计量的，如某企业一季度的销售额、职工人数、产品价格等。显然，从对事物计量的精确程度来看，采用数字计量要比分类计量更精确。根据计量学的一般分类方法，按照对事物计量的精确程度，可将所采用的计量尺度由低级到高级、由粗略到精确分为四个层次，即定类尺度、定序尺度、定距尺度和定比尺度。

（一）定类尺度

定类尺度是测量尺度中层次最低的计量尺度。它按照某种属性对事物进行分类，如性别、国民经济行业分类、学科专业划分等，各类别之间没有优劣、大小、顺序之分。

（二）定序尺度

定序尺度具有定类尺度的一切特征，同时它还能反映出类别之间的等级，即不仅能把事物分成不同类别，而且不同类别之间还能进行排序，反映各类的优劣。例如，产品质量的不同等级、顾客满意度的不同程度等。

（三）定距尺度和定比尺度

定距尺度和定比尺度一般不做严格区分，其度量层次高于定序尺度和定类尺度，除了可以分类、比较大小，还可以进行加、减、乘、除运算，计量测度值之间的差距和比值。可以用定距尺度、定比尺度度量的对象很多，如销售额、产品产量、人口数、企业数、GDP 等。

采用不同的计量尺度可以得到不同类型的统计数据，而不同类型的统计数据又适用于不同的统计分析方法。

三、数据的类型

（一）按照计量尺度不同，统计数据可分为定性数据和定量数据

（1）定性数据（qualitative data）用于说明事物的品质特征，其结果表现为类别，包括分类数据和顺序数据。

分类数据（categorical data）表现为类别，但不区分顺序，是由定类尺度计量的。例如，大学生毕业的“院校”、所学的“专业”、获得的“学位”等，其数量表现是属性的描述，描述的结果表现为文字或符号；“山东工商学院”“经济统计学专业”“经济学学士”等，这样的数据就是分类数据。可以用“=”或“≠”表示。

顺序数据（rank data）表现的类别有顺序，是由定序尺度计量的。例如，大学生大学四年的综合测评，其数值表现为“优秀、良好、中等、及格、不及格”，这样的度量结果可以排出高低顺序，可以用“<”或“>”表示。顺序数据的度量层次要高于分类数据。

（2）定量数据（quantitative data）用于说明事物的数量特征，能够用数值来表现，也称为数值型数据，包括定距数据（fixed pitch data）和定比数据（fixed ratio data）。

定距和定比数据表现为数值，可以用“+”“−”“×”“÷”运算。例如，某企业某月的工资总额、职工人数、产品产量等，并可以通过上述指标计算出该企业职工的月平均工资、劳动生产率等指标。

区分数据的类型是十分重要的，因为对不同类型的数据进行处理和分析采用的统计方法是不同的。例如，对于分类数据，可以计算各组的频数和频率，计算众数，进行列联分析和卡方检验等；对于顺序数据，可以计算中位数和四分位数，计算等级相关系数等；对于定量数据，除了用上述方法外，还可以计算均值、方差等，使用更多的统计方法。

（二）按照数据的收集方法不同，统计数据可分为观测数据和实验数据

（1）观测数据（observational data）是通过调查和监测收集到的数据。这类数据是在没有对事物进行人为控制的条件下得到的，社会经济现象统计数据多为观测数据。例如，某路口每分钟的车流量监测与统计、大学生健康素养知识调查、某商场销售额的即时记录等。

（2）实验数据（experimental data）是在实验中通过控制实验对象收集到的数据。例如，医学实验室药品研究实验数据、农作物新品种实验数据等。自然科学领域的大多数据都是实验数据。

（三）按照反映时间状况的不同，统计数据可分为时间序列数据和截面数据

（1）时间序列数据（time series data）又称为动态数据，是在不同时期或时点上收集到的数据，用于描述事物、现象随时间变化的状态或趋势。表 1-1 为 2015~2019 年全国人口统计情况。

表 1-1 2015~2019 年全国人口统计表

年份	2015	2016	2017	2018	2019
人数/万人	137 462	138 271	139 008	139 538	140 005

资料来源：《中国统计年鉴》（2020 年）

（2）截面数据（cross-sectional data）又称为静态数据，反映不同空间或主体在同一时间的数量特征。表 1-2 为 2019 年全国部分地区的价格总指数。

表 1-2　2019 年全国部分地区的价格总指数（以上年为 100）　　单位：%

地区	居民消费价格总指数	商品零售价格总指数
北京市	102.3	100.5
天津市	102.7	101.7
辽宁省	102.4	101.7
上海市	102.5	100.4
江苏省	103.1	102.6
山东省	103.2	102.2
河南省	103.0	102.4

资料来源：《中国统计年鉴》（2020 年）

如果将时间序列数据和截面数据结合，称为面板数据（panel data），它具有空间和时间两个维度，综合反映不同时间和不同空间的数据分布情况。表 1-3 为 2015~2019 年全国部分地区生产总值的变化情况。

表 1-3　2015~2019 年全国部分地区生产总值的变化情况（按当年价格计算）

单位：亿元

地区	2015 年	2016 年	2017 年	2018 年	2019 年
北京市	23 014.59	25 669.13	28 014.94	30 319.98	35 371.28
天津市	16 538.19	17 885.39	18 549.19	18 809.64	14 104.28
辽宁省	28 669.02	22 246.90	23 409.24	25 315.35	24 909.45
上海市	25 123.45	28 178.65	30 632.99	32 679.87	38 155.32
江苏省	70 116.38	77 388.28	85 869.76	92 595.40	99 631.52
山东省	63 002.33	68 024.49	72 634.15	76 469.67	71 067.53
河南省	37 002.16	40 471.79	44 552.83	48 055.86	54 259.20

资料来源：《中国统计年鉴》（2016~2020 年）

◎想一想

你常见的数据都属于哪些类型的数据？有何特征？

第三节　统计学中的几个基本概念

一、总体和样本

（一）总体

统计学研究的是客观现象总体的数量特征和数量关系。因此，首先要对统计总体有一个明确的认识。

总体（population）就是根据一定目的确定的所要研究事物的全体。组成总体的各个单位称为个体（item）。总体中个体的数目或所包含的个体数称为总体单位数，它用于表明总体规模的大小，一般用 N 表示。例如，要研究全国城镇居民的收支情况，则全国城镇居民为总体，每个城镇居民为个体，全国城镇居民数为总体单位数。有了总体与个体的资料，我们就可以研究全国城镇居民的人均收入与消费、消费构成及特征、收入与消费的关系等。

总体可分为有限总体和无限总体。有限总体是指总体的范围能够明确确定，而且个体的个数有限。例如，我国的城镇居民数、一批待检验的产品就是有限总体。无限总体是指总体所包含的个体是无限的。例如，在科学实验中，每一个实验数据可以看作总体中的一个个体，而实验可以无限地进行下去，因此这种实验数据构成的总体就是一个无限总体。

（二）样本

统计的目的是研究或发现总体的数量规律及特征。但是，当总体单位数很多甚至无限时，不必要或不可能对构成总体的所有个体都进行研究。这时，需要采用一定的方式，即从总体中抽取一部分个体，作为总体的代表加以研究。这种由总体的部分个体组成的集合称为样本（sample）。样本也是由一定数量的个体构成的，样本所包含的个体数称为样本量，一般用 n 表示。

用样本推断总体，样本的选取非常重要。抽取样本时应注意以下问题。

（1）抽取样本的目的是推断总体，样本的个体必须取自同一总体。

（2）从一个总体可以抽取多个样本，样本量的大小与抽样方法有关。

（3）样本的抽取必须排除主观因素的影响，以确保样本的客观性与代表性。

（4）样本特征值是总体特征值的代表，由样本推断总体的特征总是存在一定的误差。

如何科学地从总体中抽取样本，怎样控制样本的误差，是推断统计中研究的主要问题。例如，1936 年美国民主党候选人罗斯福与共和党候选人兰登的竞选结果与事先的民意调查结果大相径庭，主要是由于当时民意调查的样本更多地倾向于共和党拥护者，他们不能很好地代表整个选民总体。

◎想一想

总体与个体、样本之间的关系。

二、总体参数和统计量

（一）总体参数

描述总体分布特征的概括性数字度量称为总体参数（parameter）。例如，总体均值 μ 、比例 π 、总体方差 σ^2 、标准差 σ 等。总体参数是未知的，需要根据样本统计量估计。因此，参数是总体具有的唯一特征。

（二）统计量

描述样本分布特征的概括性数字度量称为统计量（statistic）。例如，样本均值 $\bar{x}$ 、比例 p 、样本方差 s^2 、标准差 s 等。有了具体的样本，就可以计算统计量，并根据统计量估计总体参数，用样本均值估计总体均值，用样本方差估计总体方差，用样本比例估计总体比例等。例如，从本届某地区全日制统计学专业本科毕业生中随机抽取 1350 人进行就业薪酬状况调查，结果显示他们的平均起薪为 5500 元，起薪为 7000 元以上的占 6.3%。我们可以做出这样的推断：该届某地区全日制统计学专业本科毕业生的平均起薪为 5500 元，起薪为 7000 元以上的学生占 6.3%。

三、统计指标和统计指标体系

（一）统计指标

统计指标（indicator）是说明现象总体数量特征的名称。例如，2019 年末我国总人口为 140 005 万人；全年粮食产量 66 384.3 万吨，比上年增加 595.1 万吨，增产 0.9%；每千人私人汽车拥有量 160.77 辆；等等。

1. 指标的设计

（1）要素完整。一个完整的统计指标主要有 6 个要素，即指标名称、指标数值、指标的计量单位、指标的时间范围、指标的空间范围以及指标的计算方法等。例如，2019 年中国 GDP 990 865.1 亿元中，“GDP”是指标名称，“990 865.1”是指标数值，“亿元”是指标的计量单位，“2019 年”是指标的时间范围，“中国”是指标的空间范围，计算方法为生产法。显然，上述要素在说明总体的数量特征方面都是不可缺少的，否则就失去了作为一个统计指标的意义。

（2）指标名称必须有科学的理论依据。指标名称体现了客观现象的具体内容。如果指标的含义不明确或不正确，不仅得不到正确的数据，而且可能犯方向性错误。例如，在统计 GDP 之前，必须首先认识经济学对其概念的质的规定性，然后才能正确界定其计算口径、范围，再收集有关资料，得出一定时期的 GDP。

（3）要明确统计指标的口径和范围。统计口径是指统计数据所采用的标准，即进行数据统计的具体内涵（即项目内容）；统计范围是在指标内涵基础上的汇总。只有明确了上述内容，才能准确判断现象的数值应该计在哪个统计指标上。

（4）要有科学的计算方法。指标的含义与计算的口径和范围确定之后，还要制定科学的计算方法。例如，GDP 的计算方法主要有三种：生产法、收入法、支出法。生产法是从货物和服务活动在生产过程中形成的总产品入手，剔除生产过程中投入的中间产品价值，得到新增价值的方法，GDP=增加值之和=总产出−中间投入。收入法也称分配法，是从生产过程创造的收入的角度对常住单位的生产活动成果进行核算，GDP=劳动者报酬+固定资产折旧+生产税净额+营业盈余。支出法是从最终使用的角度来反映 GDP 最终去向的方法，GDP=最终消费+资本形成总额+货物及服务净出口。GDP 的三种计算方法需根据资料的来源情况选择。

2. 统计指标分类

统计指标按其所反映的内容或其数值表现形式，可以分为总量指标、相对指标和平均指标。总量指标又称为数量指标，相对指标和平均指标又称为质量指标。

（1）总量指标是反映总体规模的统计指标，通常以绝对数的形式表示，故又称其为绝对数。例如，GDP、销售收入、期末人口数、企业固定资产原值等。总量指标按指标所反映的时间状况不同，可分为时期指标和时点指标。时期指标是指反映现象在一段时间内达到的总规模或总水平的总量指标；时点指标是指反映总体在某一时点（瞬间）所处状态的总量指标。例如，GDP、销售收入为时期指标，期末人口数、固定资产原值则为时点指标。

（2）相对指标是两个指标之比，也称为相对数。例如，计划完成程度、经济增长率、人口密度、股票价格指数、师生比等。

（3）平均指标又称为平均数，它反映现象在某一空间或时间上的平均数量状况。例如，职工平均工资、某种股票一周的平均价格等。

（二）统计指标体系

通常一个统计指标只反映总体的某一方面的数量特征，说明总体某一侧面的情况。但是客观现象是错综复杂，具有多方面联系的。要反映客观现象的全貌，描述现象发展的全过程，只靠单个统计指标是不够的，需要设立统计指标体系。

统计指标体系是指由若干个相互联系的统计指标构成的有机整体，用以反映所研究现象各方面相互依存、相互制约的关系。例如，工业企业是在一定生产经营主体的组织下，由资本、劳动力、技术、设备、生产、供应、销售等组成的相互联系的活动整体。为了反映企业生产经营的全貌，需要设计产量、产值、职工人数、劳动生产率、工资水平、资金、成本、利润等指标，组成工业企业统计指标体系。其中，产量、产值等指标构成企业的生产指标体系，而资金、成本、利润等指标构成企业的财务指标体系等。

统计指标体系

四、变量

变量（variable）是现象所具有的某种特征，变量的具体取值称为变量值。变量可以分为以下几种类型。

（一）根据反映的数量特征不同，变量可分为分类变量、顺序变量和数值型变量

说明现象类别特征的名称为分类变量；说明现象有序类别特征的名称为顺序变量；说明现象数字特征的名称为数值型变量。

（二）根据变量值连续与否，变量可分为连续型变量和离散型变量

连续型变量是指变量的取值在数轴上连续不断，无法一一列举，在一个区间内可以取

无数个实数值。例如，人的身高、体重等。离散型变量是指变量的数值只能用计数的方法取得，其取值是整数值，有限可数。例如，企业数、职工人数、设备台数等。

（三）根据取值确定与否，变量可分为确定性变量和不确定性变量

确定性变量是受确定性因素影响的变量，即影响变量值变化的因素是明确的，是可解释和可控制的。不确定性变量即随机变量，是指在相同条件下重复进行实验，每次结果未必相同的变量；或是知道它过去的状况，但未来的发展事前不能完全确定的变量。例如，一笔资金如果存入银行，在利率一定的情况下，预期年收益是固定的，为确定性变量；而相同的资金如果购买股票，预期收益则很难确定，为不确定性变量。又如，某种新产品投放市场后消费者的欢迎程度、对某个房地产项目投资后的获利情况等通常是不确定的变量。

第四节　常用的统计分析软件

大数据时代，统计数据浩如烟海，统计运算非常复杂，如何从复杂的计算中解脱出来，以便有足够的时间去理解统计方法的机理、把握统计思想，最终达到利用统计工具分析、解决实际问题的目的，需要我们掌握一些常用的统计软件。将统计方法与统计软件结合起来，会起到事半功倍的效果。

一、Excel

Excel 是微软办公套装软件的一个重要组成部分，利用 Excel 可以进行各种数据的处理、统计分析和辅助决策操作，该软件广泛应用于管理、经济、社会、金融等众多领域，是 Microsoft Office System 中的电子表格程序。我们可以使用 Excel 创建工作簿（电子表格集合）并设置工作簿格式，以便分析数据和做出更明智的业务决策。特别地，可以使用 Excel 跟踪数据，生成数据分析模型，编写公式以对数据进行计算，以多种方式透视数据，并以各种具有专业外观的图表来显示数据。简而言之，Excel 是方便处理数据的办公软件。

资料来源：作者根据相关资料整理而得。

二、SPSS

SPSS 是“社会科学统计软件包”（Statistical Package for the Social Science）的简称，是一种集成化的计算机数据处理应用软件。SPSS 是世界上公认的三大数据分析软件之一，其特点是界面友好、操作简便、功能强大、兼容性强和易掌握等，广泛应用于通信、医疗、银行、证券、保险、制造、商业、市场研究、科研、教育等多个领域和行业。

SPSS 公司被 IBM（International Business Machines Corporation，国际商业机器公司）并购后，公司名“统计产品与服务解决方案”（Statistical Product and Service Solutions）的简称依然是 SPSS，各子产品家族名称前面统一为 IBM SPSS 字样。其功能定位依然为预测统计分析软件（Predictive Analytics Software，PASW），包括四部分，PASW Statistics（前

身为 SPSS Statistics）：统计分析；PASW Modeler（前身为 Clementine）：数据挖掘；Data Collection Family（前身为 Dimensions）：数据收集；PASW Collaboration and Deployment Services（前身为 Predictive Enterprise Services）：企业应用服务。

网络链接：http://www.spss.com。

三、R 语言

R 语言是当今数据科学领域使用非常广泛的计算机语言，有着强大的统计分析和作图功能，具有以下特点。一是完全免费、开放源代码，可以在它的网站及其镜像中下载任何有关的安装程序、源代码、程序包及其源代码、文档资料；标准的安装文件自身带有许多模块和内嵌统计函数，安装好后可以直接实现许多常用的统计功能。二是可编程，学会 R 语言之后，就可以编制自己的函数来扩展现有的语言。三是 R 语言的所有函数和数据集是保存在程序包里面的；只有当一个包被载入时，它的内容才可以被访问并随着版本的更新而不断变化。四是具有很强的互动性，除了图形输出是在另外的窗口外，它的输入输出都是在同一个窗口进行的。另外，它和其他编程语言和数据库之间有很好的接口。

网络链接：https://www.r-project.org。

四、Minitab

Minitab 是一款全面的数据分析、统计和过程改进的工具套件，旨在为质量改善、教育和研究应用领域提供统计软件和服务，它通过提供一套全面的一流机器学习、统计分析和过程改进工具，以便找到趋势、解决问题和发掘宝贵见解。Minitab 以无可比拟的强大功能和简易的可视化操作深受广大质量学者和统计专家的青睐，新版 Minitab 可以快速分析更大的数据集、比较结果并做出更好的数据驱动决策，并且其分析结果集中在一个视图里，用户可以灵活地管理和组织各个项目。

网络链接：Http://www.minitab.com/zh-cn/。

五、Eviews

Eviews 是专门为大型机构开发的、用于处理时间序列数据的时间序列软件包的新版本。虽然 Eviews 是经济学家开发的，而且主要用于经济学领域，但是从软件包的设计来看，其运用并不局限于处理经济时间序列。即使是跨部门的大型项目，也可以采用 Eviews 进行处理，它允许用户以简便的、可视化的方式从键盘或磁盘文件中输入数据，根据已有的序列生成新的序列，对序列之间存在的关系进行统计分析。

正是基于 Eviews 的功能强大、灵活性和便于使用的功能，其在科学数据分析与评价、金融分析、经济预测、销售预测和成本分析等领域的应用非常广泛。

资料来源：作者根据相关资料整理而得。

六、SAS

SAS（Statistical Analysis System，统计分析系统）是一个模块化、集成化的大型应用软件系统，具有功能强大，统计方法齐、全、新，使用简便、操作灵活，可提供联机帮助的功能。它由数十个专用模块构成，包括数据访问、数据储存及管理、应用开发、图形处理、数据分析、报告编制、运筹学方法、计量经济学与预测等，广泛应用于政府行政管理、科研、教育、生产和金融等不同领域，并且发挥着越来越重要的作用。

SAS 系统基本上可以分为四大部分：数据库部分、分析核心、开发呈现工具、对分布处理模式的支持及其数据仓库设计。SAS 系统主要完成以数据为中心的四大任务：数据访问、数据管理、数据呈现、数据分析。

网络链接：http://www.sas.com。

七、Statistica

Statistica 是一个整合数据分析、图表绘制、数据库管理与自订应用发展系统环境的专业软件。Statistica 不仅可满足使用者统计、绘图与数据管理程序等一般目的的需求，还提供特定需求所需的数据分析方法。例如，数据挖掘、商业、社会科学、生物研究或工业工程等。

所有 Statistica 产品现所提供的分析工具，皆以软件包的形式供使用者自行选择。这些工具可经由不同的使用者接口与程序语言控制、使用。它具有图形库种类非常丰富、同步报告输出、软件兼容性很好、导入导出数据时支持多种格式、软件操作简便、内置 Visual Basic 程序、定制化的报表功能等显著特点。

资料来源：作者根据相关资料整理而得。

统计学的再认识

本章小结

（1）“统计”一词可以有不同的理解：统计活动、统计资料、统计学，统计学是关于统计理论和方法的科学，是研究如何对社会总体的数量特征和规律进行描述、推断、认识的一门学科。

（2）统计方法包括：收集资料方法、整理资料方法、统计分析方法。统计分析方法是统计方法的核心，统计分析方法可以分为描述统计法和推断统计法。

（3）统计数据是统计变量的具体表现，分为分类数据、顺序数据和数值型数据；观测数据和实验数据；截面数据和时间序列数据。

（4）统计学中的几个基本概念：统计总体、个体、样本、总体参数、统计量，统计指标、统计指标体系，连续型变量、离散型变量、确定性变量、随机变量等。

（5）常用的统计分析软件包括 Excel、SPSS、R 语言、Minitab、Eviews、SAS、Statistica 等，熟练掌握统计分析软件，能够达到对海量数据进行处理、实现复杂统计运算的目的。

第二章

数据的收集

本章是统计活动的第一阶段，着重介绍数据的来源，为以后各章的学习奠定基础。本章的具体要求：①了解统计数据的间接来源；②掌握调查方案的设计；③掌握统计数据直接来源的方法；④了解数据误差的类型。

➢案例引入

2020 年 7 月 9 日，麦可思公司撰写的《2020 年中国大学生就业报告》(就业蓝皮书)正式发布。该报告显示，2019 届本科毕业生的平均月收入为 5440 元，高职毕业生的平均月收入为 4295 元，剔除通货膨胀因素的影响，与 2015 届相比，五年来本科生起薪涨幅为 23.6%，高职生起薪涨幅为 15.7%。其中，计算机类、电子信息类、自动化类等专业本科毕业生的薪资较高，2019 届平均月收入分别为 6858 元、6145 元、5899 元；铁道运输类、计算机类、水上运输类等专业高职毕业生的薪资较高，2019 届平均月收入分别为 5109 元、4883 元、4763 元。2021 年 4 月 22 日，央视财经公布了“中国美好生活大调查(2020—2021)”，调查数据显示，2020 年中国人每天多了 24 分钟休闲时间。在休闲时间里，有 38.28%的人在做手机娱乐，那么大家平时刷手机都喜欢干什么呢？排在手机娱乐前三位的是刷短视频、打游戏和追剧观影。短视频无疑成了人们“杀时间”的第一利器。女性刷短视频的比例要高于男性。这些数据准确可靠吗？如何得到这些数据？收集数据的方法有哪些呢？通过本章的学习，你就可以找到答案。

第一节　数据的来源

统计数据的来源主要有两个渠道：一是通过直接的调查或实验取得的数据，对使用者来说，这是数据的直接来源，这类数据称为直接数据；二是来源于别人的调查或实验的数据，对使用者来说，这是数据的间接来源，这类数据称为间接数据。

梅宏院士：大数据发展现状与未来趋势

一、统计数据的直接来源

统计数据的直接来源主要有调查和实验。调查是取得数据的重要手段，其中有统计部门进行的统计调查，也有其他部门或机构为特定目的进行的调查；实验是取得自然科学数据的主要手段。

（一）统计调查方式

实际中常用的统计调查方式主要有普查、统计报表和抽样调查等。

1. 普查

普查（census）是为某一特定目的而专门组织的一次性全面调查。例如，人口普查、经济普查和农业普查等。世界各国一般都定期进行各种普查，主要用于收集处于某一时间状态的社会经济现象的数量，目的是掌握特定社会经济现象的基本全貌，以及有关国情、国力的基本统计数据，为国家制定有关政策或措施提供依据。

普查作为适合特定目的、特定对象的调查方式，具有以下几个特点。

（1）普查是一次性的，具有周期性。由于普查涉及面广、调查单位多，需要耗费大量的人力、物力和财力，因此，不宜经常进行。在我国，普查已规范化、制度化，每逢末尾数字为“0”的年份进行人口普查，每逢末尾数字为“6”的年份进行农业普查，每逢末尾数字为“3”和“8”的年份进行经济普查。

（2）普查一般需要规定统一的标准调查时间，以避免调查数据的重复或遗漏，保证普查结果的准确性。例如，我国前四次人口普查的标准时间为普查年份的7月1日零时，第七次全国人口普查的标准时间为2020年11月1日零时；农业普查的标准时间为普查年份的1月1日零时。

（3）普查的数据规范化程度较高，因此它可以为抽样调查或其他调查提供基本依据。

（4）普查的使用范围比较窄，只能调查一些最基本的及特定的现象。

◎想一想

目前我国组织过几次大规模的普查？

2. 统计报表

统计报表（statistical report forms）是以国家有关法规为准则，按照统一的表式、统一的内容、统一的报送时间和报送程序，自上而下地统一布置、自下而上地逐级提供统计数据的一种调查方式，可以分为日报、月报、季报、半年报和年报等。统计报表是收集统计数据的一种重要方式，在我国几十年的政府统计工作中，已形成了比较完备的统计报表制度，统计报表已成为国家和地方政府部门统计数据的主要来源。

3. 抽样调查

抽样调查（sample survey）是从总体中随机抽取部分个体作为样本进行调查，根据样本数据对总体的数量特征进行推断的一种手段或方法。

抽样调查是实践中应用最广泛的一种调查方式，它具有以下几个特点。

（1）经济性。这是抽样调查的一个最显著的优点。由于调查的样本量通常是总体单位数的很小一部分，调查工作量小，因而可以节省大量的人力、物力、财力和时间，其调查费用较低。

（2）时效性强。通过抽样调查可以迅速、及时地获得所需要的信息。由于工作量小，调查的准备时间、调查时间、数据处理时间等都可以大大缩减，从而提高数据的时效性。与普查相比，抽样调查可以频繁地进行，并随事物的发生和发展及时获得相关信息，以弥补普查的不足。例如，在两次人口普查之间各年份的人口数据主要通过抽样调查取得。

（3）适应面广。通过抽样调查可以获得更广泛的信息，它适用于对各个领域、各种问题进行调查。从适用的范围和问题来看，抽样调查可以调查全面调查能够调查的现象，也能够调查全面调查所不能调查的现象。抽样调查特别适合对一些特殊现象进行调查。例如，产品质量检验、农产品实验、医药的临床试验等。

（4）准确性高。抽样调查的数据质量有时比全面调查更高，因为全面调查的工作量大、环节多，登记性误差往往很大；而抽样调查由于工作量小，各环节的工作做得更细致，登记性误差往往很小。当概率抽样用样本数据去推断总体时，不可避免地会有推断误差，但这种误差的大小是可以计算并加以控制的，因此推断的结果通常可靠。

具体来讲，抽样调查可以分为概率抽样和非概率抽样。

（1）概率抽样（probability sampling）是实际中应用最广泛的一种调查方法，它是使总体中的每一个单位都有一个事先已知的非零根解被抽中的抽样方法。

概率抽样方法主要有简单随机抽样、分层随机抽样、系统抽样、整群抽样。

第一，简单随机抽样（simple random sampling）。简单随机抽样也称纯随机抽样，是从总体中随机抽取一部分个体组成样本，在每次抽取中，所有待入选的个体具有相同的中选机会。具体抽取时，可以是一个一个地抽取，也可以是一次同时抽取。最常用的抽取方法有抽签法、随机数字表法和利用计算机程序产生随机数字。简单随机抽样是最基本的抽样方法，简单直观，参数估计及抽样误差的计算比较容易，是其他抽样方法的基础。因此，以后章节讨论的有关内容都是以简单随机抽样为前提的。但抽样时要有比较完善的抽样框，当个体间差异较大时，抽样误差也较大，估计的精度比较差。

第二，分层随机抽样（stratified random sampling）。分层随机抽样也称类型抽样，是首先将总体分为若干个不同的层或类型，然后在每一层内独立地进行随机抽样，并将从各层抽取的单位组成样本。这种抽样方法所得到的样本的结构与总体的结构比较相近，可以有效提高估计的精度；如果各层是按行业划分的，则可以为调查组织的工作提供方便；既可以对总体参数进行估计，也可以对总体各层的参数进行估计。因此，这种抽样方法在实际调查工作中运用得比较广泛，但需要事先掌握总体各单位的分层标准资料。

第三，系统抽样（systematic sampling）。系统抽样是将总体中的所有单位按一定顺序排列，在规定的范围内随机地抽取一个单位作为初始单位，然后按事先确定好的规则确定其他样本单位的一种抽样方法。比较常用的抽取样本单位的规则是每间隔相等的距离抽取一个单位，因此，系统抽样又称为等距抽样。该方法操作简单，可以提高估计的精度。

第四，整群抽样（cluster sampling）。整群抽样是将总体划分为若干个群，每个群包含若干个单位，然后以群为单位进行随机抽样，对抽中的群的所有单位进行调查的一种抽样方法。与简单随机抽样相比，整群抽样的抽样框比较简单，只需要总体中每个群的抽样框，而不需要总体中所有基本单位的抽样框；同时，由于群通常由地理上比较集中的单位组成，调查地点比较集中，从而节约了调查费用，方便调查的实施。其主要缺点是在样本量相同的情况下，抽样误差比较大。

（2）非概率抽样（nonprobability sampling）是相对于概率抽样而言的，是用非随机的方法从总体中抽取部分个体作为样本，进行调查的一种方法。它具有快速、简单和节省费用等特点。但由于其统计量的分布是不确切的，无法用样本的结果对总体参数做推断。它适合对探索性数据进行调查，调查结果用于发现问题，特别适合市场调查。非概率抽样的方式主要有以下几种。

第一，方便抽样（convenience sampling）。方便抽样是指根据调查的方便性，以无目标、随机的方式自行确定调查单位的调查活动。例如，在街头、商店等公共场所进行拦截式的访问，调查者对居民户的随机入户访问等。

第二，调查者自愿抽样（voluntary sampling）。自愿抽样是指被调查者自愿参加并向调查者提供有关信息的调查活动。例如，参与网络问卷调查活动、参与电视节目中的热线电话或短信等。

第三，滚雪球抽样（snowball sampling）。滚雪球抽样是指先对随机选择的一些被调查者实施访问，然后再请他们推荐具有研究目标总体特征的调查单位。这个过程持续下去，就会形成滚雪球效应。例如，对某品牌化妆品的调查，就可以先找到一些使用该品牌的消费者，再通过他们找到更多喜欢和使用该品牌的消费者。

第四，配额抽样（quota sampling）。配额抽样是指根据一定标准对总体分层或分类后，从各层或各类中主观地选取一定比例的调查单位。例如，调查消费者对服装品牌和款式的选择时，男性和女性对此的要求就不同，因而可以在调查服装品牌时调查更多的男性，而在款式的调查中选择更多的女性。

第五，判断抽样（judgment sampling）。判断抽样是指根据经验、判断和了解的基本情况，有目的地选择一些单位进行调查。在判断抽样中，可以选择重点调查（major investigation）和典型调查（survey of typical cases）。

重点调查是从全部单位中选择少数重点单位进行调查。重点单位是指在所调查现象的数量特征中占有绝对比重的少数几个单位。例如，要了解全国钢铁企业的生产情况，就可以只选择宝钢、首钢、武钢和鞍钢等几个大型钢铁企业进行调查，这样就可以大概掌握全国钢铁企业的生产情况。这里，宝钢、首钢、武钢、鞍钢就是重点单位。

典型调查是从全部单位中有目的地选择若干有代表性或典型的单位进行调查。例如，研究青少年沉迷于网络的问题，可以选择一些沉迷于上网的青少年，对其进行深入的调查，进而分析青少年沉迷于网络的原因等。几种非概率抽样的方法的比较见表 2-1。

表 2-1　几种非概率抽样的方法的比较

抽样方式	特点	缺陷
方便抽样	容易调查，成本低	调查单位具有随意性，不易推断总体
调查者自愿抽样	样本是有偏的	不能对总体做出估计
滚雪球抽样	调查费用大大减少	成本的节约是以调查质量的降低为代价的，样本可能不能很好地代表总体
配额抽样	加强了对样本结构与总体结构在"量"的方面的质量控制	不能对总体做出估计
判断抽样	操作简单，有意识地选择样本，样本结构与总体结构类似	不能对总体做出估计

◎想一想

（1）某商场床上用品展柜的销售员小张，想要了解顾客对新款按摩枕的喜好程度，为此他想在商场进行一次调查活动，对展柜的顾客进行调查。

（2）北京市统计局想要了解海淀区的人均收入状况。

以上两种情况应该采用概率抽样还是非概率抽样?

（二）数据的收集方法

不论采用何种方式进行调查，在取得统计数据时，都有一些具体的数据收集方法。数据收集方法归纳起来可分为调查法和实验法两种。

1. 调查法

调查法是指调查者直接向调查对象提出问题以获得信息的一种调查方法。根据调查者与被调查者接触方式的不同，调查法又可分为访问调查、邮寄调查、电话调查、座谈会、个别深度访问、网络调查法、遥感数据采集等。

1）访问调查

访问调查又称派员调查，是指调查者与受访者通过面对面地交谈取得数据的调查方法。访问调查的方式有标准式访问和非标准式访问两种。标准式访问又称结构式访问，是按照调查人员事先设计好的、有固定格式的标准化问卷或表格，有顺序地依次提问，并由受访者做出回答。其优点是能够对调查过程加以控制，从而获得比较可靠的调查结果。非标准式访问又称非结构式访问，事先不制作统一的问卷或表格，没有统一的提问顺序，调查人员只是给一个题目或提纲，由调查人员和受访者自由交谈，从而获得所需的数据。

2）邮寄调查

邮寄调查是指通过邮寄或宣传媒体等方式将调查表或调查问卷送至被调查者手中，由被调查者填写，然后将调查表或调查问卷寄回或投放到指定收集点的一种调查方法。邮寄调查是一种标准化调查，其特点是，调查人员和被调查者没有直接的语言交流，信息的传递完全依赖于调查表。邮寄调查的问卷或表格的发放方式有邮寄、宣传媒介传送、专门场所分发等。

3）电话调查

电话调查是指调查人员利用电话同受访者进行语言交流，从而获得数据的一种调查方式。电话调查具有时效快、费用低等特点。随着电话的普及，电话调查的应用也越来越广泛。电话调查可以按照事先设计好的问卷进行，也可以针对某一专门问题进行电话采访。电话调查所提问题要明确，问题数量不宜过多。

特别是，随着现代通信技术的发展，电脑广泛应用于数据的收集，不仅调查的数据处理可由计算机来完成，甚至整个调查的过程，包括问卷的设计和显示、样本设计、具体的调查等都可以由电脑来控制和完成，称其为电脑辅助电话调查。目前，电脑辅助电话调查已在很多国家和地区得到广泛应用，并已开发了各种电脑辅助电话调查系统（computer-assisted telephone interviewing system，CATIS），该系统使电话调查更加便利和快捷，也使调查的质量大大提高。

4）座谈会

座谈会也称为集体访谈法，是指将一组受访者集中到调查现场，让他们对调查的主题（如一种产品、一项服务或其他话题等）发表意见，从而获取调查数据的方法。为获得此类数据，研究人员需通过严格的甄别程序选取少数与研究主题有关系的受访者，让他们围绕研究主题以一种非正式的、比较自由的方式进行讨论。这种方法适用于收集与研究课题有密切关系的少数人员的倾向和意见。

参加座谈会的人数不宜太多，通常为6~10人，并且是所调查问题的专家或有相关经验的人员。讨论方式主要取决于主持人的习惯和爱好。通过小组讨论，能获取访问调查无法获取的数据，而且，在彼此交流的环境里，各个受访者相互影响、相互启发、相互补充，并在座谈过程中不断修正自己的观点，从而有利于取得较为广泛、深入的想法和意见。座谈会的另一个优点是不会因为问卷过长而遭到拒访。

5）个别深度访问

个别深度访问是指一次只有一名受访者参加的特殊的调查方式，也称深访。个别深度访问暗示着调查人员要不断深入受访者的思想当中，努力挖掘其行为的真实动机。个别深度访问是一种无结构的个人访问，调查人员要运用大量的追问技巧，尽可能让受访者自由地谈论他的想法和感受。这一方法最宜用于研究较隐秘的问题。例如，个人隐私问题或较敏感的问题。对于一些不同人之间观点差异极大的问题，小组讨论只会把问题搞糟，这时可采用个别深度访问法。

6）网络调查法

网络调查又称网上调查、在线调查，是指通过互联网及其调查系统把传统的调查、分析方法在线化、智能化，简言之就是借助互联网进行问卷调查。其构成包括三个部分：用户、调查系统、参与人群。网络调查具有自愿性、定向性、及时性、互动性、经济性与匿名性等特点。网络调查常用的方法有：网上问卷调查法、在线交流调查法、网络观察法、网络实验法。

网络调查法

7）遥感数据采集

遥感数据采集（remote sensing data acquisition）是通过各种遥感技术进行数据采集。一般使用飞机或人造资源卫星上的仪器。遥感数据采集所获得的数据量很大，必须用计算机系统中专门的应用系统进行处理。例如，使用卫星高分辨率照片，提供地面农作物绿度资料，来估计农产量的方法。各种传统调查法的主要特点如表 2-2 所示。

表 2-2 各种传统调查法的主要特点

特点	访问调查	邮寄调查	电话调查	座谈会	个别深度访问
调查时间	中等	慢	快	较快	较快
调查费用	高	低	低	中	中
问卷难度	复杂	中等	容易	复杂	复杂
调查工具的使用	充分利用	充分利用	充分利用	充分利用	充分利用
调查员作用的发挥	充分发挥	无法发挥	一般发挥	充分发挥	充分发挥
回答率	较高	较低	一般	较高	较高

2. 实验法

实验法是在所设定的特殊实验场所对研究现象进行实验以取得所需数据的一种调查方法。根据场所的不同，实验法可分为在室内进行的室内实验法和在市场或外部进行的市场实验法。室内实验法可用于广告认知的实验等。例如，在同日的同种报纸上，版面大小相同，分别刊登 A、B 两种广告，然后将其散发给读者，以测定其反应结果。市场实验法可用于消费者需求调查。例如，企业让消费者免费使用一种新产品，以得到其对新产品的看法。

实验法案例

◎**知识窗**

最初的试验例子发生在17世纪初，当时英国海军面临一种疾病的威胁，在海上长期航行的水手皮肤上有青灰斑点，牙龈大量出血。英国海军部怀疑这是缺乏柑橘类水果导致的。当这个想法被提出时，恰好有四艘海军军舰正要离开英国本土做长期航行，为调查这种疾病是不是缺乏柑橘类水果导致的，海军部安排其中一艘军舰上的水手每天喝柑橘汁，而其他三艘军舰上的水手则没有柑橘汁可喝。航行还未结束，没有喝柑橘汁的水手便开始成批地生病，以至于不得不把每天喝柑橘汁的水手分配到这三艘军舰上以帮助这些军舰进港。尽管现在看来这项试验计划还可以改进，但该试验本身已成功地证实了海军部最初的想法。

资料来源：贾俊平等（2018）。

◎**想一想**

实验法中什么是实验组，什么是对照组？以人为实验对象，在取得数据的过程中会产生哪些问题？

二、统计数据的间接来源

如果能通过直接的调查或实验取得所需的数据当然是最好的，但对大多数使用者来说，亲自去做调查往往是不可能的，这时还可以通过其他渠道获取别人调查或实验的数据。

（一）外部资料

1. 传统来源

统计数据的传统来源主要指公开出版的或公开报道的数据。在我国，公开出版或公开报道的统计数据主要来自国家和地方的统计部门以及各种报刊媒介。例如，公开的出版物有《中国统计年鉴》《中国统计摘要》《中国社会统计年鉴》《中国工业经济统计年鉴》，以及各省区市的统计年鉴等；提供世界各国社会和经济数据的出版物也有许多，《世界经济年鉴》、《中国对外经济统计年鉴》、世界银行各年度的《世界发展报告》等；联合国的有关部门及世界各国也会定期出版各种统计数据；还有各种报纸、杂志、图书、广播、电视传媒中的数据资料等。

2. 电子数据产品

电子数据产品主要指通过互联网取得的数据。互联网已成为外部数据不可或缺的重要来源。例如，搜狐、新浪、Yahoo、政府机构网站等已成为众多用户在互联网上查询、收集信息的首选网站。一些可供选择的政府机构的网址及可获取的数据见表2-3。

表2-3 一些可供选择的政府机构的网址及可获取的数据

政府机构	可获取的数据
国家统计局 http://www.stats.gov.cn/	月度数据、季度数据、年度数据、普查数据、专题数据、部门数据、国际数据等
中国统计信息网 http://www.tjcn.org/	

续表

<table>
<tr><th>政府机构</th><th>可获取的数据</th></tr>
<tr><td>商务部
http://www.mofcom.gov.cn</td><td rowspan="2">进出口、技术引进、国外经济合作、汽车市场、茧丝绸行业等</td></tr>
<tr><td>国务院发展研究中心信息网
http://www.drcnet.com.cn/</td></tr>
<tr><td>财政部
http://www.mof.gov.cn</td><td>财政预算决算收入、财政预算决算支出、国家财政债务还本付息支出等</td></tr>
<tr><td>教育部
http://www.moe.gov.cn/</td><td>历年教育发展统计、基础教育、高等教育、民族教育、教育考试、教材建设等</td></tr>
</table>

（二）内部资料

内部资料主要来源于数据库、信息管理系统、决策支持系统、数据仓储等。

总之，利用间接数据对使用者来说既经济又方便，但使用时应注意统计数据的含义、计算口径和计算方法，此外，还应注意统计数据是由谁收集的、通过什么方法收集的、什么时候收集的、为何目的收集的等，以避免误用或滥用。同时，在引用间接数据时，一定要注明数据的来源，尊重他人的劳动成果。

◎想一想

使用间接数据需要注意些什么？

第二节　调查方案设计

在收集统计数据之前，需要制定出一个周密、完整的调查方案，以指导整个调查工作，使调查得以顺利地实施和完成。调查方案设计的好坏直接影响调查数据的质量，调查方案是指导整个调查过程的纲领性文献。一个完整的调查方案至少包括调查目的、调查对象和调查单位、调查项目、调查时间和调查方法、调查工作的组织实施等内容。

一、明确调查目的

在调查方案中首先应明确调查目的。调查目的是调查所要达到的具体目标，它所回答的是为什么调查，调查具有什么意义，等等。确定调查目的是调查方案设计中应首先解决的问题，只有这样，才能确定向谁调查、调查什么以及采用什么方法进行调查。例如，我国以 2020 年 11 月 1 日零时为标准时点开展了第七次全国人口普查，主要目的是全面查清我国人口数量、结构、分布等方面的情况，为完善我国人口发展战略和政策体系、制定经济社会发展规划、推动高质量发展提供准确的统计信息支持。

二、确定调查对象和调查单位

调查对象是根据调查目的确定的调查研究的总体或范围。调查单位是需要调查的每一个单位，它是调查项目和内容的承担者或载体。调查对象所解决的是在什么范围内进行调查；调查单位所解决的是由谁来提供所需数据，即向谁调查的问题。例如，第七次全国人口普查的对象是指普查标准时点在中华人民共和国境内的自然人以及在中华人民共和国境外但未定居的中国公民，不包括在中华人民共和国境内短期停留的境外人员。

调查单位可以是调查对象的每一个个体，也可以是部分个体。如果采取全面调查的方式，如普查，则调查对象中的每一个个体都是调查单位，二者是一致的；如果采取非全面调查的方式，如抽样调查，则调查单位只是调查对象中的一部分个体，二者就是不一致的。

三、确定调查项目

调查项目是调查的具体内容，是调查单位所具有的特征，所回答的是调查什么的问题。例如，第七次全国人口普查以户为单位进行登记，户分为家庭户和集体户。人口普查登记的主要内容包括：性别、年龄、民族、国籍、受教育程度、行业、职业、迁移流动、社会保障、婚姻、生育、死亡、住房情况等。

在统计调查中，调查项目通常以表格的形式来表现，称为调查表。它是用于登记调查数据的一种表格，一般由表头、表体和表外附加三部分组成。表头是调查表的名称，用来说明调查的内容，被调查单位的名称、性质、隶属关系等；表体是调查表的主要部分，包括调查的具体项目；表外附加通常由填表人签备填报日期、填表说明等。调查表可以表现为单一表、一览表或问卷。例如，《第七次全国人口普查表短表》和《第七次全国人口普查表长表》。

四、确定调查时间和调查方法

调查时间应包括三个方面：①调查资料所属的时间。如果调查的是时期现象，就要明确调查资料的起止时间；如果调查的是时点现象，就要明确规定统一的标准时点。第七次全国人口普查规定标准调查时间为 2020 年 11 月 1 日零时。②调查工作的期限。调查期限是指调查工作的时限，也就是完成调查工作所需要的时间。例如，第七次全国人口普查规定，人口普查的现场登记工作从 2020 年 11 月 1 日零时开始，到 12 月 10 日以前结束。③调查期限内具体调查的时间。

调查方法包括调查的组织形式和收集资料的具体方法。第七次全国人口普查采取电子化方式开展普查登记，同时倡导普查对象自主填报，鼓励大家使用手机等移动终端自行申报个人和家庭信息。此次普查采用互联网云技术、云服务和云应用进行部署，全流程加强对公民个人信息的保护，确保公民个人信息安全。

五、调查工作的组织实施

为了保证整个统计调查工作顺利进行，在调查方案中还应该有一个考虑周密的组织实施计划。其主要内容包括调查工作的领导机构和办事机构；调查人员的组织；调查资料的报送方法；调查前的准备工作，包括宣传教育、调查人员的选拔和培训、调查文件的准备、调查经费的预算和开支办法；调查方案的传达布置、试点及其他工作等。例如，第六次全国人口普查规定，各级宣传部门和新闻媒体，在人口普查登记前，应当积极做好人口普查的宣传工作，动员群众参与人口普查。

◎想一想

你所在的大学想要收集同学们对目前上网资费的意见，但不可能去询问每一名同学。假如你是相关部门领导，设计一个调查方案并列举在抽样过程中可能遇到的问题。

第七次全国人口普查方案

第三节　调查问卷设计

一、问卷的概念与结构

问卷是依据统计研究的目的和要求，按照一定的理论设计出来的，是由一系列问题、项目、备选答案及填表说明组成的，向被调查者收集资料的一种调查工具。通过问卷收集统计数据，可以使调查内容标准化、系统化，便于统计处理与分析。

问卷一般由引言、被调查者的基本情况、问题和答案、结语四个部分组成。

（1）引言一般作为问卷的开头或说明，用以说明调查的目的和意义、调查组织者的身份，力求引起被调查者的重视与兴趣，取得支持与合作。引言要态度诚恳、口吻亲切，并向被调查者表示真诚的感谢。有时还要向被调查者说明问卷填写的方法和要求以及需要注意的有关事项。

（2）被调查者的基本情况用以了解个人或企事业单位的有关基本特征。例如，个人的性别、年龄、婚姻、文化程度、职业、工作单位、职务或技术职称、民族等，企事业单位的行业类别、经济类型、单位规模、所在地区等。掌握这些情况，有助于调查者进行各种构成分析。

（3）问题和答案是问卷的主要组成部分，包括所要了解的各个问题和相对应的备选答案。这一部分设计得如何，直接关系到问卷调查能否取得有研究价值的资料。

（4）结语是在问卷末尾向被调查者再次表示感谢，用以征询其对问卷设计和问卷调查的意见和感受。有的问卷也可以没有结语。

此外，如果利用计算机进行数据处理，问卷中还应该有便于计算机处理的编码。若是访问问卷，还应有工作证明的记载，即填写访问人员姓名、访问日期和被调查者的基本情况等。

二、问题的设计

（一）问题的类型

通常，问卷中使用的问题主要有两类：一类是开放式问题；一类是封闭式问题。

1. 开放式问题

开放式问题是指被调查者根据提出的问题用自己的语言来回答。它允许被调查者提供他所愿意提供的任何答案。开放式问题必须在问题之后留有充分的空白来记录回答。

用文字回答开放式问题的优点是，被调查者有机会进行自我表达或详细描述。其缺点是，对被调查者来说，开放式问题的要求更高，因为被调查者必须在没有选项帮助的情况下确定问题的意图；对调查机构来说，记录回答的过程（即数据录入）比较困难，一般要求调查员逐字记录答案且要对答案进行数字编码，这种数字编码意味着将相似的答案归并在一起，使分析更为方便，而如果分类有差错会使最终结果产生编码误差，因此，相对于封闭式问题而言，开放式问题会导致费用更高。

2. 封闭式问题

封闭式问题是从问卷提供的答案中选定适当的答案来回答。与问题一起列出来的可能答案被称为选项。

封闭式问题的优点是，由于答案是已经设计好的，被调查者只需简单地选择合适的选项，而不需要用自己的语言来陈述答案，这样他们就能更快、更容易地回答问题；被调查者更可能按设计者希望的意图来回答问题，因为选项表明了问题的核心所在。用封闭式问题收集起来的数据更容易分析；与开放式问题相比，封闭式问题的编码和数据录入也更容易，花费也更省；而且，如果一个问题被用于多项调查之中，运用相同的回答选项将有助于对调查结果进行比较。

（二）问题答案的设计

问题答案的设计是针对封闭式问题而言的，是问卷设计的另一个主要内容。答案的设计应互斥和穷举。常用的问题答案的设计形式有以下几种。

1. 二项选择问题

二项选择问题是封闭式问题中最简单的一种。通常它是一个判断“是”或“否”的问题。其适用范围是互相排斥的必居其一的定类问题。

本学期您是否参加过篮球运动?

A. 是　　　　　　　　B. 否

这种询问方法的特点是，回答简单、明确，可以严格地把被调查者分成两类不同的群体。其缺点是信息量比较小，只有两种回答，不能反映被调查者中客观存在的不同层次。

2. 多项选择问题

若提供给被调查者的选项多于两个即多项选择问题，包括只能从这些选项中选择一个答案和允许被调查者选择两个或多个答案。注意，多项选择中的“其他”选项，需要注明具体答案，通常加上“[请注明]”。

假期中，您最理想的外出旅游交通工具是哪种？[只选一项]

A. 自行车

B. 私家车

C. 飞机

D. 火车

E. 公共汽车

F. 其他[请注明]

您认为影响学习成绩的最主要因素有哪些？[可多选]

A. 出勤率

B. 听课效率

C. 学习基础

D. 讲课效果

E. 学习环境

F. 其他[请注明]

3. 等级评定问题

对于等级评定问题，一般要求被调查者对选项进行评级，或者对某个问题或陈述发表意见。在构造等级评定问题时，要尽量全面，即包括各种不同程度的等级。

您对现有的教学条件的满意程度如何？

A. 非常不满意

B. 不满意

C. 一般

D. 满意

E. 非常满意

4. 双向列联表

双向列联表是以表格形式表现的调查项目，这种方法将表格分成纵横两栏，其形式也是多样的。

例如，某市场调查机构对家庭使用牙膏情况的调查问卷中使用了一个双向列联表。见表 2-4。

表 2-4 牙膏品牌的调查

品牌	曾经用过	正在使用	准备使用	评分（喜欢程度 1~10 分）
高露洁				
佳洁士				
中华				
六必治				

续表

品牌	曾经用过	正在使用	准备使用	评分（喜欢程度 1~10 分）
洁银				
其他				

双向列联表的优点是信息量比较大，但不要设计得太复杂，否则会容易引起被调查者的厌烦和反感。

（三）应注意的问题

1. 措辞要简单、明确

与被调查者清楚地进行沟通的最佳途径是使用简单的日常用词，语言要通俗易懂，不使用调查对象可能感到陌生的语句。除了对专业人士的调查问卷外，需避免使用专业化的术语。

2. 确保问题适用

尽量减轻被调查者的负担是很重要的。确保只提与被调查者有关的问题，这样既能缩短调查时间，还能降低调查费用。

当调查的组织者仅对某一类群体的信息感兴趣，而又没有该群体的调查框时，就需要先对调查对象进行甄别，筛选掉不需要的部分，然后针对特定的群体进行提问，这时需要两个或两个以上的问题相连接，第一个问题起甄别作用，甄别符合条件的调查对象后，再提出具体的调查内容。例如，某广告公司要做一项调查，了解广告的作用，则调查对象就应该是对广告有兴趣的人，但事先并不知道哪些人对广告感兴趣，所以需要运用甄别的方法。

您对广告感兴趣吗？

A. 感兴趣　　B. 不感兴趣

如果选择 A，请回答下面的问题；如果选择 B，请停止回答。

您对广告感兴趣的原因是[选择主要的两项]

A. 广告能带来商品信息

B. 广告能带来许多新的生活观念

C. 广告有较高的欣赏价值

D. 广告能增加商品知识

E. 其他[请注明]

3. 要避免意义双关的问题

一个问题只表达一个意思。

您打算明年把车留在家里，而乘公共汽车上班吗？

有些被调查者可能会感到这个问题很难回答，因为这里包含了两个问题，一个是“您打算明年把车留在家里吗”，另一个是“您打算明年乘公共汽车上班吗”。这样，被调查者可能无法用简单的“是”或“不是”来回答。

4. 避免引导性问题

引导性问题是指引导被调查者选择某一特定答案，具有倾向性的问题。换句话说，问题的措辞方法对问题的回答产生了影响。

引导性问题会导致两个不良后果：一是被调查者不加思考就同意暗示的结论；二是引导性问题大多引用权威或大多数人的态度，被调查者考虑到这个结论已经得到了普遍的认可，就会产生心理上的趋同反应。因此，在调查问卷中应该使用“中性”词。

5. 语句表述要通顺，避免使用双重否定句

调查的问题应以友善的第二人称（你或您）来称呼被调查者，并遵守基本的语法规则。问题应该听起来自然，像谈话一样，且容易被对方理解。

另外，应避免使用双重否定句。因为在这种情况下，被调查者往往不清楚他们是应该回答同意，还是回答不同意。

6. 敏感性问题的处理

敏感性问题是指所要调查的问题涉及被调查者的隐私或被调查者不愿意公开回答的问题。对于这类问题，被调查者出于本能的自卫心理，容易产生种种顾虑，不愿意回答，而且还会引起被调查者的反感。对此，问卷中可采取以下措施。

（1）释疑法。释疑法即在问题的前面写一段消除被调查者顾虑的功能性文字，或在问卷引言中写明会严格替被调查者保密，并将采取保密的措施。

（2）假定法。用一个假定条件句作为问句的前提，然后再询问被调查者的看法。

例如，有的人不愿意暴露自己想调动工作的意向，这时可以在问卷中设置“假如允许各类人员自由调动工作的话，您会调动工作吗？”

（3）转移法。转移法即把本应由被调查者根据自己的实际情况作答的问题，转移到由他人作答来降低敏感度。

例如，调查工人的劳动定额是否合理，如果直接向每个人提问，则可能得不到真实的信息。但如果采用这样的提问方式：“您觉得对于大多数工人来说，劳动定额制定得是否合理？”则可能会得到较为客观的资料。

（4）随机化回答方法。该方法建立在不暴露被调查者对问题的直接回答的基础上，对于某个要调查的敏感性问题，列出正反两个问题，由被调查者从中随机抽取一个来回答。被调查者抽取哪个问题来回答，并不告诉调查人员，回答的内容是将抽到的问题与被调查者的实际情况相对照，只回答“是”或“否”。这样调查人员就不知道被调查者在回答哪一个问题，从而起到为被调查者保密的效果。

◎想一想

怎样调查有多少大学生在考试中作弊？

第四节　数 据 质 量

在统计数据的收集过程中，无论采用哪种调查方法，我们收集的数据与未知的真实数据之间都会由于种种原因而存在差距，这种差距被称作统计数据的误差，简称误差。如果误差过大，则必然会影响统计分析的质量和效果。因此，有必要按照统计数据的质量要求，对误差进行有效的控制。

一、数据误差的分类

误差的类型主要有抽样误差和非抽样误差两类。

（一）抽样误差

抽样误差是由抽样的随机性带来的误差，其产生的主要原因有抽取样本时没有遵循随机原则、样本结构与总体结构存在差异、样本量不足等。这类误差通常是无法消除的，但事先可以进行控制或计算。

（二）非抽样误差

非抽样误差是调查过程中调查者或被调查者的人为因素造成的误差。调查者造成的误差主要有调查方案中有关规定或解释不明确导致的填报错误、抄录错误、汇总错误等；被调查者造成的误差主要有人为因素干扰形成的有意虚报或瞒报，这种误差在统计调查中应予以特别重视。从理论上讲，非抽样误差是可以消除的。

◎知识窗

这是一个统计逸事。在 1936 年美国总统选举前，《文艺文摘》（*The Literary Digest*）进行了一次民意调查，调查的焦点当然是谁将成为下一届总统，是挑战者堪萨斯州州长艾尔弗雷德·“阿尔夫”·莫斯曼·兰登（Alfred “Alf” Mossman Landon），还是时任总统富兰克林·德拉诺·罗斯福（Franklin Delano Roosevelt）。为了解选民意向，民意调查专家根据电话簿和车辆登记簿上的名单给一大批人发了简单的调查表。虽然发出的调查表大约有 1000 万份，但收回的调查表并不多。在收回的调查表中，兰登非常受欢迎。于是，该杂志预测兰登将赢得选举。但事实表明，最终是罗斯福而不是兰登赢得了这次选举。

资料来源：德沃等（2016）。

◎想一想

（1）上述调查失败的原因是什么？

（2）假如你是一名入户调查员，调查内容是居民的收入状况。当面对拒访情况时，你会采用什么方式让受访者积极配合你回答问卷上面的问题？

美国民调机构 2016 年总统大选预测的失手

二、数据的质量要求

数据的质量包括多方面的含义，它不仅仅指数据本身的准确性或误差的大小。就一般的统计数据而言，可将其质量评价标准概括为六个方面：一是精度，即最小的抽样误差或随机误差；二是准确性，即最小的非抽样误差或偏差；三是关联性，即满足用户决策、管理和研究的需要；四是及时性，即在最短的时间里取得并公布数据；五是一致性，即保持时间序列的可比性；六是经济性，即在满足以上标准的前提下，以最经济的方式取得数据。由此可见，统计数据的质量是多方面要求的综合体现。现在，人们对统计数据的质量提出了越来越高的要求，客观上要求我们在调查方案的设计、数据的收集、数据的处理与分析等各个环节中，注意保证数据的质量，以便得出切合实际的客观结论。

三、数据质量的控制

数据质量的控制实际上就是对数据误差的控制。提高数据的质量，就是将误差控制在一定水平下。不同的误差产生的原因不同，采取的对策也有所不同。

抽样误差是由抽样的随机性带来的，只要采用概率抽样，抽样误差就不可避免。理论上，抽样误差的大小是可以计算的。要想减小抽样误差，可以通过改进抽样方式方法、保证样本结构与总体结构一致、扩大样本量等措施来实现。

非抽样误差与抽取样本的随机性无关，因而在概率抽样和非概率抽样中都会存在（但抽样框误差仅在概率抽样中存在）。非抽样误差由很多原因造成，因此控制起来比较困难，这里只做简单介绍。

一个好的调查问卷，可以有效地减少调查误差。问卷中题目的类型、提问的方式、使用的词汇和问题的组合等，都可能对被调查者产生某种微小的影响，而大量微小影响的累加是不可忽视的。因此，搞好问卷设计是减少非抽样误差的一个方面。

非抽样误差控制的另一个重要方面是调查过程的质量控制，包括调查员的挑选，调查员的培训，督导员的调查专业水平，对调查过程进行控制的具体措施，对调查结果进行检验、评估，对现场调查人员实行奖惩制度，等等。目前规范的专业性市场调查咨询公司，都有一些进行质量控制的规章制度和经验。

本章小结

（1）数据的来源有直接来源和间接来源，直接来源主要有普查、抽样调查、统计报表及各种调查方式。这些方法具有不同的特点、作用及局限性。因此，必须根据研究问题的特点及需要，正确地选择恰当的方式，这样才能收集到所需数据。

（2）正确设计调查方案是顺利调查的保证，同时问卷的科学设计也是极为重要的。这样，可以使调查研究规范化、科学化、程序化。

（3）掌握统计数据的质量要求，在实际操作中能很好地控制，减少抽样误差和非抽样误差。

第三章

数据整理与显示

本章主要介绍数据的预处理、整理及显示，包括数据的筛选、分组、频数分布和统计图表展示等。本章的具体要求：①了解数据预处理的内容；②掌握各种不同层次数据整理的一般方法；③熟练掌握统计图表的绘制和使用。

➢案例引入

绝对贫困是困扰中华民族几千年的历史问题。中华人民共和国成立后，特别是改革开放以来，中国共产党带领中国人民持续向贫困宣战；党的十八大以来，党中央团结带领全党全国各族人民，采取了许多具有原创性、独特性的重大举措，脱贫工作取得了骄人成绩。

2012 年我国有贫困县 832 个，贫困人口 9899 万人，经过 8 年的持续奋斗，到 2020 年底，我国 832 个贫困县实现了全部摘帽，现行标准下 9899 万农村贫困人口全部脱贫。中华民族在几千年的发展历史上首次整体消除绝对贫困，实现了我国人民的千年梦想、百年夙愿。

我国贫困人口脱贫后，收入和福利水平大幅提高，生活发生了巨大变化，2013 年贫困地区农村居民人均可支配收入 6079 元，2020 年达到了 12 588 元，较 2013 年增长 6509 元，年均增长 11.6%。

对于脱贫攻坚取得的成就，除了以上文字描述外，能否使用合适的统计表和统计图更加形象直观地展示数据?

资料来源：https://www.gov.cn/zhengce/2021-08/12/content_5630894.htm[2021-12-23]。

我们调查收集来的数据往往是零散和不系统的。如果想要描述总体的特征，就需要对数据进行整理。数据的整理是对数据进行统计分析前的必经阶段，在统计分析工作中起着承上启下的作用，数据整理往往需要对数据进行审核、分组等，最终将整理结果用表和图显示。

第一节　数据的预处理

数据的预处理是数据整理的前期工作，是在数据分类或分组之前对原始数据所做的必要处理，包括数据的审核、筛选和排序等。

一、数据审核

在对统计数据进行整理时，首先需要进行审核，以保证数据的质量。数据审核一般包括完整性审核和准确性审核。

完整性审核主要是检查调查单位是否有遗漏，所有的调查项目是否填写齐全等。准确性审核主要包括逻辑性检查和计算性检查。逻辑性检查主要是从定性角度审核数据是否符合逻辑，内容是否合理，以及各项目或数字之间是否存在相互矛盾。例如，一个“年龄”为“28 岁”的被访者其“职业”选项为“退休”就属于逻辑性错误。计算性检查就是审核调查表中各项数据的计算方法和结果有无错误。

二、数据筛选

数据筛选主要有两方面内容：一是将某些不符合要求的数据或有明显错误的数据剔除；二是将符合某种特定条件的数据筛选出来。

【例 3-1】11 名学生 5 门课程的测试成绩如表 3-1 所示。试筛选出英语测试中成绩等于 85 分的学生；筛选出语文测试中成绩前三名的学生；筛选出 5 门课程成绩都高于 70 分的学生。

表 3-1 11 名学生 5 门课程测试成绩数据表 单位：分

姓名	英语	数学	语文	历史	地理	总成绩
戴慧	93	63	79	80	60	375
张山	76	65	93	74	68	376
苏志	70	78	66	90	73	377
魏伟	81	75	78	70	75	379
高强	85	71	86	74	68	384
王海	97	60	76	85	70	388
刘永	85	74	88	69	84	400
武书	78	75	78	91	88	410
郝伟	83	82	92	84	81	422
王美	86	91	83	81	87	428
李明	90	95	81	87	80	433

解 经过筛选，英语成绩等于 85 分的学生共有两人，分别是高强、刘永。筛选结果如表 3-2 所示。

表 3-2 英语成绩为 85 分的学生课程测试成绩数据表 单位：分

姓名	英语	数学	语文	历史	地理	总成绩
高强	85	71	86	74	68	384
刘永	85	74	88	69	84	400

语文成绩前三名的学生分别为张山、郝伟、刘永。筛选结果如表 3-3 所示。

表 3-3 语文成绩前三名的学生课程测试成绩数据表 单位：分

姓名	英语	数学	语文	历史	地理	总成绩
张山	76	65	93	74	68	376
郝伟	83	82	92	84	81	422
刘永	85	74	88	69	84	400

筛选 5 门课程成绩都高于 70 分的学生时，需要使用“高级筛选”命令。筛选结果如表 3-4 所示。

表 3-4 5 门课程都高于 70 分的学生课程测试成绩数据表 单位：分

姓名	英语	数学	语文	历史	地理	总成绩
武书	78	75	78	91	88	410
郝伟	83	82	92	84	81	422
王美	86	91	83	81	87	428
李明	90	95	81	87	80	433

三、数据排序

数据排序的目的是便于研究者通过浏览数据发现其特征或趋势，找到解决问题的线索。排序有升序与降序之分，有助于对数据进行检查、纠错，可为分组或归类提供依据。

数据透视表

第二节 非数值型数据的整理

数据经过预处理后，便可以进一步做分类或分组整理。数据整理时，首先要明白我们所面对的数据的类型。不同的数据类型，其处理方法是不同的。非数值型数据也叫定性数据或者品质数据，包括分类数据和顺序数据，主要对其进行分类整理。

一、分类数据的整理

分类数据本身就是对事物的一种分类，其规律通过各组的频数或频率来体现。

频数（absolute frequency）是落在某一特定类别（组）中的数据的个数。把各个类别及其相应的频数全部列出，并用表表现出来，就是频数分布（frequency distribution）。

频率（relative frequency）是各类别的频数与总频数之比，常用%表示。各类别频率之和等于 100%。

【例 3-2】为研究广告市场的状况，一家广告公司在某城市抽取 200 人就广告问题进行了调查，其中的一个问题是“您比较关心下列哪一类广告”。

解　对分类数据按照类别进行整理之后，绘制频数分布表，见表 3-5。

表 3-5　某城市居民关注广告类型的频数分布

广告类型	人数/人	频率/%
商品广告	112	56.0
服务广告	51	25.5
金融广告	9	4.5
房地产广告	16	8.0
招生招聘广告	10	5.0
其他广告	2	1.0
合计	200	100

从表 3-5 所示的频数分布表中，可以很直观地看出，在广告类型中，商品广告的关注度最高，占总人数的 56%，金融广告和其他广告所占比重最低，分别是 4.5%和 1%。

二、顺序数据的整理

分类数据的整理方法同样适用于顺序数据。对于顺序数据，还可以计算累积频数（cumulative frequency）和累积频率（cumulative relative frequency）。

累积频数是将各个类别的频数按顺序逐级累加起来得到的频数。频数的累积方法有向上累积和向下累积。向上累积是从变量值最小的一组频数开始，向变量值最大的一组进行频数累加。向下累积是从变量值最大的一组频数开始，向变量值最小的一组进行频数累加。

相应的累积频率也分为向上累积频率和向下累积频率。

【例 3-3】在对某小区进行物业服务满意度调查时，随机选取了 50 名被调查者，他们对小区物业服务状况的评价的原始记录如表 3-6。

表 3-6 50 名被调查者对小区物业服务状况的评价

编号	满意度	编号	满意度	编号	满意度	编号	满意度	编号	满意度
1	满意	11	基本不满意	21	满意	31	满意	41	基本满意
2	满意	12	满意	22	满意	32	基本满意	42	不满意
3	基本满意	13	一般	23	基本满意	33	一般	43	满意
4	一般	14	满意	24	一般	34	不满意	44	基本满意
5	不满意	15	满意	25	不满意	35	基本满意	45	满意
6	满意	16	满意	26	基本满意	36	一般	46	满意
7	基本不满意	17	满意	27	一般	37	满意	47	一般
8	满意	18	基本满意	28	基本满意	38	一般	48	满意
9	基本满意	19	不满意	29	满意	39	一般	49	不满意
10	满意	20	一般	30	一般	40	基本满意	50	基本不满意

解 对上述数据进行频数分布表绘制，进一步地可以汇总累积频数，如表 3-7 所示。从表 3-7 中可以看出，50 名被调查者中认为“基本满意及以上”的人数为 30 人，占总人数的 60%，“一般及以下”的人数为 20 人，占总人数的 40%。

表 3-7 50 名被调查者对小区物业服务状况的评价的分组统计表

评价	频数/人	频率/%	累积频数及频率			
			向上累积		向下累积	
			频数/人	频率/%	频数/人	频率/%
不满意	6	12	6	12	50	100
基本不满意	3	6	9	18	44	88
一般	11	22	20	40	41	82
基本满意	11	22	31	62	30	60
满意	19	38	50	100	19	38
合计	50	100	—	—	—	—

第三节 数值型数据的整理

对数值型数据也可以绘制频数分布表，计算累积频数等。除此之外，处理数值型数据的主要方式是进行分组，这些特定的整理方法并不适用于分类数据和顺序数据。

在整理数值型数据时通常用分组的方法。分组是根据统计研究的需要，将原始数据按照某种标准划分成不同的组别，形成分组数据（grouped data）。分组后再计算出各组的频数，就形成了频数分布表。数据分组的方法有单变量值分组和组距分组两种。

一、单变量值分组

单变量值分组是把每个变量值作为一组进行分组，如表 3-8 所示。

表 3-8　某班级学生按年龄分组的频数分布表

年龄/岁	人数/人	频率/%
18	7	23.33
19	19	63.33
20	4	13.33
合计	30	100

注：表中数据合计不为 100 是四舍五入修约所致

这种分组方法一般适合于离散型变量且变量值较少的情况。当变量值较多时，应采用组距分组。

二、组距分组

在数据较多的情况下，单变量值分组由于组数较多，不利于观察数据分布的特征和规律。在变量值较多的情况下，需要采用组距分组。它是把全部变量值依次划分成若干区间，并将每一区间的变量值作为一组。组距分组中，表示各组界限的数值称为组限，一个组的最小值称为下限（low limit），最大值称为上限（upper limit），如表 3-9 所示。

表 3-9　某公司 150 名员工月收入分组表

收入分组	人数/人	频率/%
3000 元以下	17	11.33
3000~4000 元	32	21.33
4000~5000 元	48	32.00
5000~6000 元	25	16.67
6000~7000 元	15	10.00
7000~8000 元	9	6.00
8000 元以上	4	2.67
合计	150	100

1. 组距分组的步骤

（1）确定组数。将一组数据分成多少组，这与数据本身的特点及数据的多少有关。组数太少，数据的分布就会过于集中；组数太多，数据的分布就会过于分散。这都不利于观察数据分布的特征和规律。因此组数的确定应以客观反映数据的分布特征和规律为目的。实际分组时，组数的确定可参考美国学者斯特吉斯（Sturges）的经验公式：

$$K = 1 + \frac{\lg N}{\lg 2} = 1 + 3.3\lg N \tag{3-1}$$

式中，N 为数据个数；K 为组数，多取四舍五入的整数。

（2）确定各组的组距。组距是一个组的上限与下限的差，通常情况下，每组的组距是相等的，因此当我们知道组数 K 时，组距是很容易计算出来的。

$$\text{组距}=\frac{\text{最大变量值}-\text{最小变量值}}{\text{组数}} \tag{3-2}$$

为了便于观察和计算，实际中组距多使用 5 或 10 的倍数。出现小数需要取整时，数值只入不舍。

（3）整理汇总。各组的排列顺序通常是由小到大。表 3-9 就是组距分组的结果。

◎知识窗

Sturges 公式不是通过严格的数学推导得到的结论，而是在实践过程中经过总结，得到的一个近似的结果，因此称之为经验公式。实际应用时不可盲目按照此公式确定组数，还要考虑组距多为 5 或者 10 的整数倍，进而确定合适的组数。

2. 组距分组要注意的问题

（1）穷举与互斥原则。又称不重不漏原则。穷举，即全部，一个不能漏；互斥，即没有交叉，不重复。

（2）上组限不在内原则。对于连续变量，我们需要使用重叠组限，此时每组组距为该组上限与下限之差。为统一，人们习惯上规定上组限不在内，以解决“不重”的问题。例如，某位员工月收入正好为 5000 元，那么他应该位于 5000~6000 元组，而不应被分在 4000~5000 元组中。当然，对于离散变量，我们可以采用相邻两组组限间断的办法解决“不重”的问题。假定月收入为整数，那么可以分组为 4000~4999、5000~5999，此时组距为该组上限与前一组上限之差，或该组下限与前一组下限之差。

（3）开口组问题。如果所有数据中存在极端变量值，为了避免出现频数为 0 的空白组或数值被漏掉，第一组和最后一组可以使用“××以下”“××以上”，这样缺上限或者下限的组称为开口组。

（4）组中值的计算。在组距分组中，通常用组中值作为该组数据的代表值，即

$$\text{组中值}=\frac{\text{本组上限}+\text{本组下限}}{2} \tag{3-3}$$

但用组中值代表各组的一般水平具有一定的假定性，即假定频数在各组内的分布是均匀的。

开口组的组中值的计算公式为

$$\text{下开口组的组中值}=\text{本组上限}-\frac{1}{2}\text{邻组组距} \tag{3-4}$$

$$\text{上开口组的组中值}=\text{本组下限}+\frac{1}{2}\text{邻组组距} \tag{3-5}$$

例如，表 3-9 中的 4000~5000 元组中，4000 和 5000 分别为该组的下限和上限，组中值是 4500。

（5）等距分组与不等距分组。等距分组就是各组的组距相等，这种分组的优点是利

于观察和分析。例如，表 3-9 各组组距相等，因而各组频数的分布不受组距大小的影响。

不等距分组又称异距分组，组间的距离不相等，这种分组更多考虑的是研究需要和研究对象自身的特点。例如，进行人口疾病研究的年龄分组，采用不等距分组，即：1 岁以下按月分组，1~10 岁按年分组，11~20 岁按 5 年分组，21 岁以上按 10 年或 20 年分组等。不等距分组各组的组距不同，因而各组频数的分布受组距大小的影响。因此，各组绝对频数的多少并不能反映频数分布的实际状况。为消除组距不同对频数分布的影响，需要计算频数密度。

频数密度的计算公式如下：

$$\text{频数密度} = \frac{\text{频数}}{\text{组距}} \tag{3-6}$$

频数密度即单位组距内分布的频数，也称次数密度，用频数密度才能准确反映频数分布的实际状况。而等距分组时各组频数的分布与频数密度的分布是一致的，因此可直接根据频数来观察频数分布的特征和规律。

◎想一想

什么情况下适合采用不等距分组？

不等距分组的应用

【**例 3-4**】表 3-10 为某生产车间 50 名工人的日加工零件数，试编制频数分布表。

表 3-10　某生产车间 50 名工人日加工零件数原始资料表　　单位：件

编号	零件数	编号	零件数	编号	零件数	编号	零件数	编号	零件数
1	117	11	108	21	115	31	113	41	134
2	122	12	131	22	139	32	120	42	127
3	124	13	125	23	128	33	123	43	123
4	129	14	117	24	124	34	127	44	118
5	139	15	122	25	121	35	135	45	112
6	107	16	133	26	112	36	110	46	137
7	117	17	126	27	134	37	118	47	114
8	130	18	122	28	127	38	123	48	120
9	122	19	118	29	123	39	126	49	128
10	125	20	108	30	119	40	133	50	124

解 第一步，对原始数据排序，找出最大值和最小值，计算全距：

$$R = x_{max} - x_{min} = 139-107=32$$

第二步，确定组数：$K = 1 + 3.3\lg 50 \approx 6.6$，因此确定组数为 7。

第三步，确定组距：$d = \frac{R}{K} = 32 \div 7 = 4.6$。

按照组距的确定原则，本例中组距可选取为 5。这样我们确定的 7 个组依次为：105~109、110~114、115~119、120~124、125~129、130~134、135~139。

第四步，汇总整理，得到频数分布表，如表 3-11 所示。

表 3-11 50 名工人日加工零件数的频数分布表

日加工零件数分组/件	工人人数/人
105~109	3
110~114	5
115~119	8
120~124	14
125~129	10
130~134	6
135~139	4
合计	50

当然，为了观察与计算的方便，更多时候我们会采用 105~110、110~115、115~120、120~125、125~130、130~135、135~140 的方式进行分组，此时要注意遵循上组限不在内原则。

一个频数分布表的价值在于它提供了有关数据的内在性质，而这一内涵不容易通过观察原始的未分组数据得到。

三、频数分布类型

常见的频数分布曲线主要有对称（正态）分布、偏态分布、“J”形分布、“U”形分布等几种类型，如图 3-1 所示。

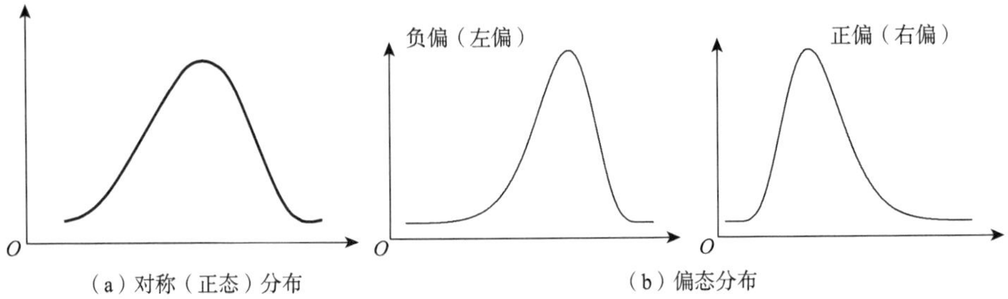

图 3-1 常见的频数分布图

（1）对称（正态）分布是一种对称的钟形分布，生活中很多现象服从这种分布。例如，长度测量误差；一个地区同龄人群的身高、体重、肺活量；某地每年 7 月的平均气温、平均湿度、平均降水量等，见图 3-1（a）。

（2）偏态分布是非对称的钟形分布，偏态通常分成正偏（右偏）和负偏（左偏）两种情形，见图 3-1（b）。一个国家或地区的收入多服从正偏分布；临床收集整理的冠心病、恶性肿瘤等患者的年龄多为负偏分布。

（3）“J”形分布有正“J”形和反“J”形两种，如经济学中的供给曲线，随着价格的提高供给量以更快的速度增加，呈现为正“J”形；对于需求曲线，随着价格的提高需求量以较快的速度减少，呈现为反“J”形。

（4）“U”形分布的特征是两端的频数分布多，中间的频数分布少。比如，人和动物的死亡率的分布就近似服从“U”形分布。

第四节　数据的显示

文字报告、统计表和统计图是显示数据资料的三种途径。将数据分类汇总后，多用表格和图的形式展示频数的分布情况，这样更加生动、具体和形象。正确使用统计表和统计图是做好统计分析的最基本的技能。

一、统计表

（一）统计表的构成

统计表是表示经过汇总加工后的综合统计资料的一种表格形式。

从形式上看，统计表是由纵横交叉的直线组成的左右两边不封口的表格，表的上面有总标题，即表的名称（又称表头），左边有行标题，上方有列标题，表内是统计数据，如表 3-12 所示。

（1）表头，应包括表号、总标题和计量单位等内容。总标题需要表明统计数据的时间、地点以及内容，写在表的上端正中位置。

（2）行标题，通常也称为统计表的主词（主栏），它表明研究总体及其组成部分，也是统计表所要说明的对象，一般写在表的左方。

（3）列标题，通常也称为统计表的宾词（宾栏），它是表明总体特征的统计指标的名称，一般写在表的上方。

（4）统计数据，即各横栏与纵栏的交叉处的数字。

（5）表外附加，主要包括资料来源、指标解释和必要的说明等，常放于表的下方。

表头　**表 3-12　2020 年中国 GDP 构成统计表**

产业	增加值/亿元	比例/%
第一产业	77 754.1	7.7
第二产业	384 255.3	37.8
第三产业	553 976.8	54.5
合计	1 015 986.2	100

行标题　列标题　统计数据

（二）统计表的种类

（1）简单表。未经任何分组，仅仅罗列各单位名称或按时间顺序排列的表，如表 3-13 所示。

表 3-13　2019 年末山东省、河南省和江苏省人口数统计表

省份	人口数/万人	较上年增长率/%
山东省	10 106	0.29
河南省	9 901	0.38
江苏省	8 469	0.27

（2）简单分组表。按照某一个标准进行分组的统计表，如表 3-14 所示。

表 3-14　2019 年末我国城乡人口数统计表

按城乡分组	人口数/万人	百分比/%
城镇	88 426	62.70
乡村	52 582	37.29
合计	141 008	100

（3）复合分组表。按两个以上标准进行分组的统计表，如表 3-15 所示。

表 3-15　2019 年末山东省、河南省和江苏省城乡人口数统计表

分组	人口数/万人	百分比/%
山东省	10 106	100
城镇	6 194	61.29
乡村	3 912	38.71
河南省	9 901	100
城镇	5 129	51.80
乡村	4 772	48.20
江苏省	8 469	100
城镇	5 698	67.28
乡村	2 771	32.72

（三）统计表的设计

使用者的目的以及统计数据的特点不同，统计表的设计在形式和结构上也会有较大差异，但设计上的基本要求是一致的。统计表的设计应遵循科学、实用、简明、美观的原则，具体设计时应注意以下几个方面的问题。

（1）总标题要简明扼要，并能确切说明表中的内容。

（2）统计表上下两端的端线应当用粗线绘制，表中其他线条一律用细线绘制，表的左右两端习惯上均不画线，采用开口式。

（3）统计数据应有计量单位。如果整个表的计量单位都是相同的，应在表的右上角注明；否则，应在各栏标题中分别注明。

（4）表中横栏的“合计”，一般置于最后一列；表中纵栏的“合计”一般置于最后一行。表中的数据一般是右对齐，有小数点时应按小数点对齐，而且小数的位数应统一。对于没有数字的单元格，一般用“—”或“/”表示，一张填好的统计表不应出现空白单元格。

（5）必要时可在表的下方加上注释，特别要注明资料来源，以表示对他人劳动成果的尊重，以便读者查阅使用。

（6）为了美观，统计表的长宽比例应该协调，尽量避免长宽相等或过细、过扁的统计表。

二、统计图

统计图是统计资料的一种常用表达方式。它利用几何图形（点、线、面）或其他图形把所研究对象的特征、内部结构等相互关联的数量关系绘制成简明、生动的图形。用统计图表示数量关系形象、直观、生动，可以使人们一目了然地认识客观事物的状态、形成、发展趋势或在某地区的分布状况等，因此统计图在经济管理工作中使用得非常广泛。

（一）统计图的设计

借助计算机可以很容易地绘制出漂亮的图形。规范的统计图的设计仍以“科学、实用、简洁、美观”为原则，以清晰地显示数据、合理地表达统计目的为依据。绘制统计图时应注意以下五点。

（1）数据轴刻度应从“0”开始，不要过疏或过密，尽量设计出易于观察和比较的“5”和“10”的整数倍数，不宜使用小数。

（2）图形的长宽比例要适当，一般应绘成横轴略大于纵轴的长方形，其长宽比例大致为 10∶7。

（3）用线条的粗细、色彩的深浅以及线纹的疏密来体现资料的主次。

（4）图心区应不小于整个图幅的 1/2。

（5）图题、图例多放在图的下方。

◎知识窗

爱德华·R. 塔夫特（Edward R. Tufte）是耶鲁大学统计学和政治学的退休教授，他奠定了视觉化定量信息的基础。他在著作《定量信息的视觉显示》（*The Visual Display of Quantitative Information*）中使用图优性（graphical excellency）来描述一个好图。图优性是指图能够在最短的时间内用最少的笔墨，在最小的空间里给观众最多的思想。在塔夫特看来，一个好图能够把复杂的思想在图中清楚、准确、有效地表达出来。

资料来源：爱德华·R. 塔夫特的《定量信息的视觉显示》。

（二）常用的统计图

统计图的种类很多。我们可以根据数据的类型，以及要反映的内容选取合适的统计图对数据进行显示。

1. 条（柱）形图

条（柱）形图是一种描述汇总的品质数据的图形，在对数据进行整理，得到相应的频数分布表后，可以使用条（柱）形图进行显示。在条形图中，通常用纵轴表示类别，用条形的长度表示各类数据的频数，而在柱形图中则刚好相反。图 3-2 用立体柱形图对例 3-2 中的数据进行了显示，从图 3-2 中可以很直观地看出市民对不同类型广告关注度的差异。

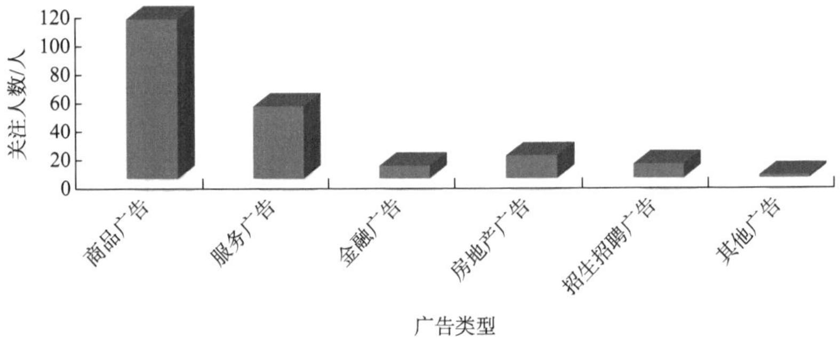

图 3-2　某城市 200 名市民广告关注度的频数分布图

2. 饼形图

饼形图主要用于反映现象的内部结构，以扇形面积的大小代表组或类别出现的频率。图 3-3 给出了某城市 200 名市民广告关注度的立体饼形图。

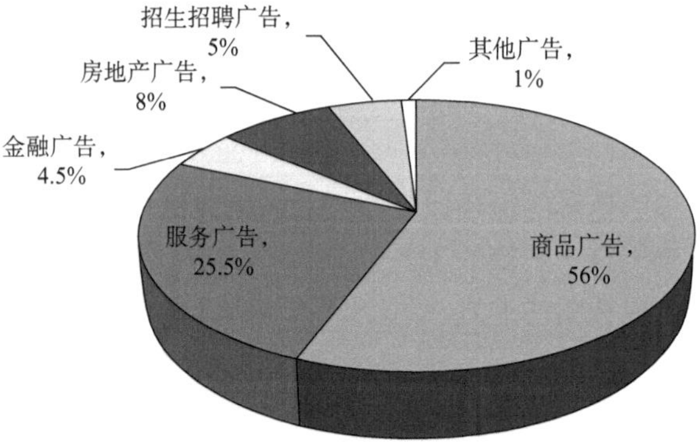

图 3-3　某城市 200 名市民广告关注度的构成情况

结构性问题研究示例

3. 累积频数分布图

绘制累积频数分布图时，横坐标仍然为分组，但纵坐标为各组相应的累积频数。例如，图 3-4 是根据表 3-7 的资料绘制的 50 名被调查者对小区物业服务状况的评价的累积频数分布图。

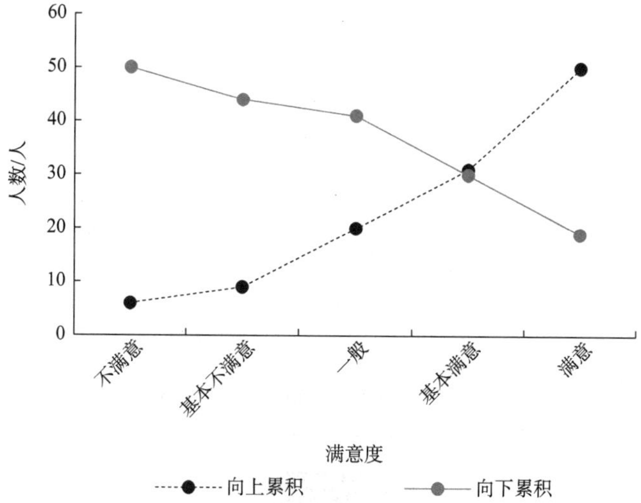

图 3-4　50 名被调查者对小区物业服务状况的评价的累积频数分布图

累积频数的应用

4. 帕累托图

帕累托图（Pareto diagram）是根据频数和累积频率绘制的条线结合统计图。条形一般按频数最大的类到频数最小的类依次排列，曲线则用于表现累积频率。通过帕累托图，可以发现或判断少数关键的影响因素，因此这种图形很多时候用于查找影响因素、进行质量控制等。图 3-5 给出了产品质量不合格因素的帕累托图。

5. 直方图

以上介绍的条形图、饼形图及累积频数分布图等都适用于数值型数据，但更多情况下，分组显示数值型数据时会采用直方图。

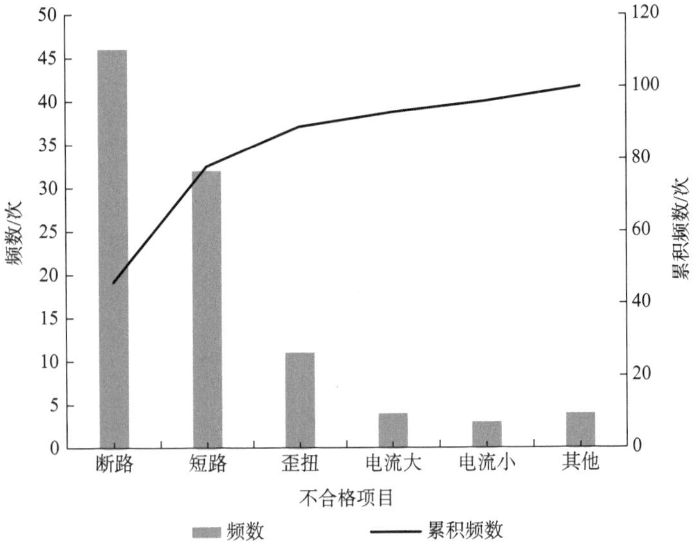

图 3-5 产品质量不合格因素的帕累托图

帕累托法则和帕累托图

直方图（histogram）主要用于展示数值型数据的频数分布。在直角坐标中，通常用横轴表示数据分组，纵轴表示频数或频率，各组与相应的频数形成一个矩形，即直方图。对于等距分组的数据，矩形的高度可以直接表示频数的分布；对于不等距分组的数据，需用矩形的面积表示各组的频数或频率分布。面积直方图下的总面积等于 1。图 3-6 为以例 3-4 的资料为例绘制的 50 名工人日加工零件数的直方图。

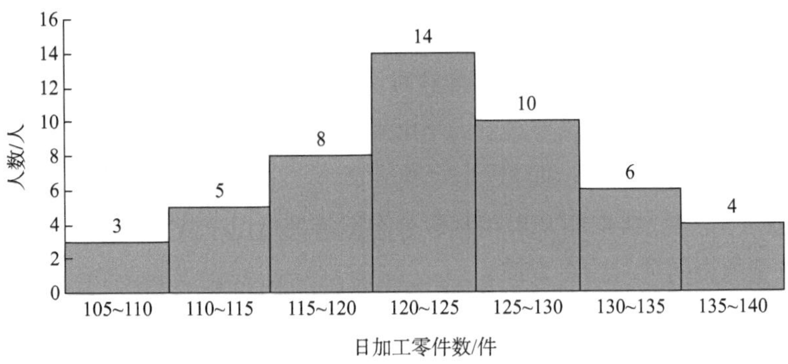

图 3-6 50 名工人日加工零件数的直方图

◎**想一想**

直方图和条形图有什么区别，可以从哪几个方面来区别？

6. 折线图

折线图也称频数多边形（frequency polygon）。在直方图的基础上，把条形顶部的中点用直线连接起来，并将折线的两个端点通过各自条形竖边中点延伸与横轴（x轴）相交形成一个多边形，就形成了折线图。这样围成的多边形的面积与直方图的面积相等，表示这两种图式的频数分布一致。根据例3-4绘制的50名工人日加工零件数的折线图如图3-7所示。需要注意，折线图的两个端点要与横轴相交。

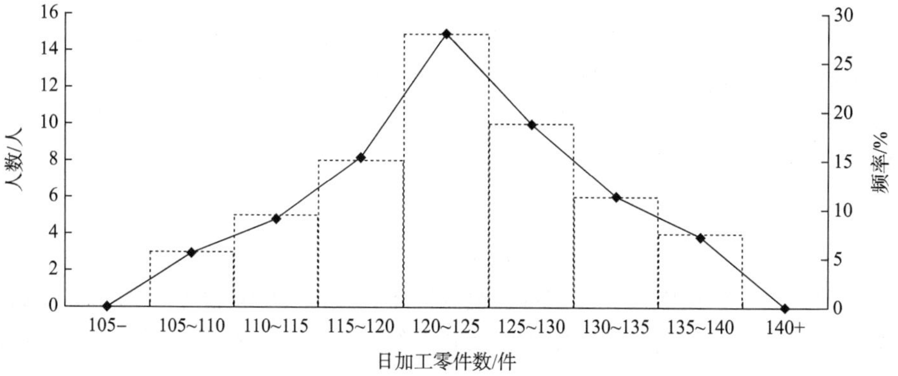

图3-7　50名工人日加工零件数的折线图

当所分的组数越来越多时，组距会越来越小，这时绘制的折线图就会越来越光滑，逐渐形成一条较为平滑的曲线，这就是频数分布曲线。频数分布曲线在统计学中有着十分广泛的应用，是描述数据分布规律的有效方法。

7. 茎叶图

茎叶图（stem-and-leaf display）是图解技术和分拣技术的一种结合，由“茎”和“叶”两部分构成，其图形是由数字组成的。每个数值被分为两部分：头几位数字为茎，后几位数字为叶。通过茎叶图，可以看出未分组的原始数据的数据分布状况及离散状况，比如分布是否对称，数据是否集中，是否有极端值等。

绘制茎叶图的关键是设计好树茎，通常以该组数据的高位数值作为树茎，而且树叶上只保留该数值的最后一个数字。树茎一经确定，树叶就自然地长在相应的树茎上了。

【例3-5】我们对19个考生的某项测试成绩作一个茎叶图。

76、74、82、96、66、76、78、72、52、68、86、84、62、76、78、92、82、74、88

解　首先我们要找出其中的首位数字，沿着一条垂线的左侧放置，作为茎；接下来把所有数值的第二位数字对应放置在垂线的右侧，作为叶，如图3-8所示。

树茎	树叶								数据个数
5	2								1
6	2	6	8						3
7	2	4	4	6	6	6	8	8	8
8	2	2	4	6	8				5
9	2	6							2

图 3-8　考生测试成绩的茎叶图

根据图 3-8，我们很容易看到考生的成绩集中在 70 分到 80 分之间。

茎叶图类似于横置的直方图，与直方图相比，一张茎叶图包含了直方图中的全部信息。它既能给出数据的分布状况，又保留了原始数据的信息，而直方图则不能。一般而言，我们研究的观察值比较少时，采用茎叶图比较方便，而当我们研究的观察值比较多时，采用直方图比较好。

8. 箱线图

对于一组数据，统计上也称为一个数据“批”（batch）或单批数据，因而多组数据也称为多批数据。对于单批数据，我们可以绘制简单箱线图（box plot）；对于多批数据，我们可以绘制比较箱线图。箱线图不仅可以反映一组数据的分布特征，还可以对多组数据的分布特征进行比较。

（1）单批数据箱线图。箱线图是由一组数据的 5 个特征值绘制而成的，它由一个箱子和两条线段组成。其绘制方法是，首先找出一组数据的 5 个特征值，即数据的最大值 max、最小值 min、中位数 M_e、下四分位数 Q_L 和上四分位数 Q_U；其次，连接两个四分位数画出箱子；最后将两个极值点与箱子相连。

例如，对于例 3-5 中 19 名考生的成绩数据，最大值 max =96；最小值 min =52；中位数 M_e =76；下四分位数 Q_L =72；上四分位数 Q_U =84。绘制的箱线图如图 3-9 所示。

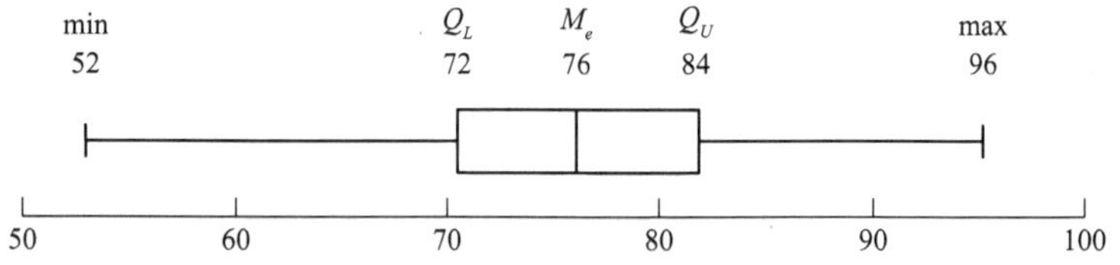

图 3-9　考生测试成绩的箱线图

（2）多批数据箱线图。对于多批数据，可以将各批数据的箱线图并列，从而进行分布特征比较。需要指出的是，箱线图可以由统计软件，如 SPSS 直接生成，但在 Excel 中就比较麻烦。

【例 3-6】某篮球队 11 名队员在 7 天训练中的投篮命中率（表 3-16），可以使用多批数据箱线图进行显示。

表 3-16　11 名队员在 7 天训练中的投篮命中率　　单位：%

队员编号	第 1 天	第 2 天	第 3 天	第 4 天	第 5 天	第 6 天	第 7 天
A01	76	65	93	74	68	70	55
A02	90	95	81	87	75	73	91
A03	97	51	76	85	70	92	68
A04	71	74	88	69	84	65	73
A05	70	78	66	90	73	78	84
A06	93	63	79	80	60	87	81
A07	86	91	83	77	76	90	70
A08	83	82	92	84	81	70	69
A09	78	75	78	91	88	66	94
A10	85	71	86	74	68	79	62
A11	81	55	78	70	75	68	71

解

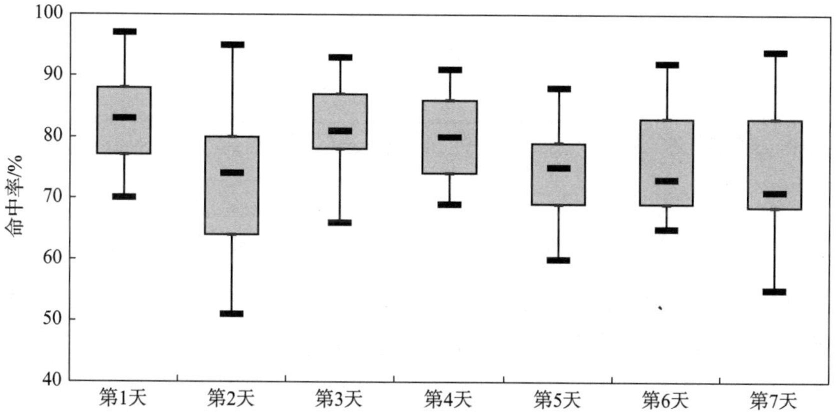

图 3-10　11 名队员 7 天投篮命中率的箱线图

从图 3-10 可以清楚地看出，11 名队员在第 2 天、第 7 天的投篮命中率差异较大；在第 1 天和第 4 天的差异较小，并且命中率相对较高。

9. 线图

线图（line plot）是在平面坐标上用折线表现数量变化特征和规律的图形，通常用于时间序列数据的显示。

【例 3-7】试根据表 3-17 绘制线图。

表 3-17 2001~2020 年我国人口自然增长率 单位：%

年份	增长率	年份	增长率
2001	6.95	2011	6.13
2002	6.45	2012	7.43
2003	6.01	2013	5.9
2004	5.87	2014	6.71
2005	5.89	2015	4.93
2006	5.28	2016	6.53
2007	5.17	2017	5.58
2008	5.08	2018	3.78
2009	4.87	2019	3.32
2010	4.79	2020	1.45

资料来源：国家统计局

解

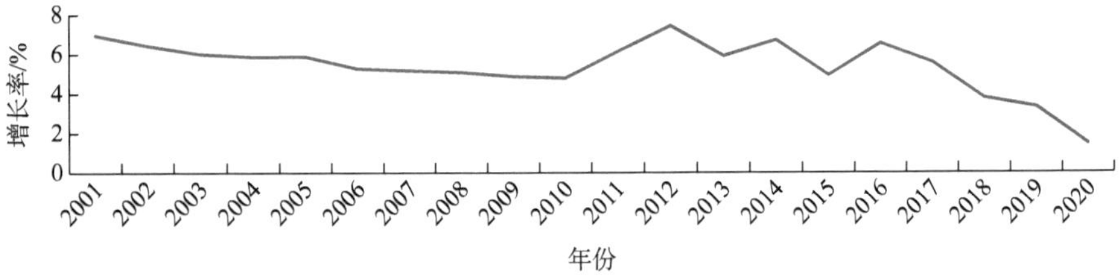

图 3-11 2001~2020 年我国人口自然增长率的线图

从图 3-11 可以清楚地看出，2001~2010 年我国人口自然增长率呈缓慢下降的状态，从 2010 年开始人口自然增长率出现波动，但总体还是在下降。

◎想一想

线图与折线图有什么区别？

10. 雷达图

雷达图（radar chart）是显示多个变量的常用图示方法。雷达图在显示或对比各变量的数值总和时十分有用，它假定各变量的取值具有相同的正负号，总的绝对值与图形所围成的区域成正比，可用于研究多个样本之间的相似程度。

【例 3-8】2020 年我国城乡居民人均生活消费数据的结构表如表 3-18 所示，试绘制雷达图。

表 3-18　2020 年我国城乡居民人均生活消费数据的结构表　　单位：%

项目	城镇居民	农村居民
食品	29.18	32.66
衣着	6.09	5.20
居住	25.76	21.60
家庭设备用品及服务	6.07	5.60
医疗保健	12.86	13.43
交通通信	9.60	9.55
教育文化娱乐服务	8.04	10.34
杂项商品与服务	2.39	1.63
合计	100	100

解

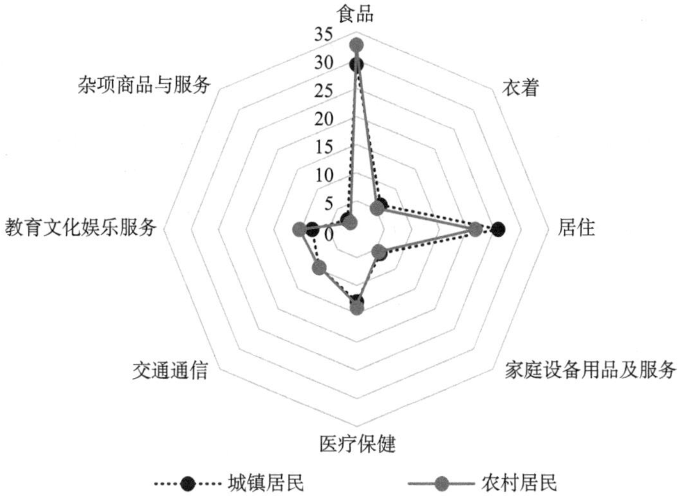

图 3-12　城乡居民人均生活消费数据的雷达图

从图 3-12 中我们可以清楚地看到，城乡居民的消费具有很大的相似性，即食品支出所占比重最大，其次为居住，杂项商品与服务支出最小。城镇居民在居住方面的支出所占的比重明显高于农村居民。

每一种图都有自己的优点与不足，很难适合于显示所有资料。例如，显示结构方面的数据资料最好选择饼形图；显示大小、长短方面的数据资料最好选择条（柱）形图；显示变量分布情况的数据资料最好选择直方图；显示有时间变化的数据资料最好选择线图；显示多变量比较的数据资料最好选择雷达图等。总之，对于某一特定的数据，我们应该选择一个最恰当的图予以显示。

大数据下统计整理与分析的进展

本章小结

本章介绍了数据处理和图表显示的基本方法与技术。

（1）非数值型数据（分类数据和顺序数据）本身就是分类的，因此对这类数据进行处理主要是在分类的基础上计算各类别的频数、频率等，以形成分析所需要的频数分布表。

（2）数值型数据的处理主要是进行分组。分组依次要经过确定组数、确定组距和汇总，最后整理成频数分布表。

（3）为了观察、分析方便，直观形象，经常使用统计图对整理后的数据资料进行展示。常用的统计图有直方图、条（柱）形图、饼形图和线图，还有一些稍微复杂的统计图，如茎叶图、箱线图和雷达图等。本章主要就常用统计图的用途和基本操作做了介绍。

（4）统计图表是显示统计资料的常用手段。图表的种类很多，大多都可以借助 Excel 实现。除了习惯上的基本要求以外，统计图表的总体设计原则是“科学、实用、简明和美观”。

第四章

数据分布特征的测度

本章介绍了统计分析中运用广泛的描述统计方法，这些方法为以后各章的学习奠定了重要基础。本章的具体要求：①掌握数据集中趋势的测定方法并能够正确应用；②掌握数据离散程度的测定方法并能够正确应用；③了解峰度和偏度及其应用；④能够运用 Excel 和 SPSS 软件实现描述统计的各种方法的计算，能够正确理解并解释计算结果的实际意义。

➤案例引入

中华人民共和国 2020 年国民经济和社会发展统计公报

2020 年是新中国历史上极不平凡的一年。我国经济运行逐季改善、逐步恢复常态，在全球主要经济体中唯一实现经济正增长，脱贫攻坚战取得全面胜利，决胜全面建成小康社会取得决定性成就，交出一份人民满意、世界瞩目、可以载入史册的答卷。

初步核算，全年 GDP 1 015 986 亿元，比上年增长 2.3%。其中，第一产业增加值增长 3%；第二产业增加值增长 2.6%；第三产业增加值增长 2.1%。第一产业增加值占 GDP 比重为 7.7%，第二产业增加值比重为 37.8%，第三产业增加值比重为 54.5%。全年最终消费支出拉动 GDP 下降 0.5 个百分点，资本形成总额拉动 GDP 增长 2.2 个百分点，货物和服务净出口拉动 GDP 增长 0.7 个百分点。

全年城镇新增就业 1186 万人，比上年少增 166 万人。年末全国城镇调查失业率为 5.2%，城镇登记失业率为 4.2%。

全年居民消费价格比上年上涨 2.5%，工业生产者出厂价格下降 1.8%，工业生产者购进价格下降 2.3%。

2020 年末国家外汇储备 32 165 亿美元，比上年末增加 1086 亿美元。

三大攻坚战取得决定性成就。党的十八大以来，9899 万农村贫困人口全部实现脱贫，贫困县全部摘帽，绝对贫困历史性消除。

全年全国居民人均可支配收入 32 189 元，比上年增长 4.7%，扣除价格因素，实际增长 2.1%。全国居民人均可支配收入中位数 27 540 元，增长 3.8%。按常住地分，城镇居民人均可支配收入 43 834 元，比上年增长 3.5%，扣除价格因素，实际增长 1.2%。城镇居民人均可支配收入中位数 40 378 元，增长 2.9%。农村居民人均可支配收入 17 131 元，比上年增长 6.9%，扣除价格因素，实际增长 3.8%。农村居民人均可支配收入中位数 15 204 元，增长 5.7%。城乡居民人均可支配收入比为 2.56，比上年缩小 0.08。

资料来源：http://www.stats.gov.cn/xxgk/sjfb/zxfb2020/202102/t20210228_1814159.html[2021-02-28]。

统计思想

第三章介绍了整理后的数据可以使用统计表、统计图显示，但就此仅可以对数据本身及其分布状况的特征进行一个简单、直观、清晰的描述。要进一步掌握数据分布特征的具体表现，还需要对数据进行必要的测度。本章我们将介绍集中趋势、离散程度、分布形态等的数值测度。

第一节　集中趋势特征的测度

集中趋势（central tendency）是指一组数据向其中心值靠拢的倾向和程度。测度集中趋势就是寻找该组数据的中心值，也称代表值，以反映该组数据的一般水平。不同类型的数据采用不同的方法测度。

◎知识窗

阿道夫·凯特勒（Adolphe Quetelet，1796~1874 年），比利时统计学家、数学家、天文学家、物理学家，国际统计会议之父、近代统计学之父、数理统计学派创始人。凯特勒发现那些表面上似乎杂乱无章的、偶然性占统治地位的社会现象，如同自然现象一样也具有一定的规律性。他认为统计学不仅要记述各国的国情，研究社会现象的静态，而且要研究社会生活的动态和社会现象背后的规律性。凯特勒的这一思想为近代统计学的科学化奠定了基础。他还认为社会现象背后的这种规律性是社会内在固有的，而不是“神定秩序”，人们可以通过计算统计指标来揭示这些规律。“在我们对于多数人进行观察的时候，人的意志就平均化起来，并且不留任何显著的痕迹。所有部分意志的作用和纯粹受偶然原因所制约的各种现象一样，即它们被中和或抵消了。”这就是凯特勒著名的“平均人”思想。

据他研究，社会上所有的人同“平均人”的偏差越小，社会上的矛盾也就越缓和。而文化上的正面引导，则可以减少每个人与“平均人”的偏差，从而减少犯罪的发生。凯特勒的“平均人”思想在历史上影响很大。马克思在其《资本论》一书中也曾运用过这种思想。

资料来源：https://www.gerenjianli.com/Mingren/51/bno05e9im0.html[2021-12-05]。

一、众数

众数（mode）是指一组数据中出现频数最多的位置上对应的变量值，用 M_o 表示。从数据分布的角度看，众数具有明显的集中趋势，一组数据分布的最高点所对应的数值即为众数。当然，如果数据的分布只有一个最高点，则众数只有一个；如果数据的分布没有最高点，则众数不存在；如果数据的分布有多个最高点，则有多个众数。因此，众数具有不唯一性。

一组数据为：10，5，9，12，6，8，4，7，3，2。这组数据中每一个数据都只出现了一次，所以该组数据无众数。

一组数据为：6，5，6，10，5，5，4，7，3，4。这组数据中 5 出现的频数最多，所以该组数据有一个众数，即 5。

一组数据为：25，28，28，36，42，42，45，37，28，42。这组数据有两个数据出现的频数最多，所以该组数据有两个众数，即 28 与 42。

众数一般用来描述分类数据的集中趋势。例如，研究人的性别构成、不同品牌商品的市场占有率等，这里的“性别”“商品品牌”为分类变量；女性、男性、不同品牌的具体名称为变量值。假设对学生是否在网上购物进行调查，得知网上购物的学生中女性占 75%，男性占 25%，女性人数占比最多，则“女性”就是众数。

同样，众数也可用于顺序数据和数值型数据集中趋势的描述，图 4-1 是某年级市场营销专业 107 名同学身高的直方图，我们看到，该专业同学身高的分布主要集中在 165~170 厘米，则学生身高的众数就在该组。至于具体数值是多少，可以取其组中值 167.5 厘米作为学生身高的众数。此外，也可以通过公式计算得到。

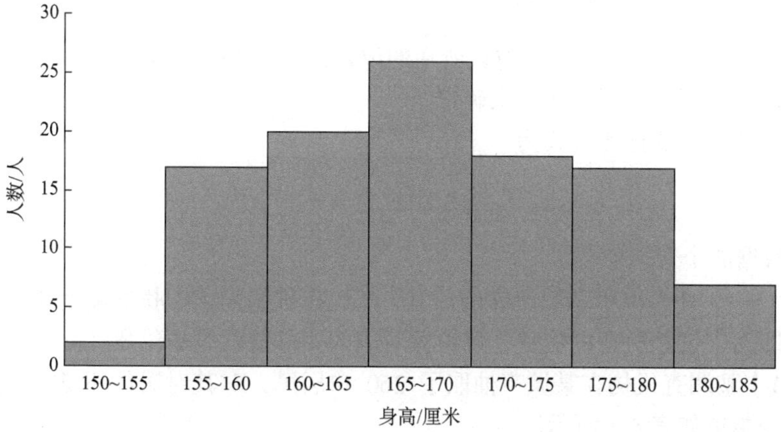

图 4-1　市场营销专业 107 名同学的身高分布

◎想一想

对于组距式分组数据，如何计算众数？试推导出其计算公式。

分组数据中众数是根据频数或频率的分布信息来确定数据中心点的位置的，因此，众数是一种位置代表值，同时不受极端值的影响，但其应用的前提是对数据进行分组，应用场合也比较有限。

◎想一想

如果你是服装生产商或经销商，你在确定生产服装数量或购进数量时，应该采用什么方法？

莎士比亚著作的众数

二、中位数

中位数（median）是一组数据按一定顺序排序后，处于中间位置的变量值，用 M_e 表示。显然，中位数将全部数据等分成两部分，以中位数为中心，有 50%的数据比中位数大，有 50%的数据比中位数小，所以，中位数可以反映一组数据的中心位置。

排序后的顺序数据体现了中位数对于数据要求的特征，故中位数最适合的数据类型是顺序数据，当然中位数也可用于数值型数据，但不能用于分类数据。

（一）顺序数据中位数的确定

确定中位数时，首先要确定中位数所在的位置，然后才能确定中位数。对于顺序数据，中位数所在位置需要根据累积频数来确定。

中位数所在位置的计算公式为

$$\text{中位数位置} = \frac{n}{2} \tag{4-1}$$

式中，n 为数据的个数。

根据式（4-1）计算出中位数所在的位置，然后在累积频数中找到接近并包含其在内的那个位置，即为中位数所在的位置，该位置对应的变量值就是中位数。

【例 4-1】 某调查机构在某城市抽取了 260 户居民，对其对居住环境的满意程度进行了调查，调查结果如表 4-1 所示。

表 4-1　某城市居民对居住环境的满意程度的频数分布　　单位：户

回答类型	户数	累积户数
非常不满意	24	24
不满意	108	132
一般	73	205

续表

回答类型	户数	累积户数
满意	35	240
非常满意	20	260
合计	260	—

解　中位数的位置为

$$中位数位置=\frac{n}{2}=\frac{260}{2}=130$$

从累积户数看，132 接近 130 并包含 130，故中位数在累积户数 132 对应的这一组，即中位数在"不满意"这一组别中。因此

$$M_e=不满意$$

（二）数值型数据中位数的确定

根据未分组数据计算中位数时，要先对数据排序，然后确定中位数的位置。其公式为

$$中位数位置=\frac{n+1}{2} \tag{4-2}$$

式中，n 为数据的个数。

当 n 为奇数时，中间位置只有一个变量值，则该变量值就是中位数；当 n 为偶数时，中间位置有两个变量值，则这两个变量值的简单算术平均数就是该组数据的中位数。

【例 4-2】现从某年级统计学专业的学生中随机抽取 9 人组成一个样本，他们的月生活消费支出如下（单位：元）。

原始数据：	1600	1780	2100	1500	1890	1360	1980	1250	1650
排　　序：	1250	1360	1500	1600	1650	1780	1890	1980	2100
位　　置：	1	2	3	4	5	6	7	8	9

解　中位数的位置为

$$中位数位置=\frac{n+1}{2}=\frac{9+1}{2}=5$$

所以第 5 个位置对应的变量值即中位数：

$$M_e=1650（元）$$

计算结果表明，这 9 名学生月生活消费支出平均为 1650 元。其中，50%的学生的生活消费支出费用低于 1650 元，50%的学生的生活消费支出费用高于 1650 元。

【例 4-3】现从某年级统计学专业的学生中随机抽取 10 人组成一个样本，他们的月生活消费支出如下（单位：元）。

排序：	1250	1360	1500	1600	1650	1780	1890	1980	2100	2100
位置：	1	2	3	4	5	6	7	8	9	10

解　中位数的位置为

$$中位数位置=\frac{n+1}{2}=\frac{10+1}{2}=5.5$$

中位数在顺序数列的第 5 和第 6 个位置的中间，故还需对第 5 个位置对应的变量值和第 6 个位置对应的变量值加以平均才能计算出中位数，即

$$M_e=\frac{1650+1780}{2}=1715\text{（元）}$$

计算结果表明，这 10 名学生月生活消费支出平均为 1715 元。其中，50%的学生的生活消费支出费用低于 1715 元，50%的学生的生活消费支出费用高于 1715 元。

对于组距式分组数据的中位数，可以根据公式计算得到。

◎**想一想**

对于组距式分组数据，如何计算中位数？试推导出其计算公式。

此外，中位数还具有一个优良的数学性质，就是各变量值与中位数的离差绝对值之和为最小，即

$$\sum_{i=1}^{n}\left|x_i-M_e\right|=\min$$

该性质表明，中位数与各数据的绝对距离之和最短，这在工程设计、城市规划、网点布局等方面有一定的应用价值。

三、分位数

中位数是将全部顺序数据从中间点等分为两部分。依据中位数的思想，可以将顺序数据不断等分，得到与中位数类似的四分位数、十分位数和百分位数等，它们统称为分位数（quantile）。对于等分得到的分位数，它们分别是用三个点、九个点和九十九个点将数据四等分、十等分和一百等分后各分位点上的值。分位数能够比中位数反映出更多的数据信息。当然，还存在任意分位数，即任意点位置的分位数，如 0.975 位置上的数，该位置上的值需要通过计算机软件计算得到。这里只介绍四分位数的计算，其他等分分位数的计算与之类似。

四分位数就是一组数据排序后处于 25%和 75%位置上的值，也称四分位点。

四分位数通过三个点将全部数据等分为四等分，其中每部分包含 25%的数据。很显然，中间的四分位数就是中位数，也称第二四分位数（second quartile）；处于 25%位置上的分位数称为下四分位数，也称第一四分位数（first quartile），25%的数据小于或等于下四分位数，同时 75%的数据大于或等于下四分位数；处于 75%位置上的分位数称为上四分位数，也称第三四分位数（third quartile），75%的数据小于或等于上四分位数，同时 25% 的数据大于或等于上四分位数。

与中位数的计算方法类似，根据未分组数据计算四分位数时，首先对数据进行排序，然后确定四分位数所在的位置。

设下四分位数为 Q_L，上四分位数为 Q_U，对于未分组的原始数据，各四分位数的位置分别为

$$Q_L\text{的位置} = \frac{n+1}{4} \quad (4\text{-}3)$$

$$Q_U\text{的位置} = \frac{3(n+1)}{4} \quad (4\text{-}4)$$

当四分位数的位置不在某一个具体数值所对应的位置上时，可根据四分位数的位置，按比例分摊四分位数两侧的差值。

【例 4-4】根据例 4-3 中某年级统计学专业 10 名学生月生活消费支出的数据，计算其月生活消费支出的四分位数。

解　下四分位数的位置为

$$Q_L\text{的位置} = \frac{n+1}{4} = \frac{10+1}{4} = 2.75$$

即 Q_L 在第 2 个数值（1360）和第 3 个数值（1500）之间的 0.75 的位置上，故

$$Q_L = 1360 + (1500 - 1360) \times 0.75 = 1465(\text{元})$$

上四分位数的位置为

$$Q_U\text{的位置} = \frac{3(n+1)}{4} = \frac{3\times(10+1)}{4} = 8.25$$

即 Q_U 在第 8 个数值（1980）和第 9 个数值（2100）之间的 0.25 的位置上，故

$$Q_U = 1980 + (2100 - 1980) \times 0.25 = 2010(\text{元})$$

从四分位数的计算结果可以看出，排序数据中，至少 25%的数据将小于或等于 Q_L，而至少 75%的数据将大于或等于 Q_L；至少 75%的数据将小于或等于 Q_U，而至少 25%的数据将大于或等于 Q_U。由于 Q_L 与 Q_U 之间包含了 50% 的数据，因此，可以说大约一半的学生月生活消费支出为 1465~2010 元。

四、均值

均值（mean）也称算术平均数（arithmetic mean），代表一组数据的平均水平；是集中趋势最常用的测度值；为一组数据均衡点的所在。均值这一概念几乎涉及所有统计学理论，是统计学的基本思想。均值通常用 $\bar{x}$ 表示，读作“*x*bar”。根据不同类型的数据，均值的计算应采用不同的方法。

（一）简单均值的计算

对于未经分组的原始数据，均值的计算就是直接将一组数据的所有数值相加除以数值的个数，故称其为简单均值。

设一组原始数据为 $x_1, x_2, \cdots, x_n$，则均值 $\bar{x}$ 的计算公式为

$$\bar{x} = \frac{x_1 + x_2 + \cdots + x_n}{n} = \frac{\sum_{i=1}^{n} x_i}{n} \quad (4\text{-}5)$$

式中，n 为数据的个数。

【例 4-5】一组由 10 个成年人某月的上网时间组成的数据如下所示（单位：小时）。

0, 7, 12, 5, 33, 14, 8, 22, 10, 9，计算这 10 人某月上网时间的平均时间。

解

$$\bar{x}=\frac{x_1+x_2+\cdots+x_n}{n}=\frac{\sum_{i=1}^{n}x_i}{n}$$
$$=\frac{0+7+12+5+33+14+8+22+10+9}{10}=12\text{（小时）}$$

这 10 人某月的上网时间平均为 12 小时。

◎想一想

影响简单均值的因素有哪些？

（二）加权均值的计算

对于整理后的分组数据，均值的计算要以各组变量值的频数作为权数，即将各组变量值或组中值乘以各组权数后相加，再除以频数之和，故称其为加权均值。

设原始数据经过整理，分为 k 组，则各组的变量值或组中值为 $x_1,x_2,\cdots,x_k$，各组变量值对应的权数分别为 $f_1,f_2,\cdots,f_k$，加权均值为

$$\bar{x}=\frac{x_1f_1+x_2f_2+\cdots+x_kf_k}{f_1+f_2+\cdots+f_k}=\frac{\sum_{i=1}^{k}x_if_i}{\sum_{i=1}^{k}f_i} \tag{4-6}$$

式中，k 为分组的组数；x_i 为各组的变量值，若是组距式分组数据，则为各组的组中值，$i=1,2,\cdots,k$；f_i 为各组的权数，$i=1,2,\cdots,k$。

◎想一想

加权均值中，权数的作用是如何体现的？

【例 4-6】某通信公司想知道其客户电话费用的消费情况，现随机抽取 50 名客户，得到相关数据。具体数据的整理结果见表 4-2。试根据表 4-2 计算这 50 名客户的平均电话费用。

表 4-2　50 名客户的电话费用统计表

电话费用/元	户数 f /户	组中值 x /元	xf /元
20 以下	2	10	20
20~40	8	30	240
40~60	16	50	800
60~80	20	70	1400
80 以上	4	90	360
合计	50	—	2820

将表 4-2 中的有关数据代入式（4-6）。

解　采用加权均值计算：

$$\bar{x}=\frac{\sum_{i=1}^{k}x_i f_i}{\sum_{i=1}^{k}f_i}=\frac{2820}{50}=56.4（元）$$

计算结果表明，50 名客户的平均电话费用为 56.4 元。

实际上，我们可以将式（4-6）变形为式（4-7）的形式：

$$\bar{x}=\frac{\sum_{i=1}^{k}x_i f_i}{\sum_{i=1}^{k}f_i}=\sum_{i=1}^{k}x_i\frac{f_i}{\sum_{i=1}^{k}f_i} \tag{4-7}$$

式中，$\frac{f_i}{\sum_{i=1}^{k}f_i}$ 为各组的频率。

如果 $\frac{f_i}{\sum_{i=1}^{k}f_i}$ 可以固定，即频数以固定权重出现，记 $w_i=\frac{f_i}{\sum_{i=1}^{k}f_i}$，$\sum_{i=1}^{k}w_i=100\%或1$，则式（4-7）可以表示为

$$\bar{x}=\frac{\sum_{i=1}^{k}x_i w_i}{\sum_{i=1}^{k}w_i}\quad 或\quad \bar{x}=\sum_{i=1}^{k}x_i w_i \tag{4-8}$$

可见，加权均值的大小，不仅受各组变量值（x_i）大小的影响，而且受各组频数（f_i）或频率（$\frac{f_i}{\sum_{i=1}^{k}f_i}$）大小的影响。频率越大，相应的变量值所占的份额也越大，对均值的影响就越大；反之，频率越小，相应的变量值所占的份额也越小，对均值的影响就越小。这就是权数权衡轻重作用的实质，权数决定了均值所在的位置，即均值常常出现在权数最大的位置所对应的那个变量值的附近。

当我们掌握的权数为频率时，可直接根据式（4-8）计算均值。如例 4-6 中，根据各组的频数计算的频率分别为：0.04，0.16，0.32，0.4，0.08，各组频率之和为 1，则用频率计算的加权均值为

$$\begin{aligned}\bar{x}&=\sum_{i=1}^{k}x_i\frac{f_i}{\sum_{i=1}^{k}f_i}=\sum_{i=1}^{k}x_i w_i\\&=10\times0.04+30\times0.16+50\times0.32+70\times0.4+90\times0.08\\&=56.4（元）\end{aligned}$$

从计算结果看，用频率加权计算的结果与用频数加权计算的结果是一致的。

需要指出的是，当各组变量值的频数（f_i）或频率（$\frac{f_i}{\sum_{i=1}^{k} f_i}$）相等时，权数的作用就消失了，这意味着各组变量值对总平均结果所起的作用是一样的，此时，加权均值就等于简单均值。

◎想一想

简单均值与加权均值的区别与联系。

（三）均值的数学性质

均值是统计学中非常重要的基础内容，是推断统计和统计分析的基础。基于统计思想视角，均值反映了一组数据的中心点或代表值，是数据误差相互抵消后客观事物必然性数量特征的一种反映。基于数学视角，均值具有非常重要的数学性质，这些性质在实践中应用广泛。这里只介绍其主要性质。

（1）数据观测值与均值的离差之和为零：

$$\sum_{i=1}^{n}\left(x_i-\bar{x}\right)=0$$

该性质表明，数据观测值与均值的误差是可以完全抵消的，均值在数据数值中处于不偏不倚的位置，具有中庸的意思。

（2）数据观测值与均值的离差平方和最小：

$$\sum_{i=1}^{n}\left(x_i-\bar{x}\right)^2=\min$$

一组数据的观测值与其均值之间离差的平方和为最小，称为最小二乘法（method of least squares），又称最小平方法，是一种数学优化技术。后面诸多问题的学习都会用到该性质。

均值作为统计分布集中趋势的代表值，是所有数据分布的均衡点，即不论数据是对称分布还是偏态分布，因此，均值只有在均衡点上才能支撑这一分布，使其保持平衡。

最小二乘法

社会经济统计中，我们还会遇到这样的情况，如某种蔬菜在不同的市场，其销售价格是不同的，甲市场每千克 5 元、乙市场每千克 5.5 元、丙市场每千克 6 元，若在上述 3 个市场各买 1 元该种蔬菜，则该种蔬菜的平均销售价格是多少？

根据常识，价格是销售额与销售量之比，这是算术平均数的计算。但该问题中，销售量是未知的，因此，不能直接使用算术平均数的方法计算平均销售价格。这时只有求出销售量，才能计算平均销售价格。销售量等于销售额除以销售价格，即 3 个市场该种蔬菜的销售量分别为$\frac{1}{5}$、$\frac{1}{5.5}$、$\frac{1}{6}$，则

$$\text{平均销售价格} = \frac{\text{销售额}}{\text{销售量}} = \frac{1+1+1}{\frac{1}{5}+\frac{1}{5.5}+\frac{1}{6}} = 5.47(\text{元})$$

综上所述，计算平均销售价格的方法为先对价格求倒数得到销售量，然后再用销售额除以销售量。对于任意变量，该计算方法为变量值倒数的算术平均数的倒数，即

$$\bar{x} = \frac{1+1+1}{\frac{1}{x_1}+\frac{1}{x_2}+\frac{1}{x_3}} = \frac{n}{\sum \frac{1}{x}} \tag{4-9}$$

式（4-9）称为简单调和平均数。

加权调和平均数的计算式为

$$\bar{x} = \frac{M}{\sum \frac{M}{x}} \tag{4-10}$$

上述问题中，如果购买金额相等，采用简单调和平均数；如果购买金额不相等，则需要加权。

【例 4-7】已知某企业生产 3 种产品的单位成本和总成本，具体见表 4-3。欲计算 3 种产品的平均单位成本，需要采用加权调和平均数的方法。

表 4-3 某企业 3 种产品的单位成本和总成本

产品名称	单位成本 x /（元/件）	总成本 M /元	产量 $\frac{M}{x}$ /件
甲	35	7 700	220
乙	40	12 400	310
丙	46	4 600	100
合计	—	24 700	630

解 3 种产品的平均单位成本为

$$\bar{x} = \frac{M}{\sum \frac{M}{x}} = \frac{24\,700}{630} = 39.21(\text{元})$$

该企业 3 种产品的平均单位成本约为 39.21 元。

再如，某汽车需要在一定时间内行驶完 385 千米的路程。如果它先以 75 千米/时的速度行驶 225 千米，余下的 160 千米以 80 千米/时的速度驶完，试计算该汽车行驶的平均速度。

计算平均速度，需要知道行驶里程和行驶时间，这里，缺少行驶时间，故需要采用调和平均数的方法。

解 平均行驶速度 $\bar{x}=\dfrac{M}{\sum\dfrac{M}{x}}=\dfrac{385}{\dfrac{225}{75}+\dfrac{160}{80}}=\dfrac{385}{5}=77$（千米/时）。

◎想一想

算术平均数与调和平均数有什么关系？

（四）修整均值

均值是根据全部数据计算的，包含了所有数据的信息，这是均值的优点，其最大的缺点是受极端值的影响。为了消除极端值的影响，而又不损失更多的信息量，可以采用修整均值。这种集中趋势测度的方法在体育界、演艺界等各类比赛中得到了广泛应用。

修整均值（trimmed mean）也称切尾均值，是指在顺序数据中，去掉前后两端若干个极端值后，根据剩下的中间数据计算均值。

设一组顺序数据 $x_{(1)},x_{(2)},\cdots,x_{(n)}$，即从小到大排序的数据，则修整均值的计算公式为

$$\bar{x}_a=\frac{x_{(na+1)}+x_{(na+2)}+\cdots+x_{(n-na)}}{n-2\times na} \tag{4-11}$$

式中，n 为数据的个数；a 为修整系数，通常的取值为 $0\leqslant a<\dfrac{1}{2}$；$x_{(1)},x_{(2)},\cdots,x_{(n)}$ 为顺序数据的值。数据两端切去几个极端值，取决于修整系数 a。

【例 4-8】 在某校举办的诗歌朗诵比赛中，某场小组赛 9 名评委给某位选手打出的分数分别为

8.8，9.0，9.4，8.9，8.0，9.1，8.9，8.5，9.2

该选手的最后得分是多少？

解 这是修整均值的典型应用。

首先对得分结果进行排序：

8.0，8.5，8.8，8.9，8.9，9.0，9.1，9.2，9.4

根据数据个数的多少，选择去掉最小值和最大值的个数。如数据较多，可以选择去掉多个最小值和最大值；如数据较少，则可选择去掉一个最小值和最大值。

本题中，只有 9 个数据，a 取 $\dfrac{1}{9}$，即选择去掉一个最小值和最大值，通过式（4-11）得到：

$$\begin{aligned}\bar{x}_a&=\frac{x_{(na+1)}+x_{(na+2)}+\cdots+x_{(n-na)}}{n-2\times na}=\frac{x_{\left(9\times\frac{1}{9}+1\right)}+x_{\left(9\times\frac{1}{9}+2\right)}+\cdots+x_{\left(9-9\times\frac{1}{9}\right)}}{9-2\times 9\times\dfrac{1}{9}}\\&=\frac{x_{(2)}+x_{(3)}+\cdots+x_{(8)}}{9-2}=\frac{8.5+8.8+8.9+8.9+9.0+9.1+9.2}{9-2}\\&=8.91\text{（分）}\end{aligned}$$

该选手的最后得分是 8.91 分。

若a取0，则修整均值即算术平均数；若a取$\frac{1}{2}$，则修整均值即中位数。这是修整均值的两种特例。

五、几何平均数

如果我们研究的变量表现为比率，比如某个时期的投资回报率、增长率等，这时，就需要使用另一种集中趋势的测度方法——几何平均数，用G表示。

几何平均数（geometric mean）是n个变量值连乘积的n次方根，可分为简单几何平均数和加权几何平均数，计算公式分别为

（1）简单几何平均数：

$$G=\sqrt[n]{x_1x_2\cdots x_n}=\sqrt[n]{\prod_{i=1}^{n}x_i} \tag{4-12}$$

（2）加权几何平均数：

$$G=\sqrt[\sum_{i=1}^{k}f_i]{x_1^{f_1}x_2^{f_2}\cdots x_k^{f_k}}=\sqrt[\sum_{i=1}^{k}f_i]{\prod_{i=1}^{k}x_i^{f_i}} \tag{4-13}$$

式中，x_i为比率数据；$\prod$为连乘符号。

【例4-9】某产品需经过三道工序的连续加工才能完成，已知三道工序制品的合格率分别为95%、90%、98%，求三道工序的平均合格率。

由于产品是由三道工序连续加工完成的，因此，三道工序的总合格率是三道工序相应合格率的连乘积，求平均合格率应当用几何平均法。

解

$$G=\sqrt[n]{\prod_{i=1}^{n}x_i}=\sqrt[3]{95\%\times90\%\times98\%}=94.28\%$$

需要注意的是，如果要计算某种产品的平均废品率，不能直接对废品率进行计算，需要用“1−废品率=合格率”，根据合格率计算得到“平均合格率”，然后用“1−平均合格率=平均废品率”。

在实际生活中，通常用几何平均数来计算平均比率和平均速度。当所掌握的变量值本身是比率的形式，而且各比率的乘积等于总的比率时，就应采用几何平均法计算平均比率。比如，平均发展速度和平均增长速度。

【例4-10】一位投资者持有的一种基金连续4年均有收益，其收益率分别为4.5%、2.1%、25.5%、1.9%。该投资者在这4年内的平均收益率是多少？

由于每年投资收益的增加或减少都是在上年的基础上产生的，因此，求平均收益率应当用几何平均法。

解

$$G=\sqrt[n]{\prod_{i=1}^{n}x_i}=\sqrt[4]{104.5\%\times102.1\%\times125.5\%\times101.9\%}=108.08\%$$

该结果包括了投资和收益两部分，并不是收益率，因此，还需将投资扣除，则该投资

者 4 年的平均收益率为

$$\bar{G}=G-1=108.08\%-100\%=8.08\%$$

◎**想一想**

运用几何平均数求平均时，对数据的要求有哪些？

六、需要说明的几个问题

（一）均值与众数、中位数的关系

均值与众数、中位数的关系取决于数据分布的状况。它们的关系如下。

（1）当数据具有单一众数且频数分布对称时，均值与众数、中位数三者完全相等，即 $\bar{x}=M_o=M_e$，三者的关系如图 4-2 所示。

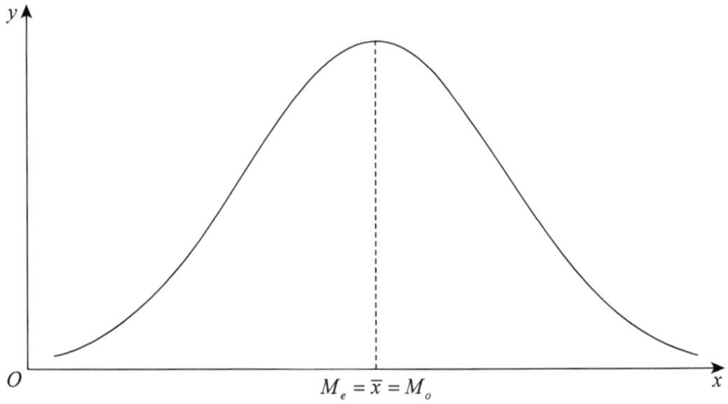

图 4-2 对称分布时的众数、中位数和均值

（2）当频数分布呈现左偏态时，说明数据存在极小值，均值向极小值一方靠近，而众数和中位数由于是位置平均数，不受极值的影响，因此，三者之间的关系为 $\bar{x}<M_e<M_o$，这一关系如图 4-3 所示。

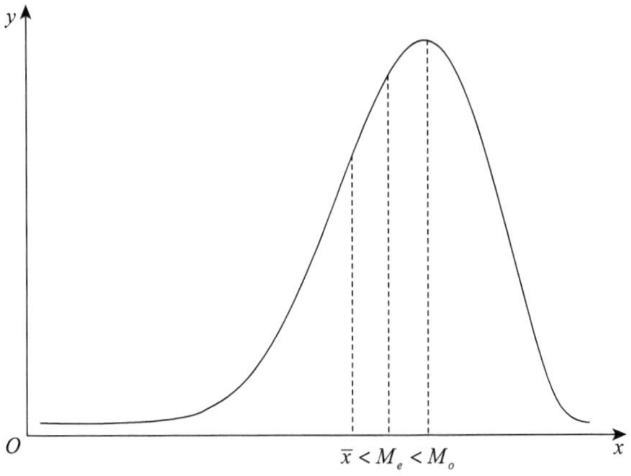

图 4-3 左偏分布时的众数、中位数和均值

（3）当频数分布呈现右偏态时，说明数据存在极大值，均值向极大值一方靠近，则三者之间的关系为 $M_o < M_e < \bar{x}$，这一关系如图 4-4 所示。

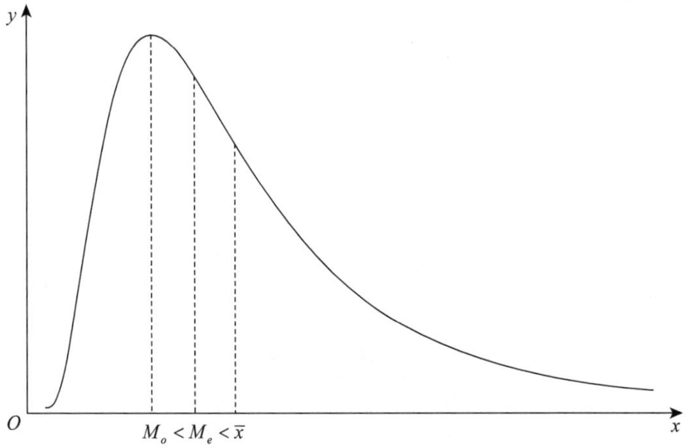

图 4-4　右偏分布时的众数、中位数和均值

从上面的分析我们可以看出，当频数分布出现偏态时，极端值会对均值产生很大的影响，而对众数、中位数没有影响。此时，用众数、中位数作为一组数据的中心值比均值有更好的代表性。

经验表明，当频数分布的偏斜程度不是很大时，无论是左偏还是右偏，众数与中位数的距离约为均值与中位数的距离的两倍，即

$$|M_e - M_o| \approx 2|\bar{x} - M_e| \tag{4-14}$$

根据上述关系，可以得出

$$M_o \approx \bar{x} - 3(\bar{x} - M_e) \approx 3M_e - 2\bar{x} \tag{4-15}$$

对于一组数据，在已知其中两个平均值的情况下，可根据式（4-15）推算出另一个平均值。

（二）均值、中位数和众数的应用

在选择中心位置的测度时，具体应该选择哪一种测度方法，需要考虑多个因素。均值是在数据分布较为均匀时的最佳选择，但它受极端值的影响极大，而中位数则不如均值对极端值敏感。例如，在例 4-5 中，均值是 12 小时，中位数是 9.5 小时。现在假设回答 33 小时的受访者回答 133 小时。这时上网时间的均值是 22 小时，而 10 个样本单位观测值中只有 1 个数值大于 22 小时，这时均值就变成对中心位置的一个较差的度量；然而中位数却保持不变。当出现极端值时，中位数是对数据中心值的一个较好的度量。

中位数还可以在另一场合下使用。假定你和你的同学参加了统计学课程的考试，老师给出了考试结果。对你最重要的信息当然是你的分数，次要的信息是你在全班中的位次。如果使用平均成绩，你只知道是高于平均成绩还是低于平均成绩，你的位次在哪里是无法获知的；而若使用中位数则不然，中位数把全班所有成绩分为两半，这个信息可以明确你

位于哪一部分之中，处于什么位次。如果该课程同时在几个班级开设，比较每个班的均值可以判断哪个班的成绩最好或最差。

对收入分配、财产分配等问题进行研究时，由于存在明显的极端值，特别是极大值。此时，使用受极端值影响较大的均值就不如使用中位数的效果更好。

而众数则更多地适用于分类数据集中趋势的测度。

◎**想一想**

均值、中位数与众数的区别体现在哪些地方？

综上所述，不同场合应使用不同的测度方法，具体什么场合选择什么方法测定集中程度，可以参考表 4-4。

表 4-4 数据类型和其所适用的集中程度测度方法

数据类型	分类数据	顺序数据	数值型数据
适用的测度方法	※众数	※中位数 四分位数 众数	※均值 ※几何平均数 中位数 四分位数 众数

※表示最适合或最常用的方法

第二节 离散程度的测度

通常平均数是概括数据的一种有效方法，但有时用平均数会使我们误入歧途。有一个很古老的笑话，一个统计学家，他把头放在热的平底锅中，把脚放在冰箱中，然后说："现在，在平均的意义上，我感觉很好。"在计算这个统计学家的"平均"时，两个特殊的温度，平底锅的高温和冰箱的低温相互抵消了，产生了所谓的舒适的平均温度。实际上任何一种平均都会掩盖数据的极值，而极端值有时正是我们感兴趣的。一个社区的平均家庭收入可能是令人舒服的每年 20 万元，但如果这个均值是根据 200 户极穷的人家与 20 户极富的人家的收入计算得来的，它就不能代表这个社区中任何一个家庭的收入。

离散程度是数据分布的另一个重要特征，它反映各变量值远离其中心值的程度，也从另一个侧面说明集中趋势测度值的代表程度。

一、异众比率

分类数据的离散程度通常采用异众比率来度量。异众比率（variation ratio）是指非众数组的频数占总频数的比率，用 V_r 表示。

异众比率的计算公式为

$$V_r = \frac{\sum f_i - f_m}{\sum f_i} = 1 - \frac{f_m}{\sum f_i} \tag{4-16}$$

式中，$\sum f_i$ 为总频数；f_m 为众数组的频数。

异众比率的作用是衡量众数对一组数据的代表性程度的大小。异众比率越大，说明非众数组的频数占总频数的比重就越大，众数的代表性就越差；反之，异众比率越小，众数的代表性就越好。

二、极差

极差（range）又称全距，是一组数据的最大值与最小值之差，用 R 表示。计算公式为

$$R = \max(x_i) - \min(x_i) \quad (4\text{-}17)$$

式中，$\max(x_i)$、$\min(x_i)$ 分别为一组数据的最大值与最小值。

由于极差是根据一组数据的两个极端值计算的，所以极差表明了一组数据数值的变动范围。R 越大，表明数值的变动范围越大，该组数据中各变量值的差异越大；反之，R 越小，表明数值的变动范围越小，该组数据中各变量值的差异越小。在金融市场中，衡量股票价格在一天内的变动时，通常使用极差。

例如，在例 4-5 中 10 个成年人上网时间构成的样本中，最大值是 33 小时，最小值是 0 小时；则上网时间的极差 R=33−0=33（小时）。

极差是描述离散程度的最简单的度量值，计算简单直观，易于理解，但其数值大小易受极端变量值的影响，且无法反映中间变量值的差异，因而不能准确描述所有数据的离散程度。

三、四分位差

顺序数据的离散程度通常使用四分位差来度量。四分位差（inter-quartile range）是上四分位数与下四分位数的差，也称内距或四分间距，用 Q_d 表示。

四分位差的计算公式为

$$Q_d = Q_U - Q_L \quad (4\text{-}18)$$

四分位差反映了顺序数据中间 50%数据的离散程度，其值越小，说明中间的数据越集中；其值越大，说明中间的数据越分散。此外，由于中位数处于所有数据的中间位置，因此，四分位差的大小也可以用来说明中位数对一组数据的代表程度。

根据例 4-3 中 10 名统计学专业学生的月生活消费支出的数据，计算这 10 名学生月生活消费支出的四分位差。

由例 4-3 可知，这 10 名统计学专业学生的月生活消费支出的下四分位数与上四分位数分别为

$$Q_L = 1465(\text{元})$$
$$Q_U = 2010(\text{元})$$

根据计算的上、下四分位数，这 10 名学生的月生活消费支出的四分位差为

$$Q_d = Q_U - Q_L = 2010 - 1465 = 545(\text{元})$$

计算结果表明，有 50%的学生其月生活消费支出为 1465~2010 元，平均相差 545 元。

四分位差没有考虑比 Q_L 小且比 Q_U 大的数据，从而不受极端值的影响。数据分布特征的概括性测度中，M_e、Q_L、Q_U、Q_d 不受极端值的影响，被称为有抵抗力的度量（resistant measure）。

五值概括法

四、方差和标准差

极差虽然简单易懂，但并未包含所有数据。要比较两组数据的稳定性，如果其极差相等，是否意味着这两组数据的稳定性一致呢？不是。这时我们需要找到一种比极差所含信息更加全面、更加恰当的描述数据稳定性的方法，这就是方差和标准差。

方差是一组数据中各变量值与其均值离差平方和的算术平均数，反映该组数据与其均值之间的平均离差的大小。

标准差是方差的算术平方根。

方差和标准差是衡量数据差异性的重要方法。如果掌握的是总体的全部数据，则计算的方差和标准差分别称为总体方差和总体标准差，记为 σ^2 和 σ；如果掌握的是样本数据，则计算的方差和标准差分别称为样本方差和样本标准差，记为 s^2 和 s。

（一）总体方差和总体标准差

总体方差（variance）是总体中各变量值与其均值离差平方和的算术平均数。

总体标准差（standard deviation）是总体方差的算术平方根。

需要说明的是，此时掌握的是总体的全部数据，计算总体方差和总体标准差只需除以所有数据的个数即可。

方差的计算公式为

$$\sigma^2 = \frac{\sum_{i=1}^{N}(x_i - \overline{x})^2}{N} \qquad i = 1, 2, \cdots, N \tag{4-19}$$

标准差的计算公式为

$$\sigma = \sqrt{\frac{\sum_{i=1}^{N}(x_i - \overline{x})^2}{N}} \qquad i = 1, 2, \cdots, N \tag{4-20}$$

分组数据中，加权就可以了。

方差的计算公式为

$$\sigma^2 = \frac{\sum_{i=1}^{k}(x_i - \overline{x})^2 f_i}{\sum_{i=1}^{k} f_i} \qquad i = 1, 2, \cdots, k \tag{4-21}$$

标准差的计算公式为

$$\sigma = \sqrt{\frac{\sum_{i=1}^{n}(x_i - \overline{x})^2 f_i}{\sum_{i=1}^{k} f_i}} \qquad i = 1, 2, \cdots, k \tag{4-22}$$

式中，x_i 为变量值或组中值；f_i 为频数。

（二）样本方差和样本标准差

样本方差（sample variance）是样本中各变量值与其均值离差平方和的算术平均数。

样本标准差（sample standard deviation）是样本方差的算术平方根。

样本方差和样本标准差在推断统计中都扮演着重要的角色。样本方差和样本标准差是根据样本中所有数据计算的，反映每个数据与其均值相比平均相差的大小，能准确地反映数据的差异程度。因此，样本方差和样本标准差是实际中应用得最广泛的离散程度的度量值。

需要注意的是，此时掌握的是样本数据，计算样本方差和样本标准差需要考虑自由度。

自由度（degree of freedom）记作 df，指的是计算某一统计量时，取值不受限制的变量个数。通常记为 $\mathrm{df} = n - k$，其中，n 为样本量；k 为被限制的条件数或变量个数，或计算某一统计量时用到的其他独立统计量的个数。

1. 原始数据

对于未分组的原始数据，样本方差及样本标准差的计算公式分别见式（4-23）和式（4-24）：

$$s^2 = \frac{\sum_{i=1}^{n}(x_i - \overline{x})^2}{n-1} \qquad i = 1, 2, \cdots, n \tag{4-23}$$

$$s = \sqrt{\frac{\sum_{i=1}^{n}(x_i - \overline{x})^2}{n-1}} \qquad i = 1, 2, \cdots, n \tag{4-24}$$

【例 4-11】例 4-5 中 10 名成年人某个月上网时间的数据见表 4-5，请计算其方差及标准差。

表 4-5　10 名成年人某月上网时间标准差的计算表

序号	上网时间 x /小时	$(x-\overline{x})^2$
1	0	144
2	7	25
3	12	0

续表

序号	上网时间 x/小时	$(x-\bar{x})^2$
4	5	49
5	33	441
6	14	4
7	8	16
8	22	100
9	10	4
10	9	9
合计	120	792

解 上网时间的方差为

$$s^2=\frac{\sum_{i=1}^{n}\left(x_i-\bar{x}\right)^2}{n-1}$$

$$=\frac{792}{10-1}=88\left(\text{小时}^2\right)$$

上网时间的标准差为

$$s=\sqrt{\frac{\sum_{i=1}^{n}(x_i-\bar{x})^2}{n-1}}=\sqrt{88}=9.38(\text{小时})$$

计算结果表明，10 名成年人该月上网时间的平均差异为 9.38 小时。

2. 分组数据

对于分组数据，样本方差及样本标准差的计算公式分别见式（4-25）和式（4-26）：

$$s^2=\frac{\sum_{i=1}^{k}(x_i-\bar{x})^2 f_i}{\left(\sum_{i=1}^{k}f_i\right)-1}\quad i=1,2,\cdots,k \tag{4-25}$$

$$s=\sqrt{\frac{\sum_{i=1}^{k}(x_i-\bar{x})^2 f_i}{\left(\sum_{i=1}^{k}f_i\right)-1}}\quad i=1,2,\cdots,k \tag{4-26}$$

式中，x_i 为变量值或组中值；f_i 为频数。

【例 4-12】在例 4-6 中，50 名客户的平均电话费用为 56.4 元，试根据表 4-6 中的资料计算电话费用的方差和标准差。

表 4-6　50 名客户的电话费用统计表

电话费用/元	户数 f /户	组中值 x /元	$(x-\overline{x})^2 f$
20 以下	2	10	4 305.92
20~40	8	30	5 575.68
40~60	16	50	655.36
60~80	20	70	3 699.2
80 以上	4	90	4 515.84
合计	50	—	18 752

解　电话费用的方差为

$$s^2=\frac{\sum_{i=1}^{k}\left(x_i-\overline{x}\right)^2 f_i}{\sum_{i=1}^{k} f_i-1}$$

$$=\frac{18\ 752}{50-1}=382.69\left(\text{元}^2\right)$$

电话费用的标准差为

$$s=\sqrt{\frac{\sum_{i=1}^{k}(x_i-\overline{x})^2 f_i}{\left(\sum_{i=1}^{k} f_i\right)-1}}=\sqrt{382.69}=19.56\text{（元）}$$

计算结果表明，50 名客户的电话费用的平均差异为 19.56 元。

◎知识窗

卡尔·皮尔逊（Karl Pearson，1857~1936 年）（图 4-5）——现代统计科学的创立者，统计学家、生物统计学家、应用数学家。

皮尔逊从儿童时代起，就有着广阔的兴趣范围，非凡的知识活力，善于独立思考，不轻易相信权威，重视数据和事实。他的主要成就和贡献是在统计学方面。他提出了“标准差”及其符号 σ；他推导出了卡方分布，提出了卡方检验，用于检验观察值与期望值之间的差异显著性；发展了回归和相关理论；为大样本理论奠定了基础。皮尔逊的科学道路，从数学研究开始，继之以哲学和法律学，进而研究生物学与遗传学，集大成于统计学。皮尔逊的这些成就和贡献，受到了统计学家的推崇，他对统计学的发展产生了深远影响。

图 4-5　卡尔·皮尔逊

资料来源：作者根据相关资料整理而得。

3. 需要注意的问题

（1）为什么要计算离差平方？如果观察离差，你会发现一些离差是正值而一些离差是负值，对于它们求和，结果必然为零。因此，需要将离差平方，这样就可以避免零和效应（canceling effect）。

（2）方差的度量单位是什么？不难看出，因为我们把离差平方了，所以方差的单位自然也是单位的平方，这样的单位一方面解释起来比较困难；另一方面与观测值的单位不同，出现了不可比。而标准差的单位与观测值的单位相同，因此，标准差常常被用作两组或多组数据比较时的一种度量尺度。

（3）为什么要用$n-1$计算样本方差？样本方差及样本标准差与总体方差及总体标准差在计算上是有所差别的。总体方差及总体标准差在对各个离差平方平均时是除以全部数据的个数或总频数，而样本方差及样本标准差在对各个离差平方平均时是用全部样本数据的个数或总频数减 1 去除总离差平方和。

在实际运用中，计算样本方差，是更希望利用它来估计总体方差。样本均值的离差平方和除以$n-1$得到的统计量称为均值修正样本方差。可以证明，除以$n-1$所得的样本方差是总体方差的无偏估计量，它确实是一个比除以n能得到的更好的统计量。所以，这个统计量被广泛使用。

（4）对于大数据集，使用上述公式计算方差是很费时的，这时可以对方差的计算进行简化，这样也许会帮助你减轻负担。方差的简算公式为

$$s^2=\frac{1}{n-1}\left[\sum_{i=1}^{n}x_i^2-\frac{\left(\sum_{i=1}^{n}x_i\right)^2}{n}\right] \tag{4-27}$$

◎**想一想**

通常情况下，总体均值与样本均值分别表示为μ与$\bar{x}$，若对其进行计算，使用的方法一致；但总体标准差则表示为σ，样本标准差表示为s，当然计算总体标准差与样本标准差的区别在于总体标准差的分母是N，而样本标准差的分母是$n-1$。样本标准差的分母为什么不可以是$n-2$或$n-3$？

（三）0-1 变量的方差与标准差

在实际生活中，有些事物或现象的特征只表现为两种性质上的差异。例如，产品的质量表现为合格和不合格，人的性别表现为男和女，消费者对服务态度的满意程度表示为满意和不满意等。在这些只表现为是和否、有和无的变量中，其特征或性质通常用“0”和“1”表示，故称为 0-1 变量。对于此类变量也可以计算方差及标准差。

0-1 变量中，由于只包括两方面内容所表现出的数据，故将具有某种特征的，也就是我们关心的那部分内容所展现的数据记作 1；与之对立的，也就是剩下的数据记作 0。

如果掌握的是总体的全部数据，则计算的方差和标准差分别称为总体方差和总体标准差，记为σ_p^2和σ_p；如果掌握的是样本数据，则计算的方差和标准差分别称为样本方差和样本标准差，记为s_p^2和s_p。

1. 0-1 变量的总体方差及总体标准差

0-1 变量实际上就是一个比例。如果计算的是总体中具有某种特征的数据个数占所有数据个数的比例，则将该比例记为 π 。π 称为总体比例。

若用 N_1 表示具有某种特征的数据个数，N_0 表示不具有该种特征的数据个数，N 表示所有数据的个数，则总体比例为

$$\pi = \frac{N_1}{N}$$

或

$$1-\pi = \frac{N_0}{N} \tag{4-28}$$

0-1 变量的总体方差的计算公式为

$$\sigma_p^2 \approx \pi(1-\pi) \tag{4-29}$$

0-1 变量的总体标准差的计算公式为

$$\sigma_p \approx \sqrt{\pi(1-\pi)} \tag{4-30}$$

2. 0-1 变量的样本方差及样本标准差

如果计算的是样本中具有某种特征的数据个数占所有数据个数的比例，则将该比例记为 p 。p 称为样本比例。

若用 n_1 表示样本数据中具有某种特征的数据个数，n_0 表示不具有该种特征的数据个数，n 表示样本中所有数据的个数，则样本比例的计算公式为

$$p = \frac{n_1}{n}$$

或

$$1-p = \frac{n_0}{n} \tag{4-31}$$

0-1 变量的样本方差的计算公式为

$$s_p^2 \approx p(1-p) \tag{4-32}$$

0-1 变量的样本标准差的计算公式为

$$s_p \approx \sqrt{p(1-p)} \tag{4-33}$$

【例 4-13】从一批产品中随机抽取 100 件产品进行质量测试，测试的结果为 96 件合格，4 件不合格，请计算合格率的方差和标准差。

解 根据所给资料可得：$n_1 = 96$ ，$n_0 = 4$ 。

$$p = \frac{n_1}{n} = \frac{96}{100} \times 100\% = 96\%$$

$$1-p = \frac{n_0}{n} = \frac{4}{100} \times 100\% = 4\%$$

0-1 变量的样本方差为

$$s^2 \approx p(1-p) = 0.96 \times 0.04 = 0.0384$$

0-1 变量的样本标准差为

$$s \approx \sqrt{p(1-p)} = \sqrt{0.0384} = 0.196$$

计算结果表明，该批产品合格率的方差为 0.0384，标准差为 0.196。

（四）标准差的应用

1. 数据的标准化

不同的研究对象往往具有不同的计量单位，如件、千克、元等，这给不同计量单位的数据之间的计算、比较带来了困难，即使是相同计量单位的数据也不一定能够计算、比较。解决这种情况的一种有效方法就是对数据进行标准化处理。

对数据进行标准化处理的方法有很多，这里只介绍一种最基本的方法，即标准分数。

标准分数（standard score）就是各变量值与其均值的离差除以标准差后得到的值，也称标准化值或 z 值（记作 z-score）。

设标准分数为 z，则有

$$z_i = \frac{x_i - \bar{x}}{s} \qquad (4\text{-}34)$$

式中，z_i 为标准分数；x_i 为变量值；$\bar{x}$ 为样本均值；s 为样本标准差。

z_i 可以解释为 x_i 距离均值 $\bar{x}$ 的标准差的个数。一般来说，大部分的标准分数在−2 到 2 之间。标准分数也给出了一组数据中各数值的相对位置。比如，如果某个数值的标准分数为−2，则该数值低于均值 2 倍的标准差。在对多个具有不同量纲的变量进行处理时，常常需要对各变量数值进行标准化处理。

标准分数的均值为 0，标准差为 1。

实际上，标准分数只是对原始数据进行了线性变换，它并没有改变一个数据在该组数据中的位置，也没有改变该组数据分布的形状，只是将该组数据变为均值为 0、标准差为 1 的标准数据。

利用标准分数，一方面可以测度每个数据在该组数据中的相对位置，并利用它来判断一组数据是否存在离群值；另一方面可以反映一个变量值相对于所有变量值的均值与标准差相比后变动的大小。

【例 4-14】从所有参加某种智力测试的学生中随机抽取 7 名学生，测试结果表明，其智力的平均得分 $\bar{x} = 75$，$s = 12.88$，这 7 名学生的原始分数与标准分数如表 4-7 所示，其标准分数表达的意义为何？

表 4-7　7 名学生某种智力测试结果表

学生编号	1	2	3	4	5	6	7
原始分数/分	85	58	95	66	65	80	76
标准分数	0.776	−1.319	1.552	−0.699	−0.776	0.388	0.078

解　标准分数的均值为 0，则测试水平高于平均数的有 1 号、3 号、6 号、7 号学生，3 号学生的测试水平最高，比平均水平高 1.552 个标准差；测试水平低于平均数的有 2 号、

4 号、5 号学生，2 号学生的测试水平最低，比平均水平低 1.319 个标准差。

2. 经验法则

在大量观察下，许多社会经济现象数据的频数分布都呈现为对称的钟形分布，即正态分布。当数据被认为近似于这种分布时，就可以运用经验法则（经验法则是以正态分布为基础的）来确定与均值的距离在某个特定倍数的标准差之内的数据个数所占的比例。

经验法则表明：对于具有对称钟形分布即正态分布的数据，约有 68%的数据落入均值加减 1 个标准差的范围之内；约有 95%的数据落入均值加减 2 个标准差的范围之内；约有 99.7%的数据落入均值加减 3 个标准差的范围之内。

【例 4-15】假定某学校在校大学生每月的生活消费支出近似服从正态分布，其月生活消费支出的均值为 1800 元，标准差为 150 元。对于大学生生活消费支出的分布情况，你有何看法?

解　因为数据是正态分布的，所以我们可以应用经验法则得到如下结论。

大约 68%的学生的月生活消费支出在 1650 元（1800−150）到 1950 元（1800+150）之间；大约 95%的学生的月生活消费支出在 1500 元（1800−2×150）到 2100 元（1800+2×150）之间；大约 99.7%的学生的月生活消费支出在 1350 元（1800−3×150）到 2250 元（1800+3×150）之间。

由“约有 99.7%的数据落入均值加减 3 个标准差的范围内”可见，一组数据中与均值的距离低于或高于均值 3 个标准差以上的数据很少。

有时观测的数据中会包含一个或多个数值异常大或异常小的观测值，这样的极端值称为异常值或离群值。

识别异常值或离群值是统计分析决策之前检验数据的一个重要步骤。异常值可能是一个被错误记录的数据值，在分析前应予以更正；异常值也可能是一个本不应该包含在数据集中的观测值，这时应将其删除；异常值还可能是一个反常的值，它被正确地记录且属于该数据集，这种情况下，应予以保留。

经验法则告诉我们，对于具有对称的钟形分布的数据，几乎所有数据与均值的距离都在 3 个标准差之内。因此，利用标准分数检测异常值时，建议把标准分数小于−3 或大于 3 的任何数值都视为异常值。当然，对于异常值的准确性还需进行检查，以确定它们是否属于数据集。

3. 切比雪夫定理

经验法则以正态分布为基础来确定与均值的距离在某个特定倍数的标准差之内的数据个数所占的比例；切比雪夫定理则适用于任何数据集，不论其数据分布的形状如何。

切比雪夫定理：对于任意偏态的分布，当 $z=2$ 个标准差、$z=3$ 个标准差和 $z=4$ 个标准差时，至少 0.75 或 75%的数据落入均值加减 2 个标准差的范围之内；至少 0.89 或 89%的数据落入均值加减 3 个标准差的范围之内；至少 0.94 或 94%的数据落入均值加减 4 个标准差的范围之内。

一般地，与均值的距离在 z 个标准差之内的数据个数所占的比例至少为$1-\frac{1}{z^2}$，式中

的 z 是大于 1 的任意实数。

【例 4-16】假定某学校 100 名在校大学生每月生活消费支出的均值为 1800 元，标准差为 150 元。有多少大学生的平均每月生活消费支出在 1500~2100 元？有多少大学生的平均每月生活消费支出在 1300~2300 元？

解 对于 1500~2100 元的平均每月生活消费支出，1500 元比均值 1800 元低 2 个标准差，2100 元比均值 1800 元高 2 个标准差。根据切比雪夫定理，至少有 75%的大学生平均每月生活消费支出在 1500~2100 元，即 100 人中至少 75 人的平均每月生活消费支出在 1500~2100 元。

对于 1300~2300 元的平均每月生活消费支出，$\dfrac{1300-1800}{150}=-3.33$，表明 1300 元比均值 1800 元低约 3.33 个标准差；$\dfrac{2300-1800}{150}=3.33$，表明 2300 元比均值 1800 元高约 3.33 个标准差。根据切比雪夫定理，$z=3.33$，得到

$$1-\frac{1}{z^2}=1-\frac{1}{(3.33)^2}=0.9098$$

计算结果表明，至少 90.98%的大学生的平均每月生活消费支出在 1300~2300 元。

4. 全面质量管理的有效方法——6σ

6σ（Six Sigma）是 20 世纪 90 年代中期被 GE（General Electric Company，通用电气公司）从一种全面质量管理方法中提炼出来的高度有效的企业流程设计、改善和优化的技术，并演变为一系列同等地适用于设计、生产和服务的新产品开发工具。1986 年摩托罗拉公司的比尔·史密斯提出了六西格玛，即 6σ，旨在降低生产过程中产品及流程的缺陷次数，防止产品变异，提升品质。

6σ 管理法是一种统计评估法，核心是追求零缺陷生产，防范产品责任风险，降低成本，提高生产率和市场占有率，提高顾客满意度和忠诚度。6σ 管理既着眼于产品、服务质量，又关注过程的改进。σ 即标准差，用于描述总体中的个体与均值的偏离程度，计算出的 σ 表明诸如单位缺陷或错误的概率，σ 值越大，缺陷或错误就越少。6σ 是一个目标，这个质量水平意味着所有的过程和结果中，99.99966% 是无缺陷的，也就是说，做 100 万件事情，其中只有 3.4 件是有缺陷的，这几乎趋近于人类能够达到的最为完美的境界。

6σ 管理极其关注过程，特别是企业为市场和顾客提供价值的核心过程。因为过程能力用 σ 来度量后，σ 越大，过程的波动越小，过程以最低的成本损失、最短的时间周期满足顾客要求的能力就越强。因此，6σ 理论认为，大多数企业在 3σ~4σ 运转，也就是说每百万次操作的失误在 6210~66 800，这些缺陷要求经营者用销售额 15%~30%的资金进行事后的弥补或修正，而如果做到 6σ，用于事后弥补的资金将降低到约为销售额的 5%。

在生产实践中，6σ 使用了众所周知的 DMAIC 模型（DMAIC model），得名于生产过程的五步，即定义（define）、度量（measure）、分析（analyze）、提升（improve）、控制（control）。

DMAIC 模型

◎**知识窗**

20 世纪统计方法对质量改进的三大贡献

20 世纪 70~80 年代，美国的公司已经受到来自海外优质产品的严峻挑战。面对这种挑战，美国的公司和学者再次认真地分析、比较了美国与日本两国质量改进的历史与现状，发现在 20 世纪三次重大质量改进过程中，美国在 70 年代后的实验设计竞争中大大落后于日本。

20 世纪质量改进的第一次贡献始于 1908 年英国威廉·戈塞特（William Gosset）提出的小样本 t 统计量理论。这一理论在质量改进过程中的应用使得原来的全部质量检验可由部分样本替代，极大地改进了产品质量、节约了成本，成为质量改进的第一座里程碑。

20 世纪 20 年代中期，美国贝尔实验室的沃特·阿曼德·休哈特研制了一种简单的图形技术——控制图，该技术应用统计技术对生产过程进行监控，以减少对检验的依赖，即统计过程控制（statistical process control，SPC）理论，也称璀璨理论。其间，还有以戴明命名的“戴明品质奖”，该奖项至今仍是日本品质管理的最高荣誉，即戴明十四法；质量管理专家约瑟夫·莫西·朱兰的“朱兰三部曲”即质量三部曲。

20 世纪 60 年代，日本在学习美国先进技术和管理理念的基础上，提出了“田口方法”，即将事后检验和过程中的控制进一步推向事前的管理，同时提出系统设计、参数设计、容差设计的三次设计思想并应用于实践，使产品质量成倍改进，从而实现了“好的产品是设计出来的”。

20 世纪质量改进的三大贡献全部都是统计方法的贡献。

资料来源：作者根据相关资料整理而得。

五、变异系数

为了了解学生的身体状况，随机抽取了 100 名女生和 100 名男生，测量了他们的身高和体重，分别得到其身高和体重的均值和标准差，具体数据如表 4-8 所示。

表 4-8 100 名女生和 100 名男生身高与体重的均值与标准差

学生	$\bar{x}$		s	
	身高/厘米	体重/千克	身高/厘米	体重/千克
女生	160.29	47.52	3.24	3.65
男生	174.77	68.29	5.13	4.32

从标准差可以看出，无论是身高，还是体重，男生的标准差都大于女生。这能否说明男生间身高和体重的差异均比女生的差异大呢？当然不能这样简单地下结论。因为，男生的身高比女生高，男生的体重也比女生重。这就告诉我们，当两组数据的均值不相等时，意味着两组数据的水平不同或具有的度量单位不同，这时不能直接用标准差来比较两组数据的离散程度，而应计算相对离散程度——变异系数，又称离散系数。

变异系数（coefficient of variation）是一组数据的标准差与均值的比值，通常用v表示，其计算公式为

$$v=\frac{s}{\bar{x}}\times 100\% \tag{4-35}$$

根据表 4-8，学生身高的变异系数如下：

$$v_{女生}=\frac{s}{\bar{x}}\times 100\%=\frac{3.24}{160.29}\times 100\%=2.02\%$$

$$v_{男生}=\frac{s}{\bar{x}}\times 100\%=\frac{5.13}{174.77}\times 100\%=2.94\%$$

从身高的变异系数可以看出，男生的变异系数大于女生，因而男生平均身高的差异更大。

学生体重的变异系数如下：

$$v_{女生}=\frac{s}{\bar{x}}\times 100\%=\frac{3.65}{47.52}\times 100\%=7.68\%$$

$$v_{男生}=\frac{s}{\bar{x}}\times 100\%=\frac{4.32}{68.29}\times 100\%=6.33\%$$

从体重的变异系数可以看出，女生的变异系数大于男生，因而女生平均体重的差异更大。

◎想一想

为什么要计算变异系数？其作用为何？

综上所述，不同场合应使用不同的测度方法，具体什么场合选择哪种方法测定离散程度，可以参考表 4-9。

表 4-9　数据类型和所适用的离散程度测度方法

数据类型	分类数据	顺序数据	数值型数据
适用的测度方法	※异众比率	异众比率 ※四分位差	异众比率 四分位差 极差 ※方差 ※标准差 ※变异系数（比较时使用）

※表示最适合或最常用的方法

第三节　偏度与峰度

集中趋势和离中趋势是数据分布的两个重要特征，在正态分布条件下，由均值和方差完全可以确定数据的分布特征。然而要全面了解数据分布的特点，还需要知道数据分布的

形状是否对称、偏斜的程度以及分布的扁平程度等。实际上，更多的数据并不服从正态分布，这时，偏度和峰度能够对这些分布特征进行有效的描述。

一、偏度

偏度（skewness）是对频数分布偏斜方向及程度的度量。频数分布分为对称的和不对称的，后者即偏态分布。而在偏态分布中，又有两种不同的形态，即左偏和右偏。我们可以利用众数、中位数和均值之间的位置关系判断分布是左偏还是右偏，也可以计算偏度系数来度量分布偏斜的程度。偏度系数记作 SK，其计算方法很多，这里介绍一种比较常用的方法。

令变量的中点值为 a，所有变量值与 a 之差的 k 次方的平均数称为变量 x 关于 a 的 k 阶矩。用公式表示为

$$\frac{\sum_{i=1}^{n}(x_i - a)^k}{n} \tag{4-36}$$

当 $a=0$ 时，即变量以原点为中心，式（4-36）称为 k 阶原点矩，用大写英文字母 M 表示。

一阶原点矩：$M_1 = \frac{\sum_{i=1}^{n} x_i}{n}$，即均值。

二阶原点矩：$M_2 = \frac{\sum_{i=1}^{n} x_i^2}{n}$，即平方平均数。

当 $a=\overline{x}$ 时，即变量以均值为中心，上式称为 k 阶中心矩，用小写英文字母 m 表示。

一阶中心矩：$m_1 = \frac{\sum_{i=1}^{n}(x_i - \overline{x})}{n} = 0$。

二阶中心矩：$m_2 = \frac{\sum_{i=1}^{n}(x_i - \overline{x})^2}{n} = \sigma^2$。

需要注意的是，计算各阶原点矩和各阶中心矩时，如果依据的资料是分组资料，则应用各组的频数或频率加权平均，式（4-36）变形为

$$\frac{\sum_{i=1}^{n}(x_i - a)^k f_i}{\sum_{i=1}^{n} f_i} \tag{4-37}$$

由于中心矩计算起来比较繁杂，而计算原点矩相对比较简单，故通常根据原点矩来推算中心矩。只要展开中心矩的各项，就可以很容易地求得它与原点矩的关系。

偏度系数的计算公式为

$$\mathrm{SK} = \frac{m_3}{\sigma^3} \tag{4-38}$$

当分布对称时，变量的三阶中心矩 m_3 由于离差三次方后正负相互抵消而取得 0 值，即 SK = 0；当分布不对称时，正负离差不能抵消，就形成正的或负的三阶中心动差 m_3。当 m_3 为正值时，表示正偏离差值比负偏离差值要大，可以判断为正偏或右偏；当 m_3 为负值时，表示负偏离差值比正偏离差值要大，可以判断为负偏或左偏。$|m_3|$ 越大，偏斜的程度就越大。由于三阶中心矩 m_3 含有计量单位，为消除计量单位的影响，需要用 σ^3 去除 m_3，使其转化为相对数。同样地，SK 的绝对值越大，偏斜的程度就越大。

二、峰度

峰度（kurtosis）是用于衡量分布的集中程度或分布曲线的尖峭程度的指标，用峰度系数计量，记为 K。

相对于正态分布，峰度系数的计算公式如下：

$$K = \frac{m_4}{\sigma^4} - 3 \tag{4-39}$$

分布曲线的尖峭程度与偶数阶中心矩的数值大小有直接的关系，m_2 是方差，于是就以四阶中心矩 m_4 来度量分布曲线的尖峭程度。m_4 是个绝对数，含有计量单位，为消除计量单位的影响，用 m_4 除以 σ^4，即可得到无量纲的相对数。衡量分布的集中程度或分布曲线的尖峭程度时往往以正态分布的峰度作为比较标准，在正态分布条件下，$\frac{m_4}{\sigma^4} = 3$。将各种不同分布的尖峭程度与正态分布进行比较，即用 $\frac{m_4}{\sigma^4}$ 减 3，从而得到峰度的测定公式。

当峰度系数 $K = 0$ 时，分布为正态分布；当峰度系数 $K > 0$ 时，分布的形状比正态分布更尖，这意味着其分布比正态分布更集中，这样的分布称为尖峰分布；当峰度系数 $K < 0$ 时，分布的形状比正态分布更平坦，这意味着其分布比正态分布更分散，这样的分布称为平峰分布。这三种分布的示意图如图 4-6 所示。

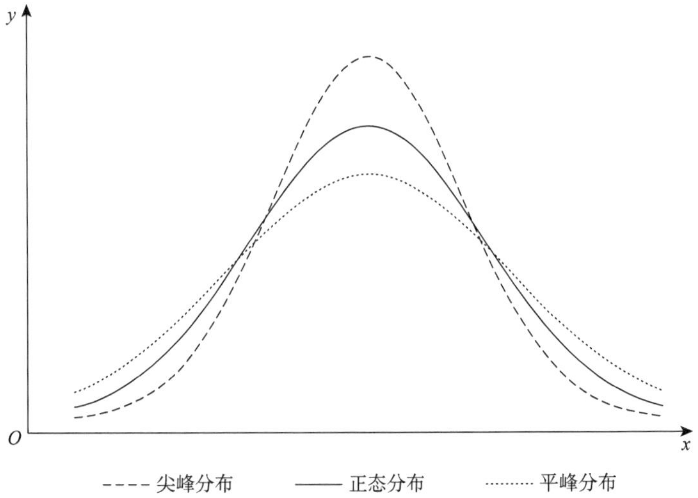

图 4-6　正态分布与尖峰分布、平峰分布示意图

【例 4-17】现对某品牌的 100 只日光灯的使用寿命进行测试，得到如表 4-10 所示的结果。请计算日光灯使用寿命分布的偏度系数和峰度系数。

表 4-10　100 只日光灯使用寿命的分布表

使用寿命/小时	数量 f /只	组中值 x /小时	xf	$(x-\overline{x})^2 f$
1 000 以下	2	900	1 800	824 328
1 000~1 200	8	1 100	8 800	1 562 912
1 200~1 400	16	1 300	20 800	937 024
1 400~1 600	35	1 500	52 500	61 740
1 600~1 800	23	1 700	39 100	574 172
1 800~2 000	12	1 900	22 800	1 537 968
2 000 以上	4	2 100	8 400	1 245 456
合计	100	—	154 200	6 743 600

解　使用寿命的均值为

$$\overline{x}=\frac{\sum_{i=1}^{n}x_i f_i}{\sum_{i=1}^{n}f_i}=\frac{154\,200}{100}=1542（小时）$$

使用寿命的方差为

$$s^2=\frac{\sum_{i=1}^{k}(x_i-\overline{x})^2 f_i}{\sum_{i=1}^{k}f_i-1}$$

$$=\frac{6\,743\,600}{100-1}=68\,117.17（小时^2）$$

使用寿命的标准差为

$$s=\sqrt{\frac{\sum_{i=1}^{n}(x_i-\overline{x})^2 f_i}{\sum_{i=1}^{n}f-1_i}}=\sqrt{\frac{6\,743\,600}{100-1}}=260.99（小时）$$

偏度系数为

$$\text{SK}=\frac{m_3}{\sigma^3}=\frac{-113\,102\,400/100}{(260.99)^3}=\frac{-1\,131\,024}{(260.99)^3}=-0.0636$$

峰度系数为

$$K=\frac{m_4}{\sigma^4}-3=\frac{12\,993\,157\,715}{(260.99)^4}-3=-0.1996$$

计算结果表明，偏度系数几乎为 0，这说明该产品使用寿命的分布十分接近正态分布；

峰度系数略小于0，这说明该产品使用寿命的分布要比正态分布略微平坦一些。总的来讲，该产品使用寿命的分布非常接近正态分布。

◎想一想

运用描述统计方法是否会扭曲数据信息？如何应对？

描述性数据测度：缺陷和道德问题

本章小结

（1）集中趋势是对数据向某一中心值的靠近程度的测定。常用的测定方法有均值（算术平均数）、中位数、众数、几何平均数等，它们具有不同的特点和运用条件，计算方法也不同。因此，必须根据所研究问题的特点及其数据的类型，正确地加以选择和运用。

（2）离散程度是对数据之间离散大小及程度的测度，是与集中趋势的测定相匹配的重要特征。常用的测定方法有极差、四分位差、标准差、异众比率、变异系数等。

（3）在统计分析中，为了对不同现象进行对比，往往需要计算变异系数，以消除计算单位、数据水平等对不同现象的影响。

（4）偏度和峰度是描述数据分布形状偏斜程度以及扁平程度的重要指标。

第五章

抽样与参数估计

本章介绍如何运用抽样推断原理对总体进行参数估计的基本概念和方法。本章的具体要求：①熟练掌握参数估计的数学基础；②准确理解抽样与抽样分布等基本概念；③熟练掌握一个总体的参数估计方法及样本量的确定方法，并能运用于实际问题；④了解两个总体的参数估计方法。

➤案例引入

麦迪公司是一家电器制造商，公司的人事主管正在制定一项关于 2500 名营销人员的简报。其中包括营销人员的平均年薪和已经完成营销培训项目的人员所占的比例。人事主管可以从公司人事档案中找到每个人的年薪和营销培训项目的记录。假定他已经获得总体的信息，利用描述统计方法，可以计算出总体年薪的均值为 51 800 元，标准差为 4000 元，已经完成营销培训项目的人员所占的比例为 60%。如果不用总体 2500 名营销人员的数据，而是随机抽取一个 30 人的样本编制人事简报，这样会更节约时间和费用。（安德森等，2006）

从本章开始，进入推断统计的学习。推断统计是相对于描述统计而言的，是从样本含有的信息中提取总体信息的统计方法。推断统计由参数估计和假设检验两部分构成。参数估计就是用样本的统计量去估计总体的参数。例如，用样本均值估计总体均值、用样本比例估计总体比例等。本例中，麦迪公司通过抽取一个 30 人的随机样本，用样本平均年薪估计全部 2500 名营销人员的平均年薪，用样本中完成营销培训项目的人员所占的比例估计全部 2500 名营销人员中完成营销培训项目的人员所占的比例，就属于参数估计。在社会经济领域和自然工程技术领域中很多场合都需要运用推断统计。

案例说明了如何使用抽样对总体参数做出估计。然而，应该明确的是，抽样结果提供的仅仅是总体参数的估计值，而不是总体参数的真实值。原因很简单，样本只是从总体中抽取的一部分。采用适当的抽样方法，能够对总体特征做出“好”的估计。

◎知识窗

在高斯（图 5-1）之前就有人发现了正态分布，德国数学家高斯（1777~1855 年）独立发现正态分布的时间虽然稍晚一些，但他很快将其用于天文学研究，使正态分布的应用价

图 5-1　高斯

值广为人知，故正态分布又称高斯分布（Gaussian distribution）。

人们对高斯的认识，大多来自这样一个故事。老师给上小学的孩子出了一道算术题：1+2+3+…+100 等于几？当其他孩子埋头苦算时，一个孩子很快报出结果 5050。老师问他怎么算得那么快，他回答：1+100=101、2+99=101、…，共有 50 个 101，所以答案是 5050。这个聪明的孩子就是高斯，他在小的时候就已经显示出了过人的数学天赋，是近代数学的奠基者之一。他对统计的贡献，除了正态分布，还有算术平均数、几何平均数、二项分布理论和最小二乘法等。

资料来源：作者根据相关资料整理而得。

第一节　概 率 基 础

推断统计是建立在概率及抽样分布理论基础上的统计方法，因而有必要了解概率分布及抽样分布的有关知识。

一、随机变量的概率分布

研究一个随机变量，要知道它所有可能的取值以及取这些值的概率。随机变量的所有可能取值及其对应的一系列概率，称为随机变量的概率分布。概率分布描述了随机变量取一切可能值（或范围）的概率及其分布规律。

（一）分布函数

对于离散型随机变量，通常用分布函数来描述它的分布。

设 X 是一个随机变量，对任意实数 x，称 $F(x)=P(X\leqslant x)$ 为随机变量 X 的概率分布函数，简称分布函数，简记为 $X\sim F(x)$。

（二）密度函数

对于连续型随机变量，通常采用概率密度函数来描述它的分布。

设随机变量 X 的分布函数是 $F(x)$，如果存在一个非负函数 $f(x)$，使得对任意实数 x，有

$$F(x)=\int_{-\infty}^{x} f(t)\mathrm{d}t \tag{5-1}$$

则称 $f(x)$ 是连续型随机变量 X 的概率密度函数，简称密度函数。

二、常用分布

（一）正态分布

正态分布（normal distribution）是概率分布中最重要的一种分布。实际生活中很多现象都服从正态分布。例如，产品的尺寸、人的身高、测量误差等，都服从或近似服从正

态分布。

如果随机变量 X 的密度函数为

$$f(x)=\frac{1}{\sqrt{2\pi\sigma}}e^{-\frac{(x-\mu)^2}{2\sigma^2}}, \quad -\infty<x<+\infty \tag{5-2}$$

则称 X 服从参数为 μ 和 σ^2 的正态分布，记为 $X\sim N(\mu,\sigma^2)$，其中 μ 和 σ（$\sigma>0$）都是常数。

1. 正态分布的密度函数曲线的特征

（1）密度函数曲线关于 $x=\mu$ 对称。

（2）曲线在 $x=\mu$ 处达到最大值 $f(x)=\frac{1}{\sqrt{2\pi\sigma}}$。

（3）曲线在 $x=\mu\pm\sigma$ 处有拐点，并以 x 轴为渐近线。

图 5-2 给出了正态分布 $N(\mu,1)$、$N(\mu,2^2)$、$N(\mu,3^2)$ 的密度函数曲线，容易看出：参数 μ 确定了分布的位置，参数 σ 确定了分布的离散程度。

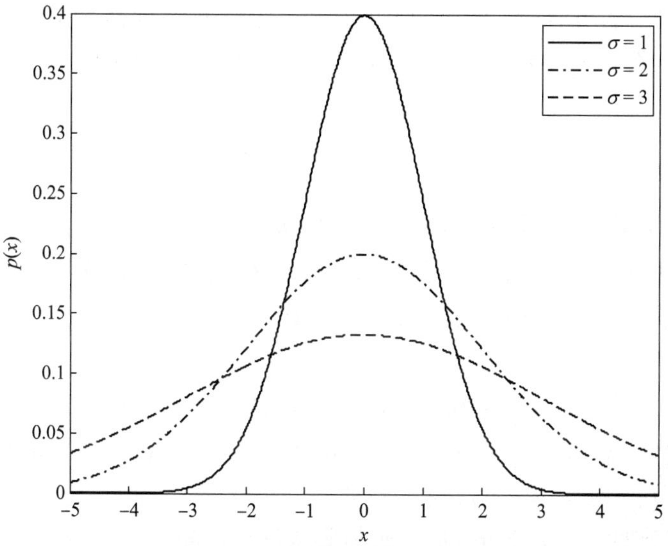

图 5-2　正态分布 $N(\mu,1^2)$、$N(\mu,2^2)$、$N(\mu,3^2)$ 的密度函数曲线

正态分布当 $\mu=0,\sigma=1$ 时，称为标准正态分布，记为 $X\sim N(0,1)$，其密度函数曲线的图形见图 5-3。

2. 正态分布的两个性质

（1）若 $X\sim N(\mu,\sigma^2)$，则 $E(X)=\mu,\mathrm{Var}(X)=\sigma^2$，即参数 μ 是随机变量 X 的期望，参数 σ^2 是随机变量 X 的方差。

（2）若 $X\sim N(\mu,\sigma^2)$，则 $Y=\frac{X-\mu}{\sigma}\sim N(0,1)$，即任何一个正态分布都可以经过线性变换转化为标准正态分布。

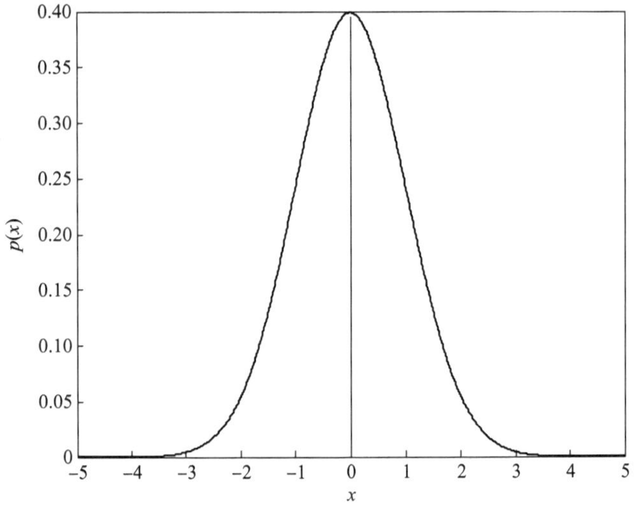

图 5-3　标准正态分布的密度函数曲线

当随机变量 $X \sim N(0,1)$ 时，对给定 α（$0<\alpha<1$），称满足 $P(X>Z_\alpha)=\alpha$ 的 Z_α 是标准正态分布的 α 分位数，分位数可以从标准正态分布表里查到。例如，$\alpha=0.025$，查表可得 $Z_\alpha=1.96$。

（二）χ^2 分布

χ^2 分布主要用于总体方差的估计和非参数检验。

设 $X_i \sim N(0,1)$（$i=1,2,\cdots,n$），且 $X_1,X_2,\cdots,X_n$ 相互独立，则 $X=X_1^2+X_2^2+\cdots+X_n^2$ 的分布称为自由度为 n 的卡方分布，记为 $X_i \sim \chi^2(n)$。

χ^2 分布的性质如下。

（1）期望和方差：若 $X \sim \chi^2(n)$，则 $E(X)=n, \mathrm{Var}(X)=2n$。

（2）可加性：若 $X_i \sim \chi^2(n_i)$（$i=1,2,\cdots,k$），且 $X_1,X_2,\cdots,X_k$ 相互独立，则 $X_1+X_2+\cdots+X_k \sim \chi^2(n_1+n_2+\cdots+n_k)$。

（3）渐近正态性：当 n 充分大时，近似服从正态分布。

图 5-4 给出了 n 分别为 4、6、10 时 χ^2 分布的密度函数曲线，容易看出，χ^2 分布的形状取决于其自由度的大小，是只取非负值的正偏分布，随着自由度的增大逐渐趋于对称。

当随机变量 $X \sim \chi^2(n)$ 时，对给定 α（$0<\alpha<1$），称满足 $P(X>{\chi_\alpha}^2(n))=\alpha$ 的 ${\chi_\alpha}^2(n)$ 是自由度为 n 的 χ^2 分布的 α 分位数，分位数可以从 χ^2 分布表里查到。例如，$n=8, \alpha=0.05$，查表可得 ${\chi_\alpha}^2(8)=15.507$。

（三）t 分布

t 分布是由戈塞特于 1908 年提出的，是描述小样本统计量的分布，因其是以“Student”（学生）为笔名发表的论文，故称为 t 分布。

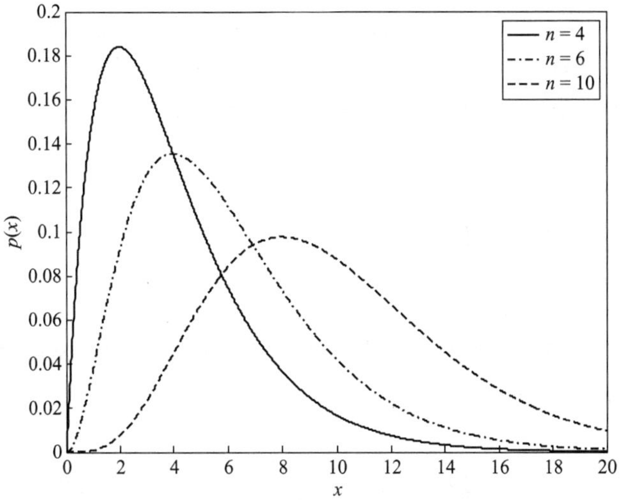

图 5-4　$\chi^2(n)$ 分布的密度函数曲线

设随机变量 $X_1 \sim N(0,1)$，随机变量 $X_2 \sim \chi^2(n)$，且 X_1, X_2 相互独立，则 $T = \dfrac{X_1}{\sqrt{\dfrac{1}{n}X_2}}$ 的分布称为自由度为 n 的 t 分布，记为 $T \sim t(n)$。

t 分布类似于正态分布，为对称分布，但一般情况下较标准正态分布平坦和分散，t 分布的形状取决于自由度，自由度增大时，t 分布逐渐趋向正态分布（图 5-5）。

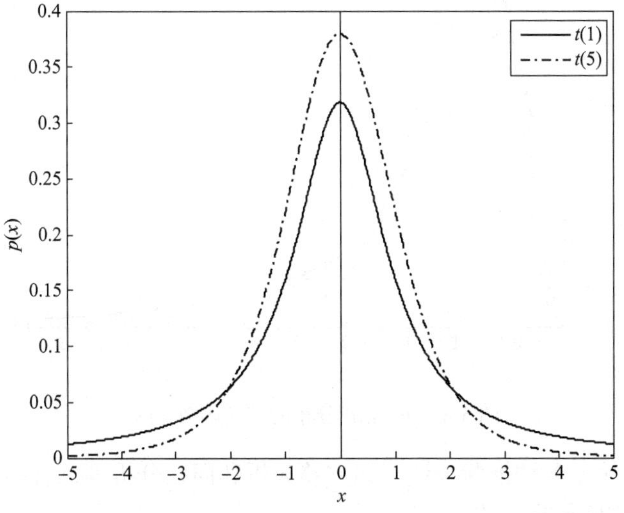

图 5-5　$t(n)$ 分布的密度函数曲线

t 分布有如下性质。

（1）设 $X \sim t(n)$，则 $E(X)=0$（$n>1$）。

（2）t 分布的概率密度函数关于 $x=0$ 对称，当 $x \to \infty$ 时单调下降趋于 0。

（3）当 $n \to +\infty$ 时，自由度为 n 的 t 分布收敛于标准正态分布 $N(0,1)$ 。

当随机变量 $X \sim t(n)$ 时，称满足 $P(X > t_\alpha(n)) = \alpha$ 的 $t_\alpha(n)$ 是自由度为 n 的 t 分布的 α 分位数，分位数可以从 t 分布表里查到。例如，$n=5, \alpha=0.05$ ，查表可得 $t_\alpha(5)=2.015$ 。

◎想一想

正态分布与 t 分布的联系与区别是什么？

（四）*F* 分布

F 分布是由著名统计学家罗纳德·艾尔默·费希尔（Ronald Aylmer Fisher）首先提出的，它由两个独立 χ^2 统计量构成。

设随机变量 $X_1 \sim \chi^2(m)$ ，随机变量 $X_2 \sim \chi^2(n)$ ，且 X_1, X_2 相互独立，则 $F = \dfrac{\frac{X_1}{m}}{\frac{X_2}{n}}$ 的分布称为自由度为 (m,n) 的 F 分布，记为 $F \sim F(m,n)$ ，其中 m 称为分子自由度，n 称为分母自由度。

$F(m,n)$ 分布的密度函数曲线如图 5-6 所示。

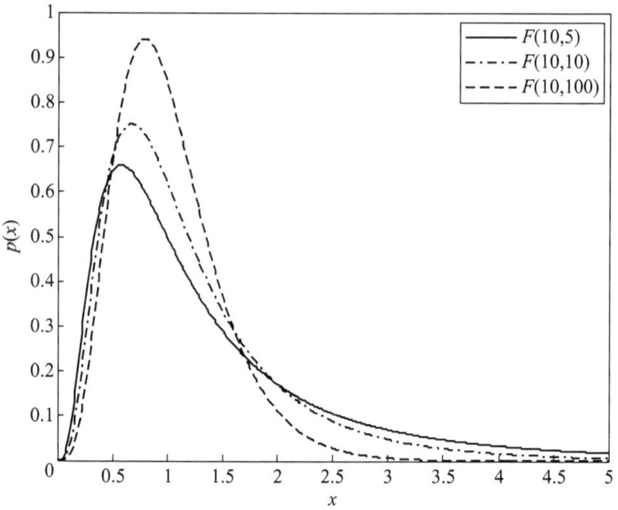

图 5-6　$F(m,n)$ 分布的密度函数曲线

F 分布广泛应用于各种推断统计，如方差分析和回归分析等，有如下性质。

（1）F 分布的值是非负的。

（2）F 分布是非对称、右偏的。

（3）F 分布不是一个分布而是一族分布，有两个自由度，其形状取决于自由度。

（4）F 分布的临界值使用 3 个值来识别，即分子的方差的自由度、分母的方差的自由度、分布曲线下方临界值右侧的面积 α 。

（5）F 分布有左右两个临界值，且这两个临界值之间是倒数关系，F 分布表中只给出右方临界值。

当随机变量 $X \sim F(m,n)$ 时，称满足 $P(X > F_\alpha(m,n)) = \alpha$ 的 $F_\alpha(m,n)$ 是自由度为 (m,n) 的 F 分布的 α 分位数，分位数可以从 $F(m,n)$ 分布表里查到。例如，$m = 6, n = 8, \alpha = 0.05$，查表可得 $F_\alpha(6,8) = 3.58$。

神奇的正态分布

第二节　抽样与抽样分布

◎**知识窗**

20 世纪 20 年代英国统计学家费希尔（图 5-7）爵士（1890~1962 年）在伦敦附近的罗森斯得（Rothamsted）农业实验站创立了实验设计方法和统计分析技术，奠定了干预试验的统计学基础。

图 5-7　费希尔

费希尔于 1912 年获得英国剑桥大学天文学学士学位，毕业后曾作为数学教师和皮尔逊一起共事，但两人在学术上存在重大分歧，如费希尔支持戈塞特的小样本统计理论，不赞成皮尔逊的大样本调查，指责他只知道相关（correlation）不探查相关原因，最后两人的矛盾不可调和。1919 年费希尔转到罗森斯得农业实验站，使自己更像一个生物学家。他在罗森斯得创立的随机化实验设计及方差分析的理论和方法，在全世界得到了广泛运用。费希尔发现了许多样本统计量的精确分布，提出了最大似然方法并将其用于假设检验，还对小样本统计方法做出了贡献，因此被誉为现代统计学的奠基人之一。1929 年费希尔当选英国皇家协会会员，1938 年获得英国皇家协会国王奖励，1955 年获得英国皇家协会科普利奖章（Copley medal）。

资料来源：作者根据相关资料整理而得。

抽样方法有许多种，如果抽样时能够使总体中的每个个体都有被抽中的概率，则这一类抽样方法称为概率抽样，否则就是非概率抽样。在概率抽样中，最基本的方法是简单随机抽样。

一、简单随机抽样

根据有限总体和无限总体，简单随机抽样的实施方法有所不同。

（一）从有限总体抽样

有限总体是比较常见的情形。从总体容量为 N 的有限总体中随机抽取样本量为 n 的样本，如果总体中每个个体被抽中的概率相等，这种抽样称为简单随机抽样，这样抽得的样本称为简单随机样本。

在麦迪公司的案例中，要从 2500 名营销人员中抽取 30 人的简单随机样本，方法之一是“抽签法”。这种方法要求事先对总体中的每个个体进行编号和制作标签，将所有的标签“搅拌均匀”，然后从中每次抽取一个，直到抽够 30 人为止。在具体实施抽样的过程中，如果每次抽取后不放回去继续抽取下一个，这种抽样称为不放回抽样（不重复抽样）；如果每次抽取后记录下来，然后放回去再抽下一个，这种抽样称为放回抽样（重复抽样）。这两种抽样都能够保证总体中每个个体以相等的概率被抽中。

抽签法只适用于总体容量较小的情形，如果总体容量较大，这种方法比较麻烦。这时可以使用“随机数表”进行抽样。随机数表是事先编好的，表中 0 到 9 的 10 个数字出现的概率都相同，而且表中任何两位以上的数字在表中出现的概率也相同，表 5-1 是从中截取的一部分。在麦迪公司的抽样中，我们先要对 2500 名营销人员编号，一般从 1 到 2500。总体编号的最大数是 2500，是四位数，因此我们从随机数表中按每四位一组选择随机数，从表中第 1 列至第 4 列中，从第 7 行开始从上到下读取四位随机数有：1318、1772、3652、8162、…。对于超过 2500 的随机数，一个办法是放弃；另一个办法是用它减去 2500 或 2500 的倍数，用得到的余数作为抽中的随机数，这样一直抽够 30 个为止。需要说明的是，使用随机数表抽样，可以从任何一个位置开始，按事先规定的顺序连续进行下去，但不能挑选随机数。

表 5-1 随机数表示例（这里是截取的部分内容）

63271	59986	71744	51102	15141	80714	58683	93108	13554	79945
88547	09896	95436	79115	08303	01041	20030	63754	08459	28364
55957	57243	83865	09911	19761	66535	40102	26645	60147	15702
46276	87453	44790	67122	45573	84358	21625	16999	13385	22782
55363	07449	34835	15290	76616	67191	12777	21861	68689	03263
69393	92785	49902	58447	42048	30378	87618	26933	40640	16281
13186	29431	88190	04588	38733	81290	89541	70290	40113	08243
17726	28652	56836	78351	47327	18518	92222	55201	27340	10493
36520	64465	05550	30157	82242	29520	69753	72602	23756	54935
81628	36100	39254	56835	37636	02421	98063	89641	64953	99337
84649	48968	75215	75498	49539	74240	03466	49292	36401	45525
63291	11618	12613	75055	43915	26488	41116	64531	56827	30825
70502	53225	03655	05915	37140	57051	48393	91322	25653	06543
06426	24771	59935	49801	11082	66762	94477	02494	88215	27191

续表

20711	55069	29431	70165	45406	78484	31639	52009	18837	96927
41990	70538	77191	25860	55204	73417	83920	69468	74972	38712
72452	36618	76298	26678	89334	33938	95567	29380	75906	91807
37042	40318	57099	10528	09925	89773	41335	96244	29002	46453
53766	52875	15987	46962	67342	77592	57651	95508	80033	69828
90585	58955	53122	16025	84299	53310	67380	84249	25348	04332

（二）从无限总体抽样

在某些情形下，总体中每个个体不能确定或是无限的，在实际应用中必须被当作无限总体对待。例如，北京市某个麦当劳分店想估计中午 11：30~13：30 顾客从点餐到领取食品的平均候餐时间。如果将所有可能光顾的顾客作为总体，我们无法对顾客人数做一个限定，也无法对顾客进行编号。此时，可以将所有可能光顾的顾客视为“无限总体”，从该总体中随机抽取 n 个顾客作样本。来自无限总体的简单随机样本的定义如下。

如果满足如下两个条件，则称该样本为简单随机样本：①每个个体来自同一总体；②每个个体的抽取是独立的。

从无限总体中随机抽样，因为不可能对总体中的每个个体进行编号，所以抽样过程不能使用随机数，这时必须专门制定一种独立选取样本点的抽样过程，以保证每个个体都有相等的概率被抽取。具体的样本抽取过程需要根据具体情况确定。例如，麦当劳餐饮店经常给顾客发放一些食物打折赠品券，因此，可以利用这个事实安排抽样过程：当一名顾客出示赠品券时，他之后的下一名顾客被抽中。因为顾客出示赠品券是随机而且独立的，所以这种抽样过程完全满足简单随机样本的两个条件。

从无限总体中随机抽样，除了采用简单随机抽样，还可以采用系统抽样。

◎想一想

如此对无限总体的抽样有什么优点？

二、抽样分布

（一）抽样分布的含义

抽样分布就是样本统计量的概率分布。

先看一个简单的案例。假设有一个 5 个工人组成的总体，其日产量分别为 34 件、38 件、42 件、46 件、50 件。则总体工人日产量的均值和方差分别为

$$\overline{X}=\frac{\sum X_i}{N}=\frac{34+38+42+46+50}{5}=42(\text{件})$$

$$\sigma^2=\frac{\sum (X_i-\overline{X})^2}{N}=\frac{160}{5}=32(\text{件}^2)$$

现用重复抽样的方法从 5 人中随机抽取 2 人组成样本，25 个样本的抽样结果如表 5-2 所示。

表 5-2　25 个样本的抽样结果表

样本变量	34 件	38 件	42 件	46 件	50 件
34 件	34，34	34，38	34，42	34，46	34，50
38 件	38，34	38，38	38，42	38，46	38，50
42 件	42，34	42，38	42，42	42，46	42，50
46 件	46，34	46，38	46，42	46，46	46，50
50 件	50，34	50，38	50，42	50，46	50，50

根据表 5-2 的数据，可以计算并整理出样本均值的分布，如表 5-3 所示。

表 5-3　25 个样本均值的分布

样本日平均产量/件	频数/人	频率
34	1	1/25
36	2	2/25
38	3	3/25
40	4	4/25
42	5	5/25
44	4	4/25
46	3	3/25
48	2	2/25
50	1	1/25
合计	25	1

根据表 5-3，可以绘制样本均值的分布图，见图 5-8。

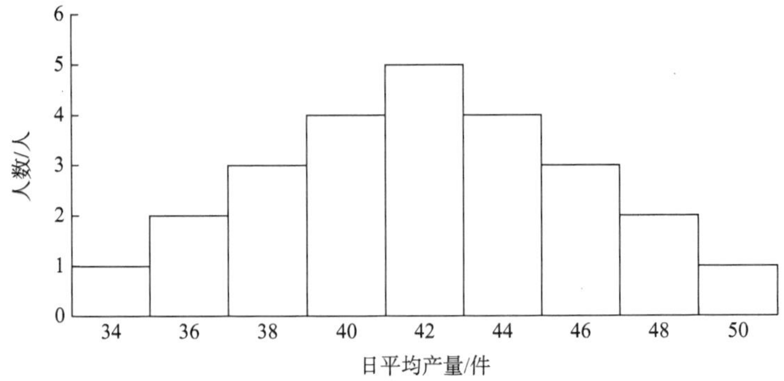

图 5-8　样本日平均产量分布图

根据表 5-3，可以计算日产量均值的数学期望和方差：

$$E(\bar{x})=\frac{34\times1+36\times2+\cdots+50\times1}{25}=42(\text{件})$$

$$\sigma^2(\bar{x})=\frac{(34-42)^2\times1+(36-42)^2\times2+\cdots+(50-42)^2\times1}{25}=16(\text{件}^2)$$

$$\sigma(\bar{x})=4(\text{件})$$

可见，样本日平均产量的数学期望等于总体均值，样本日平均产量的方差（16）是总体方差（32）的$\frac{1}{n}$。

上述结论具有普遍意义，设总体变量为X：$X_1,X_2,\cdots,X_N$，样本变量为x：$x_1,x_2,\cdots,x_n$。

（1）按照数学期望的性质有

$$E(\bar{x})=E\left(\frac{x_1+x_2+\cdots+x_n}{n}\right)=\frac{1}{n}[E(x_1)+E(x_2)+\cdots+E(x_n)]$$

重复抽样条件下，由于$x_1,x_2,\cdots,x_n$是相互独立的，而且都是从总体$X_1,X_2,\cdots,X_N$中抽取的，每个单位中选的机会相等，概率均为$\frac{1}{N}$，所以

$$E(x_1)=E(x_2)=\cdots=E(x_n)=\sum_{i=1}^{N}X_iP_i=\mu$$

$$E(\bar{x})=\frac{1}{n}[E(x_1)+E(x_2)+\cdots+E(x_n)]=\frac{1}{n}(n\mu)=\mu$$

（2）按照方差的数学性质有

$$\sigma^2(\bar{x})=\sigma^2\left(\frac{x_1+x_2+\cdots+x_n}{n}\right)=\frac{\sigma^2}{n^2}(x_1+x_2+\cdots+x_n)$$

$$=\frac{1}{n^2}[\sigma^2(x_1)+\sigma^2(x_2)+\cdots+\sigma^2(x_n)]$$

重复抽样条件下，由于$x_1,x_2,\cdots,x_n$是相互独立的，而且都是从总体$X_1,X_2,\cdots,X_N$中抽取的，所以变量x_i与总体是同分布的，因此有

$$\sigma^2(x_1)=\sigma^2(x_2)=\cdots=\sigma^2(x_n)=\sigma^2$$

$$\sigma^2(\bar{x})=\frac{1}{n^2}(\sigma^2+\sigma^2+\cdots+\sigma^2)=\frac{\sigma^2}{n}\Rightarrow\sigma(\bar{x})=\frac{\sigma}{\sqrt{n}}$$

仍然以麦迪公司的案例为例，营销人员一共 2500 人，假定已经抽取了一个 30 人的随机样本，样本的调查数据见表 5-4。

表 5-4　30 人的简单随机样本的调查数据

序号	年薪/元	是否完成培训	序号	年薪/元	是否完成培训
1	49 094.3	是	4	49 894.9	是
2	53 263.9	是	5	47 621.6	否
3	49 643.5	是	6	55 924.0	是

续表

序号	年薪/元	是否完成培训	序号	年薪/元	是否完成培训
7	49 092.3	是	19	51 932.6	是
8	51 404.4	是	20	52 973.0	是
9	50 957.7	是	21	45 120.9	是
10	55 109.7	是	22	51 753.0	是
11	45 922.6	是	23	54 391.8	否
12	57 268.4	否	24	50 164.2	否
13	55 688.8	是	25	52 973.6	否
14	51 564.7	否	26	50 241.3	否
15	56 188.2	否	27	52 793.9	否
16	51 766.0	是	28	50 979.4	是
17	52 541.3	否	29	55 860.9	是
18	44 980.0	是	30	57 309.1	否

为了估计总体参数，需要计算样本统计量的值。样本统计量是样本的一个函数，是一个随机变量。设 $x_1, x_2, \cdots, x_n$ 是从总体 X 中抽取的一个容量为 n 的样本，如果由此样本构造一个函数 $T(x_1, x_2, \cdots, x_n)$，不依赖于任何未知参数，则称 $T(x_1, x_2, \cdots, x_n)$ 是一个样本统计量。常用的样本统计量有样本均值、样本方差和样本比例。

例如，为了估计全部营销人员的平均年薪，需要计算样本均值，并以此作为总体均值的一个点估计。总体标准差和总体比例的点估计也是一样。具体结果见表 5-5。

表 5-5 由 30 名营销人员组成的简单随机样本的点估计值

总体参数	参数值	点估计量	点估计值
年薪的总体均值/元	51 800.00	年薪的样本均值/元	51 814.00
年薪的总体标准差/元	4 000.00	年薪的样本标准差/元	3 347.72
完成培训人员比例/%	60	完成培训人员比例/%	63

在表 5-5 中我们根据一个容量为 30 人的随机样本对麦迪公司营销人员总体年薪的均值和标准差以及已完成营销培训的人员的比例进行了点估计。假定我们抽取另一个容量为 30 人的随机样本，第二个样本提供的数据结果如下：

年薪的样本均值 $\bar{x}$=52 670.00（元）

年薪的样本标准差 s=4238.55（元）

完成培训人员的比例 p=68%

这说明由第二个样本得到的 $\bar{x}$、s 和 p 的值与由第一个样本得到的值是不同的。通常是由于第二个随机样本与第一个随机样本所包括的个体不同，这种结果是可以预见的。让我们假设，从总体中抽取 30 人组成随机样本的过程一而再、再而三地进行下去，每次都计

算 $\bar{x}$ 、s 和 p 的值。用这种方式，我们可以得到许多个样本，同时也得到许多个 $\bar{x}$ 、s 和 p 的值。例如，在麦迪公司的案例中，如果我们重复这一抽样过程，直到获得 500 个样本及其相应的 $\bar{x}$ 、s 和 p 的值，部分结果见表 5-6。

表 5-6　500 个简单随机样本的均值、标准差和比例

样本编号	样本均值/元	样本标准差/元	样本比例/%
1	51 814.0	3 347.42	63
2	52 669.7	4 239.07	68
3	51 780.3	4 433.43	67
4	51 587.9	3 985.32	53
⋮	⋮	⋮	⋮
500	51 752.0	3 857.82	52

我们根据表 5-6 中的 500 个 $\bar{x}$ 的值，可以得到 $\bar{x}$ 的频率分布，见表 5-7。图 5-9 是 $\bar{x}$ 的频率分布直方图。

表 5-7　500 个简单随机样本均值的频率分布

样本均值/元	频数/人	频率/%
49 500~50 000	2	0.4
50 000~50 500	16	3.2
50 500~51 000	52	10.4
51 000~51 500	101	20.2
51 500~52 000	133	26.6
52 000~52 500	110	22.0
52 500~53 000	54	10.8
53 000~53 500	26	5.2
53 500~54 000	6	1.2
合计	500	100

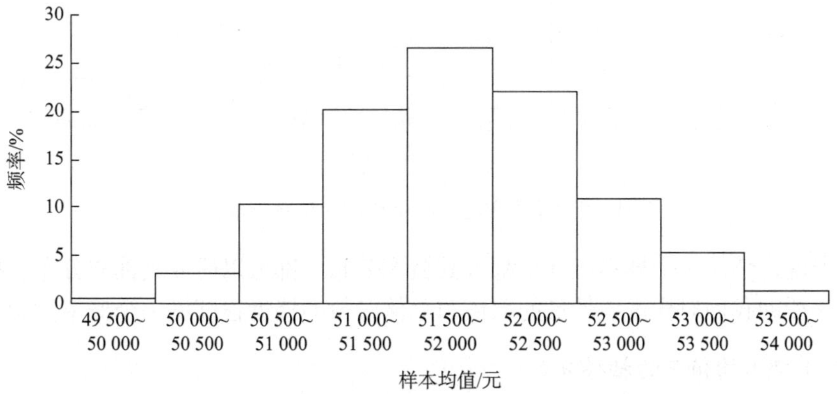

图 5-9　500 个简单随机样本均值的频率分布直方图

$\bar{x}$有许多可能的取值，因此可以计算得到其相应的数学期望、方差和概率分布。$\bar{x}$的概率分布就是$\bar{x}$的抽样分布。

从图 5-9 可以看到，500 个$\bar{x}$值的分布直方图给出了$\bar{x}$抽样分布的一个近似，其分布形式是基本对称的。我们还发现$\bar{x}$抽样分布的中心位置（即数学期望）在总体均值=51 800元附近。如果从总体中将样本量为 30 的所有可能的样本都抽出来并且计算每个样本的$\bar{x}$值，其结果的概率分布就是$\bar{x}$的抽样分布。

◎想一想

样本均值为什么不等于总体均值？

同样，我们也可以得到 500 个s值和p值，它们的频率直方图分别见图 5-10 和图 5-11。

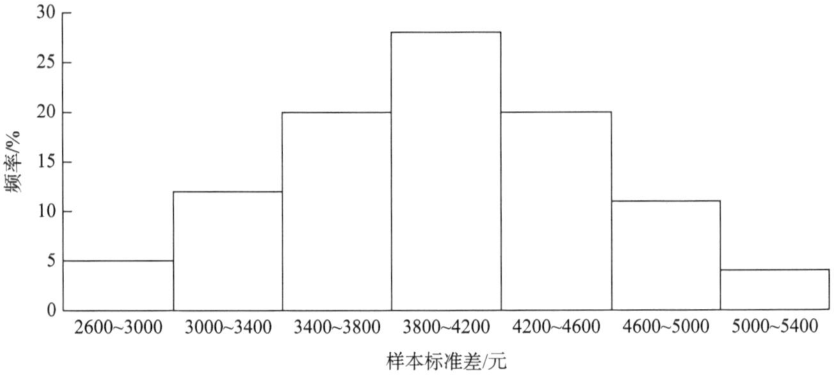

图 5-10　500 个简单随机样本标准差的频率分布直方图

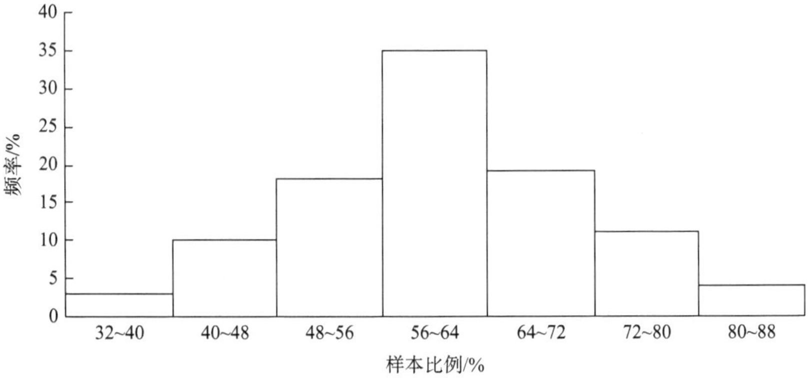

图 5-11　500 个简单随机样本比例的频率分布直方图

一般来说，任何一个样本统计量都有其概率分布，都可以研究其抽样分布。抽样分布的理论能够帮助我们对样本统计量的取值与总体参数的接近程度做一个概率度量。

（二）样本均值$\bar{x}$的抽样分布

用样本均值$\bar{x}$对总体均值μ进行推断是常用的统计方法之一，推断过程见图 5-12。

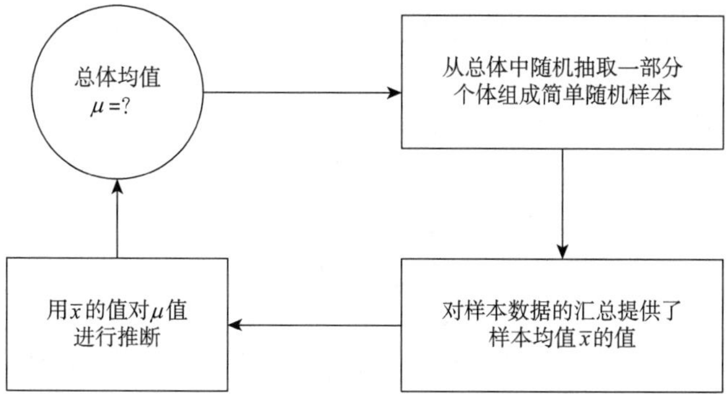

图 5-12　用样本均值 $\bar{x}$ 对总体均值 μ 进行推断的过程

在抽样过程的每一次重复中，我们会得到不同的样本均值 $\bar{x}$，样本均值 $\bar{x}$ 的所有可能取值的概率分布叫样本均值 $\bar{x}$ 的抽样分布。

下面我们讨论 $\bar{x}$ 的抽样分布的性质，包括 $\bar{x}$ 的数学期望（或均值）、$\bar{x}$ 的标准差和 $\bar{x}$ 的抽样分布的形式。$\bar{x}$ 的抽样分布的知识能够帮助我们对用 $\bar{x}$ 估计 μ 时产生的误差做出概率度量。

1. $\bar{x}$ 的数学期望

在麦迪公司的抽样问题中，我们看到不同的简单随机样本（n=30）有不同的 $\bar{x}$ 值，我们关心的是 $\bar{x}$ 的所有可能取值的均值，即 $\bar{x}$ 的数学期望。前面已经证明，对于简单随机样本，$\bar{x}$ 的数学期望等于总体均值 μ，即

$$E(\bar{x}) = \mu$$

根据这个结论，在麦迪公司的抽样中，我们可以肯定所有可能的样本均值 $\bar{x}$ 的期望值等于 51 800 元。这说明，虽然在某一次抽样中，我们不知道样本均值 $\bar{x}$ 作为总体均值 μ 的点估计值会有多大误差，但我们可以相信：许多次重复进行得到的点估计值，总是围绕总体均值 μ 上下波动，许多次可能的估计值平均来说等于 μ。这就是我们能够用样本均值 $\bar{x}$ 估计 μ 的理论依据。

2. $\bar{x}$ 的标准差

可以证明，对于简单随机抽样，$\bar{x}$ 的标准差依赖于总体是否有限。

对无限总体或有限总体放回抽样时：

$$\sigma_{\bar{x}} = \frac{\sigma}{\sqrt{n}} \tag{5-3}$$

对有限总体不放回抽样时：

$$\sigma_{\bar{x}} = \left(\frac{\sigma}{\sqrt{n}}\right)\sqrt{\frac{N-n}{N-1}} \tag{5-4}$$

式中，$\sigma_{\bar{x}}$ 为 $\bar{x}$ 的标准差；σ 为总体标准差；N 为总体容量。

从式（5-3）和式（5-4）可以看到，有限总体的 $\sigma_{\bar{x}}$ 比无限总体多乘以一个系数，这个系数通常称为有限总体修正系数。在许多实际抽样中，虽然总体是有限的，但总体单位数

很大，而样本量通常较小，有限总体的修正系数趋近于 1，这时可以忽略二者的差别，对有限总体情形也可以用无限总体情形的公式计算。经验法则是，对有限总体抽样，当抽样比 $f=n/N$ 小于 5%时，可以忽略有限总体修正系数。

在麦迪公司的抽样中，总体标准差 $\sigma=4000$，$N=2500$，$n=30$，$f=n/N=1.2\%$。根据经验法则，可以直接用式（5-3）计算：

$$\sigma_{\bar{x}}=\frac{\sigma}{\sqrt{n}}=\frac{4000}{\sqrt{30}}=730.3$$

下面，我们会看到 $\sigma_{\bar{x}}$ 的值有助于确定样本均值与总体均值的偏离程度。

3. $\bar{x}$ 的抽样分布的形式

现在我们讨论 $\bar{x}$ 的抽样分布的形式。考虑两种情形：一是总体分布已知；二是总体分布未知。

（1）当总体分布已知且为正态分布时，对任何样本量，$\bar{x}$ 的抽样分布均为正态分布。

（2）当总体分布未知时，根据中心极限定理可以得到如下结论：从总体中抽取样本量为 n 的简单随机样本，当样本量很大时，样本均值 $\bar{x}$ 的抽样分布可以用正态分布近似。在统计实践中，当样本量大于或等于 30 时，基本满足中心极限定理大样本的条件。

现在回到麦迪公司的抽样案例，已经证明，$E(\bar{x})=51\,800$，$\sigma_{\bar{x}}=730.3$，因为样本量为 30，由中心极限定理可以知道 $\bar{x}$ 的抽样分布的形式为近似正态分布，见图 5-13。

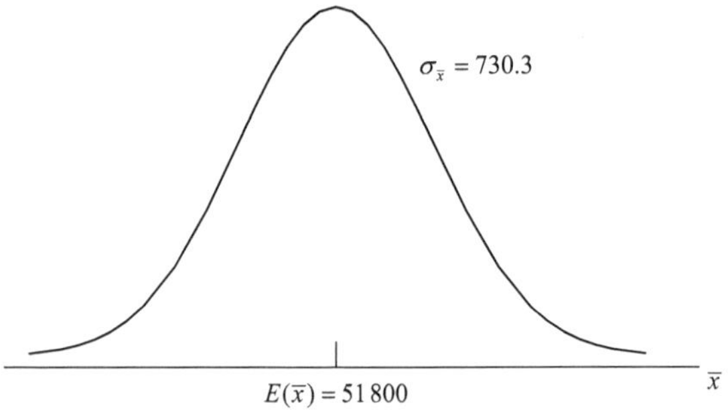

图 5-13 样本量为 30 的简单随机样本的样本均值 $\bar{x}$ 的抽样分布

4. $\bar{x}$ 抽样分布的应用

当抽取一个简单随机样本，用样本均值 $\bar{x}$ 的值估计总体均值时，该样本均值不一定正好等于总体均值，这时就产生了抽样误差。

在麦迪公司的抽样中，假设人事主管认为，当样本均值 $\bar{x}$ 的值与总体均值 μ 的值之差的绝对值在 500 元以内时，样本均值是总体均值的一个可以接受的估计值。用概率的术语来讲，人事主管实际关心的问题是：我们根据 30 人的样本得到的样本均值与总体均值之差不超过 500 元的概率有多大。

可以用 $\bar{x}$ 抽样分布来回答这个概率问题。$\bar{x}$ 抽样分布见图 5-13。人事主管关心的是样本均值介于 51 300 元到 52 300 元之间的概率。如果样本均值在此区间，则样本均值与总体均值之差不超过 500 元。图 5-14 所示的抽样分布中间部分的面积恰好度量了相应概率的大小。

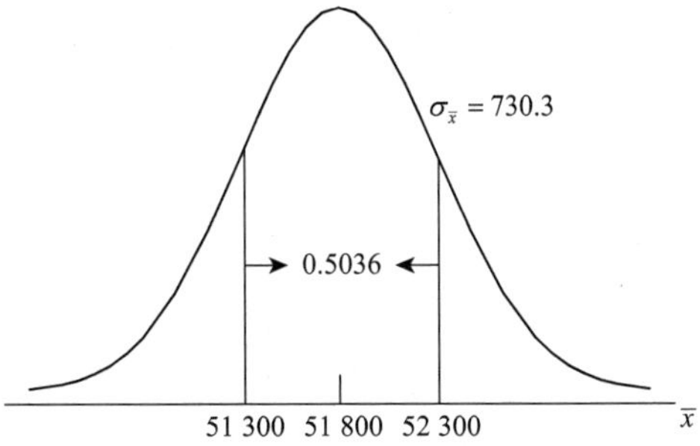

图 5-14　样本均值与总体均值之差不超过 500 元的概率

由于抽样分布是正态分布，因而我们可以用标准正态分布表来计算这个概率。当 $\bar{x}=$ 51 300 元时，有

$$z=\frac{51\,300-51\,800}{730.3}=-0.68$$

查标准正态分布表得

$$P(|z|\leqslant 0.68)=0.5036$$

计算结果表明，30 人的样本均值 $\bar{x}$ 的值与总体均值 μ 的值之差的绝对值在 500 元以内的概率（可靠性）只有 50.36%，这个估计结果可能不会让人事主管满意，如果增大样本量，可以提高参数估计的可靠性。

假设麦迪公司的人事主管将样本量增大到 100 人，样本均值与总体均值之差不超过 500 元的概率会提高到多大？

由于样本量发生了变化，所以抽样分布也会发生变化。$\bar{x}$ 的抽样分布的中心不变，即 $E(\bar{x})=51\,800$ 元不变，但 $\sigma_{\bar{x}}$ 的值会发生变化，即有

$$\sigma_{\bar{x}}=\frac{\sigma}{\sqrt{n}}=\frac{4000}{\sqrt{100}}=400$$

可见，样本量增大后 $\sigma_{\bar{x}}$ 变小了。n=30 和 n=100 时 $\bar{x}$ 的抽样分布的比较见图 5-15。

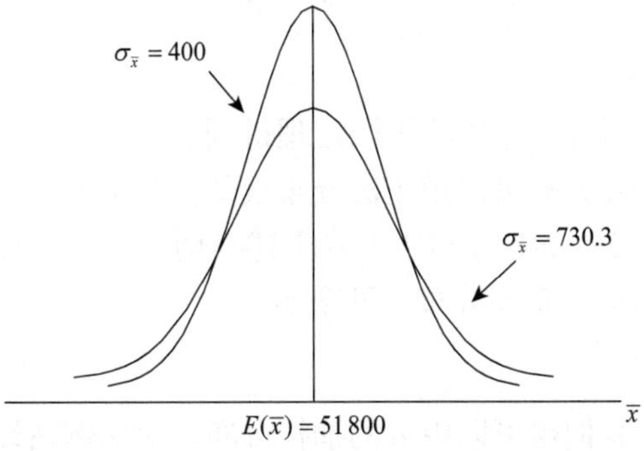

图 5-15　n =30 和 n =100 时 $\bar{x}$ 的抽样分布的比较

经过计算，样本量为 100 时，样本均值与总体均值之差不超过 500 元的概率为 78.88%。可见，当样本量增大时，均值的标准差减少，样本均值落在总体均值某一特定范围的概率随之增大。

（三）样本比例的抽样分布

在抽样调查实践中，我们经常需要用样本比例 p 对总体比例 π 进行推断，推断过程与总体均值 μ 的推断过程相同。样本比例 p 的所有可能值的概率分布称为样本比例 p 的抽样分布。

下面我们讨论样本比例 p 的抽样分布的性质，包括 p 的数学期望、标准差和抽样分布的形式。p 的抽样分布的知识能够帮助我们对用 p 估计 π 时产生的误差做出概率度量。

1. p 的数学期望

可以证明，对于简单随机样本，样本比例 p 的数学期望等于总体比例 π，即

$$E(p)=\pi$$

在麦迪公司的案例中，如果用样本比例 p 估计总体比例 π，由以上结论可知，p 的数学期望为 60%。

2. p 的标准差

可以证明，对于简单随机抽样，p 的标准差依赖于总体是否有限，下面给出 p 的标准差的两个公式。

对无限总体或有限总体放回抽样：

$$\sigma_p=\sqrt{\frac{\pi(1-\pi)}{n}} \tag{5-5}$$

对有限总体不放回抽样：

$$\sigma_p=\sqrt{\frac{\pi(1-\pi)}{n}\left(\frac{N-n}{N-1}\right)} \tag{5-6}$$

在麦迪公司的抽样案例中，我们已经知道总体比例 $\pi=60\%$，$N=2500$，$n=30$，$n/N=0.012$，因此，计算 p 的标准差时可以忽略有限总体修正系数。于是有

$$\sigma_p=\sqrt{\frac{\pi(1-\pi)}{n}}=\sqrt{\frac{0.6\times0.4}{30}}=0.0894$$

3. p 的抽样分布的形式

与样本均值 $\bar{x}$ 相似，对 p 应用中心极限定理得到 p 的概率分布的形式如下：当样本量足够大时，样本比例的抽样分布可以用正态分布近似。对于 p，同时满足如下两个条件时认为样本量足够大：$np\geqslant5$，$n(1-p)\geqslant5$。在上述案例中，$np=18$，$n(1-p)=12$。因此，样本比例 p 的抽样分布近似于正态分布，见图 5-16。

4. p 的抽样分布的应用

与样本均值 $\bar{x}$ 相似，我们也可以用 p 的抽样分布，对比例估计的抽样误差的大小给出概率度量。在上述案例中，假设人事主管想知道 p 与 π 之差的绝对值不超过 5%的概率是

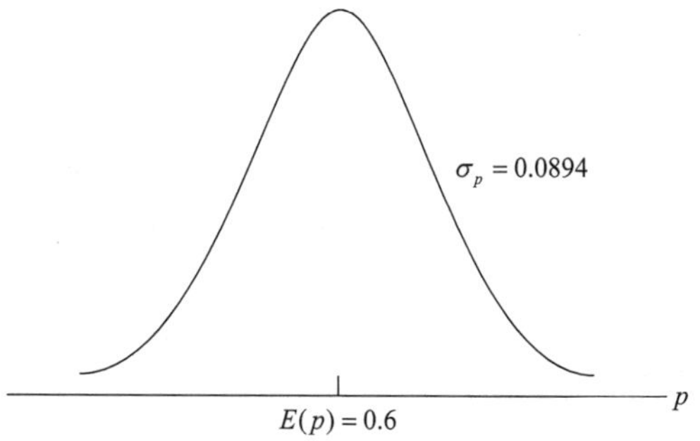

图 5-16　样本量为 30 的简单随机样本的样本比例 p 的抽样分布

多大，即样本比例介于 55%到 65%之间的概率是多大，即图 5-17 所示的面积。

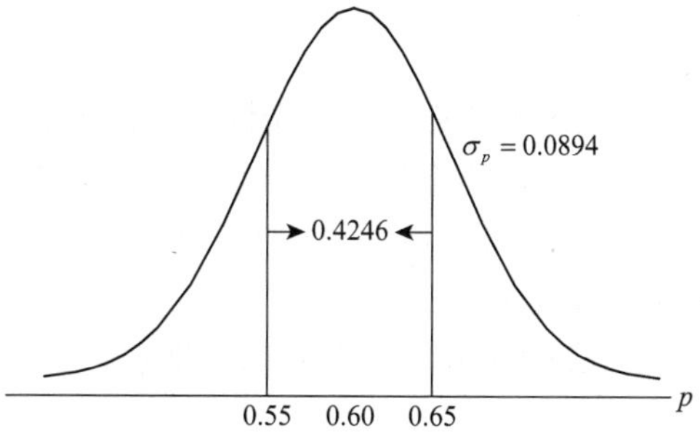

图 5-17　样本比例与总体比例之差不超过 5%的概率

运用标准正态分布表，可以知道这个概率为 42.46%。如果人事主管认为这个概率太小，没有足够的可靠性，则需要增大样本量。如果将样本量增大到 100，可以重新计算 p 的标准差，从而得到 p 与 π 之差的绝对值不超过 5%的概率为 69.22%。

（四）样本方差的抽样分布

在很多场合，我们需要对总体方差（或标准差）做出推断。样本方差的分布较为复杂，与总体的分布有关，这里只介绍正态总体情况下样本方差的分布。

可以证明，当总体为正态分布 $N(\mu,\sigma^2)$ 时，从中抽取一个容量为 n 的简单随机样本，其方差为 s^2，则 $(n-1)s^2/\sigma^2$ 服从自由度为 $n-1$ 的 χ^2 分布，即

$$(n-1)s^2/\sigma^2 \sim \chi^2(n-1) \quad （5\text{-}7）$$

统计中常见的概念性错误

第三节 总体参数估计概述

参数估计（parameter estimation）是以样本统计量作为未知总体参数的估计量，并通过样本数据计算样本统计量的取值，将其作为总体参数的估计值。参数估计的方法有点估计和区间估计。

一、点估计与区间估计

首先要有合适的统计量作为估计量。估计总体参数，可以有多个统计量，如估计总体均值，可以有样本均值、中位数、众数等。由于有许多不同的样本统计量用作总体参数的点估计量，下面采用一般记号：用θ表示总体参数，用$\hat{\theta}$表示样本统计量。

（一）点估计

点估计（point estimate）又称定值估计，即用样本统计量的某个取值作为总体参数估计值的一种方法。具体来说，分别用样本均值、样本标准差和样本比例作为总体均值、总体标准差和总体比例的点估计量（estimator）；对于一个具体样本，样本统计量的实际值称为参数的点估计值（estimator value）。

点估计的优点是能够提供总体参数的具体估计值；缺点是不能提供误差大小的信息。

（二）区间估计

用样本均值估计总体均值，用样本比例估计总体比例时，不可能期望估计结果正好等于总体参数值。就是说，点估计值与总体参数之间的误差不可避免。这是用随机样本对总体进行推断时必须付出的代价。既然抽样误差是客观存在的，我们在对总体参数进行估计时，就需要对抽样误差的大小进行度量，并希望抽样误差在我们能够接受的范围内。这就需要对总体参数进行区间估计。

区间估计（interval estimate）就是在点估计的基础上，以一定的概率给出总体参数估计的一个范围。

区间估计的优点是能够提供总体参数估计结果的抽样误差范围，并能够以概率的形式给出所得结果的可靠程度；缺点是计算方法较复杂。

二、估计量的评价标准

作为优良估计量应符合以下三个标准。

（一）无偏性

如果$E(\hat{\theta})=\theta$，则称样本统计量$\hat{\theta}$是总体参数θ的无偏估计量。

例如，样本均值$(\bar{x})$和中位数(M_e)均可作为总体均值μ的估计量，但是一般情况下$E(M_e)\neq\mu$，而$E(\bar{x})=\mu$，所以样本均值$\bar{x}$是总体均值μ的无偏估计量。

在前面讨论样本均值和样本比例的抽样分布时，我们知道$E(\bar{x})=\mu$和$E(p)=\pi$，因此，

$\bar{x}$ 和 p 分别是总体参数 μ 和 π 的无偏估计量。同样，我们也可以证明 $E(s^2)=\sigma^2$，所以，样本方差 s^2 是总体方差 σ^2 的无偏估计量。在计算样本方差时公式的分母之所以是 $n-1$ 而不是 n，是因为这样计算的样本方差是总体方差的无偏估计量。如果分母是 n，则样本方差是总体方差的有偏估计量，从趋势上会略微低估总体方差。

（二）有效性

假定根据一个样本量为 n 的简单随机样本，构造了两个不同的无偏估计量，用于对同一个总体参数进行估计，我们应该选择哪一个？通常我们选择标准差较小的点估计量，因为它给出的估计值与总体参数更接近。即有：当 $\hat{\theta}_1$ 和 $\hat{\theta}_2$ 都是 θ 的无偏估计量时，如果 $\hat{\theta}_1$ 的标准差比 $\hat{\theta}_2$ 的标准差小，则称点估计量 $\hat{\theta}_1$ 比 $\hat{\theta}_2$ 更有效。

（三）一致性

如果样本量更大时，点估计量的值更接近于总体参数，则称该点估计量具有一致性。换言之，大样本比小样本更容易产生一个好的点估计。例如，用样本均值 $\bar{x}$ 估计总体均值时，由于 $\sigma_{\bar{x}}=\dfrac{\sigma}{\sqrt{n}}$，随着样本量的增大，样本均值 $\bar{x}$ 的标准差会减小。这说明样本均值 $\bar{x}$ 是总体均值的一个一致估计量。同样的道理，样本比例也是总体比例的一致估计量。

第四节　一个总体参数的区间估计

一、总体均值的区间估计

（一）大样本的情形

用样本均值对总体均值进行区间估计时，要用到 $\bar{x}$ 的抽样分布。大样本估计又分为总体方差 σ^2 已知和未知两种情形。

1. 大样本且 σ^2 已知的情形

在估计总体均值时，抽样误差=$|\bar{x}-\mu|$。但是，由于 μ 是未知参数，所以抽样误差不能直接计算得到。然而，利用 $\bar{x}$ 的抽样分布可以对抽样误差的大小做出概率度量。

在麦迪公司的抽样案例中，假设总体标准差已知，$\sigma=4000$，但 μ 未知。当样本量 $n=100$ 时，$\bar{x}=51\,500$ 元，根据中心极限定理，我们得到 $\bar{x}$ 的抽样分布近似服从均值为 μ、标准差 $\sigma_{\bar{x}}$ 为 400 元的正态分布。为了对总体均值（营销人员的平均年薪）进行区间估计，人事主管需要提出一个可靠性要求，即他希望估计的区间有多大的概率能够涵盖总体均值。一般说来，人们希望这个可靠性不小于 95%。根据标准正态分布表可知，任何服从正态分布的随机变量 95%的值在“均值 ± 1.96 个标准差”之内。同样地，$\bar{x}$ 的抽样分布近似服从均值为 μ、标准差 $\sigma_{\bar{x}}$ 为 400 元的正态分布，因此，$\bar{x}$ 的所有可能取值中有 95%落在 $\mu \pm 1.96\sigma_{\bar{x}}$ 之内。因为 $1.96\sigma_{\bar{x}}=1.96\times 400=784$，$\bar{x}$ 的所有可能取值中有 95%落在 $\mu \pm 784$ 之内。换言之，样本均值的抽样误差小于或等于 784 的概率为 95%，如图 5-18 所示。

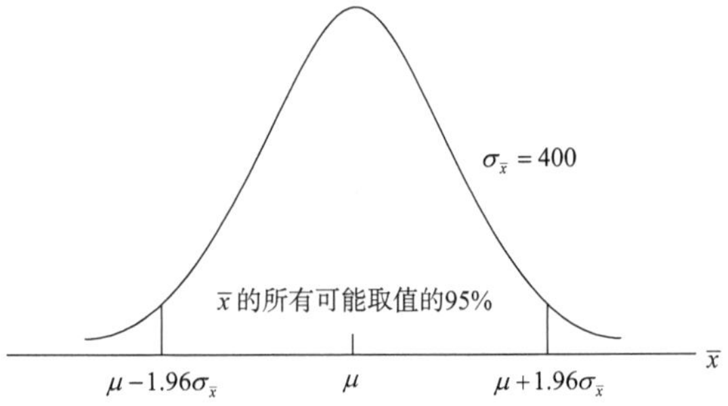

图 5-18 $\bar{x}$ 的抽样误差小于或等于 784 的抽样分布的区域

一般地，当总体服从正态分布或总体虽不是正态分布但样本量是大样本且 σ^2 已知时，样本均值 $\bar{x}$ 的抽样分布服从或近似服从均值为 μ 、标准差为 $\sigma_{\bar{x}}$ 的正态分布。$\bar{x}$ 经过标准化变换得到的随机变量 z 服从标准正态分布，即

$$z=\frac{\bar{x}-\mu}{\sigma_{\bar{x}}}\sim N(0,1) \tag{5-8}$$

根据标准正态分布的性质可知，随机变量 z 的取值与一定的概率相对应。即有

$$P\left(|z|\leqslant z_{\alpha/2}\right)=1-\alpha \tag{5-9}$$

等价于

$$P\left(\frac{|\bar{x}-\mu|}{\sigma_{\bar{x}}}\leqslant z_{\alpha/2}\right)=1-\alpha \tag{5-10}$$

式中，$1-\alpha$ 为置信水平（confidence level），是指随机变量 z 取值的绝对值小于 $z_{\alpha/2}$ 的概率；$z_{\alpha/2}$ 是标准正态分布上侧面积为 $\alpha/2$ 时的 z 值。事实上，对式（5-10）左边括号中的不等式进行变换，可得到如下结果：

$$P\left(|\bar{x}-\mu|\leqslant z_{\alpha/2}\sigma_{\bar{x}}\right)=1-\alpha \tag{5-11}$$

即有

$$\bar{x}-z_{\alpha/2}\sigma_{\bar{x}}\leqslant\mu\leqslant\bar{x}+z_{\alpha/2}\sigma_{\bar{x}} \tag{5-12}$$

也就是说，由样本均值构造的估计区间会以 $1-\alpha$ 的概率涵盖总体均值 μ ，即

$$\bar{x}\pm z_{\alpha/2}\sigma_{\bar{x}} \tag{5-13}$$

这个估计区间又称为置信水平为 $1-\alpha$ 的置信区间（confidence interval），其中 $z_{\alpha/2}\sigma_{\bar{x}}$ 称为边际误差（margin error），记为 E ，它是估计量标准差 $\sigma_{\bar{x}}$ 的一个倍数，也称为抽样极限误差。由于 $\sigma_{\bar{x}}=\dfrac{\sigma}{\sqrt{n}}$ ，所以总体均值的区间估计也可以表示为

$$\bar{x}\pm z_{\alpha/2}\frac{\sigma}{\sqrt{n}} \tag{5-14}$$

回到麦迪公司的抽样案例中，如果人事主管要求以 95%的置信水平对平均年薪进行区间估计，根据式（5-14）计算可得，公司全部营销人员平均年薪的区间估计为 51 500 ± 784 元，即(50 716, 52 284)。结论是：公司全部 2500 名营销人员的平均年薪估计在 50 716 元到 52 284 元之间，对这一估计结果我们没有 100%的信心，只有 95%的信心。

实际上，如果换一个人进行抽样，样本量也是 100，但样本均值 $\bar{x}$ =52 000 元，则 95%的置信区间也会变化，即 52 000 ± 784 元。由于总体均值是未知参数，所以某次估计的区间是否包括总体参数是不能确定的，但根据置信区间的定义，如果进行 100 次这样的估计得到 100 个置信区间，会有 95 个区间涵盖总体均值。这就是置信水平 95%的直观意义。

2. 大样本且 σ^2 未知的情形

要进行区间估计，首先要对总体标准差 σ 进行点估计。前面讲过，样本标准差 s 是总体标准差 σ 的无偏点估计。因此，有 $\sigma_{\bar{x}} = \frac{s}{\sqrt{n}}$，在置信水平为 $1-\alpha$ 时总体均值的区间估计为

$$\bar{x} \pm z_{\alpha/2} \frac{s}{\sqrt{n}} \quad (5\text{-}15)$$

需要说明的是，置信水平 $1-\alpha$ 是可以选择的，常用的置信水平对应的 $z_{\alpha/2}$ 值，如表 5-8 所示。

表 5-8　常用的置信水平对应的 $z_{\alpha/2}$ 值

$(1-\alpha)$ /%	90	95	95.45	99	99.73
$z_{\alpha/2}$	1.65	1.96	2.00	2.58	3.00

（二）小样本的情形

在小样本的情形下，如果总体是正态分布，且总体标准差 σ 已知，则 $\bar{x}$ 的抽样分布服从正态分布，可以使用前面介绍的方法进行总体均值的区间估计。如果总体标准差 σ 未知，我们需要用样本标准差 s 估计总体标准差 σ。这时，样本均值 $\bar{x}$ 经过标准化后得到的随机变量服从自由度为 $n-1$ 的 t 分布，即

$$t = \frac{\bar{x}-\mu}{s/\sqrt{n}} \sim t(n-1) \quad (5\text{-}16)$$

在 $1-\alpha$ 置信水平下，根据 t 分布建立的总体均值 μ 的置信区间为

$$\bar{x} \pm t_{\alpha/2} \frac{s}{\sqrt{n}} \quad (5\text{-}17)$$

式中，$t_{\alpha/2}$ 为自由度为 $n-1$ 时，t 分布的上侧面积为 $\alpha/2$ 时的 t 值。

【例 5-1】某研究机构想估计在软件公司工作的员工每周加班的平均时间，随机抽取了一个 25 人的样本，计算得到样本均值为 15 小时，样本标准差为 20 小时，假定员工每周加班的时间服从正态分布，试以 95%的置信水平估计软件公司员工每周加班的平均时间。

解　n=25，$t_{\alpha/2}(n-1) = t_{0.025}(24)$ =2.06，$\bar{x}$ =15 小时，s=20 小时。将以上数据代入式（5-17），95%的置信水平下软件公司员工每周加班的平均时间的置信区间为 $\bar{x} \pm t_{\alpha/2}\frac{s}{\sqrt{n}} = 15 \pm 2.06 \times \frac{20}{\sqrt{25}}$，即(6.76, 23.24)。故以 95%的置信水平估计软件公司员工每周加班的平均

时间为 6.76~23.24 小时。

二、总体比例的区间估计

在麦迪公司的抽样案例中，人事主管还关心一个问题，就是参加过公司营销培训项目的人员的比例。类似总体均值的区间估计，现在我们讨论总体比例的区间估计。

前面我们已经说明，样本比例 p 是总体比例 π 的无偏估计，并且，当样本量足够大时，样本比例 p 的抽样分布可以用正态分布近似。在麦迪公司的案例中，样本量为 30 时完全满足大样本的条件，所以我们可以基于正态分布对总体比例进行区间估计。此时，样本比例 p 的抽样误差=$|p-\pi|$。

与总体均值的区间估计类似，定义 $z_{\alpha/2}\sigma_p$ 为样本比例 p 的边际误差，这样可以很容易得到总体比例的区间估计，即在$1-\alpha$ 置信水平下总体比例的置信区间为

$$p \pm z_{\alpha/2}\sigma_p \tag{5-18}$$

对于无限总体，$\sigma_p=\sqrt{\dfrac{\pi(1-\pi)}{n}}$，因此，总体比例的置信区间还可以表示为

$$p \pm z_{\alpha/2}\sqrt{\frac{\pi(1-\pi)}{n}} \tag{5-19}$$

由于式（5-19）中总体比例 π 是未知的，需要用样本比例 p 来估计，因此，总体比例的置信区间的计算公式为

$$p \pm z_{\alpha/2}\sqrt{\frac{p(1-p)}{n}} \tag{5-20}$$

回到麦迪公司的案例，n=30，p=63%，在 95%的置信水平下，$z_{\alpha/2}$=1.96，人事主管可以对参加过公司营销培训项目的人员的比例进行估计：

$$\sigma_p=\sqrt{\frac{p(1-p)}{n}}=\sqrt{\frac{0.63\times 0.37}{30}}=0.088$$

总体比例 π 在 95%的置信水平下的置信区间为 $p \pm z_{\alpha/2}\sigma_p = 63\% \pm 1.96\times 8.8\%$，即 45.75%~80.25%。

当然，麦迪公司的人事主管可能对这个区间估计的精度不太满意，因为边际误差 $z_{\alpha/2}\sigma_p$ 达到了 17.25%。为了提高估计精度，需要降低边际误差，在置信水平不变的条件下，只有降低样本比例的标准差。如何才能降低样本比例的标准差？这就需要增大样本量。假设样本量增大到 100，重新计算的置信区间为

$$\sigma_p=\sqrt{\frac{p(1-p)}{n}}=\sqrt{\frac{0.63\times 0.37}{100}}=0.048$$

总体比例 π 在 95%的置信水平下的置信区间为 $p \pm z_{\alpha/2}\sigma_p = 63\% \pm 1.96\times 4.8\%$，即 53.6%~72.4%。此时的边际误差下降到 9.4%，误差范围明显缩小，估计精度明显提高。

三、总体方差的区间估计

对于来自正态总体 $N(\mu,\sigma^2)$ 的样本量为 n 的简单随机样本，如果总体方差 σ^2 未知，可以用样本方差 s^2 来估计。根据 $(n-1)s^2/\sigma^2 \sim \chi^2(n-1)$ 得到：

$$P\left[\chi^2_{1-\alpha/2} \leqslant \frac{(n-1)s^2}{\sigma^2} \leqslant \chi^2_{\alpha/2}\right] = 1-\alpha \tag{5-21}$$

变换后可得到总体方差 σ^2 的置信水平为 $1-\alpha$ 的估计区间：

$$\left[\frac{(n-1)s^2}{\chi^2_{\alpha/2}}, \frac{(n-1)s^2}{\chi^2_{1-\alpha/2}}\right] \tag{5-22}$$

式中，$\chi^2_{\alpha/2}$ 和 $\chi^2_{1-\alpha/2}$ 分别为自由度为 $n-1$ 的 χ^2 分布的 $\alpha/2$ 分位数和 $1-\alpha/2$ 分位数。

【例 5-2】假设某种品牌的袋装化肥的重量服从正态分布，现从一批袋装化肥中随机抽取 25 袋，测得其平均重量为 50 千克，方差为 0.85 千克 ^{2}，试以 95%的置信水平估计该批化肥重量的标准差。

解　由 $\alpha = 0.05$ 和 $n-1=24$，查表得 $\chi^2_{\alpha/2} = 39.364$，$\chi^2_{1-\alpha/2} = 12.401$，又 $s^2 = 0.85$，所以，总体方差的 95%的置信区间为 $\left(\frac{(n-1)s^2}{\chi^2_{\alpha/2}}, \frac{(n-1)s^2}{\chi^2_{1-\alpha/2}}\right) = \left(\frac{24\times 0.85}{39.364}, \frac{24\times 0.85}{12.401}\right)$，即 (0.518, 1.645)，即以 95%的置信水平估计该批化肥重量的标准差在 0.518~1.645 千克。

统计误差怎么看

第五节　两个总体参数的区间估计

如果要比较两个地区居民人均收入水平的差异，比较企业中不同班组生产工人的产品合格率的差异等，就需要用到两个总体参数的区间估计的方法。

一、两个总体均值之差的区间估计

分三种情况进行讨论，并假定来自两个总体的两个样本相互独立，样本量各为 n_1 和 n_2。

（一）两个正态总体——方差已知

设总体 $X_1 \sim N(\mu_1, \sigma_1^2)$，总体 $X_2 \sim N(\mu_2, \sigma_2^2)$，$\sigma_1^2$ 和 σ_2^2 都已知，则

$$\bar{x}_1 - \bar{x}_2 \sim N\left(\mu_1 - \mu_2, \frac{\sigma_1^2}{n_1} + \frac{\sigma_2^2}{n_2}\right) \tag{5-23}$$

经标准化变换得

$$z=\frac{\bar{x}_1-\bar{x}_2-(\mu_1-\mu_2)}{\sqrt{\frac{\sigma_1^2}{n_1}+\frac{\sigma_2^2}{n_2}}}\sim N(0,1) \tag{5-24}$$

由此得到 $\mu_1-\mu_2$ 的置信水平为 $1-\alpha$ 的置信区间：

$$\left[(\bar{x}_1-\bar{x}_2)-z_{\frac{\alpha}{2}}\sqrt{\frac{\sigma_1^2}{n_1}+\frac{\sigma_2^2}{n_2}},(\bar{x}_1-\bar{x}_2)+z_{\frac{\alpha}{2}}\sqrt{\frac{\sigma_1^2}{n_1}+\frac{\sigma_2^2}{n_2}}\right] \tag{5-25}$$

【例 5-3】为调查甲、乙两家银行的户均存款数，从两家银行各抽取一个样本量为 25 的客户样本，两个样本的均值分别为 4500 元和 3250 元，两个样本的标准差分别为 920 元和 960 元。根据经验可知两个总体服从正态分布，试求 $\mu_1-\mu_2$ 的置信水平为 90%的置信区间。

解 两个总体服从正态分布，且方差已知，因此 $\mu_1-\mu_2$ 的置信水平为 90% 的置信区间为

$$(\bar{x}_1-\bar{x}_2)-z_{0.05}\sqrt{\frac{\sigma_1^2}{n_1}+\frac{\sigma_2^2}{n_2}}=(4500-3250)-1.65\times\sqrt{\frac{920^2}{25}+\frac{960^2}{25}}$$

$$=1250-439=811（元）$$

$$(\bar{x}_1-\bar{x}_2)+z_{0.05}\sqrt{\frac{\sigma_1^2}{n_1}+\frac{\sigma_2^2}{n_2}}=1250+439=1689（元）$$

即有 90%的把握估计两家银行的户均存款之差为 811~1689 元。

对于非正态总体，如果总体方差已知，只要两个样本都是大样本，也可以按上述方法对两个总体均值之差进行区间估计。

（二）两个正态总体——方差未知但相等

设总体 $X_1\sim N(\mu_1,\sigma_1^2)$，总体 $X_2\sim N(\mu_2,\sigma_2^2)$， σ_1^2 和 σ_2^2 都未知，但 $\sigma_1^2=\sigma_2^2=\sigma^2$ 。于是有

$$z=\frac{\bar{x}_1-\bar{x}_2-(\mu_1-\mu_2)}{\sigma\sqrt{\frac{1}{n_1}+\frac{1}{n_2}}}\sim N(0,1) \tag{5-26}$$

其中 σ 未知，需要估计；由于 s_1^2 、s_2^2 都是 σ^2 的无偏估计，集中了各自样本中有关的信息，故可以采用 σ^2 的合并估计量，即

$$s_p^2=\frac{(n_1-1)s_1^2+(n_2-1)s_2^2}{n_1+n_2-2} \tag{5-27}$$

用 s_p^2 代替 σ^2 得到：

$$t=\frac{\bar{x}_1-\bar{x}_2-(\mu_1-\mu_2)}{s_p\sqrt{\frac{1}{n_1}+\frac{1}{n_2}}} \tag{5-28}$$

t 统计量服从自由度为 n_1+n_2-2 的 t 分布。因此，$\mu_1-\mu_2$ 的置信水平为 $1-\alpha$ 的置信区

间为

$$\left[(\bar{x}_1-\bar{x}_2)-t_{\alpha/2}(n_1+n_2-2)s_p\sqrt{\frac{1}{n_1}+\frac{1}{n_2}},(\bar{x}_1-\bar{x}_2)+t_{\alpha/2}(n_1+n_2-2)s_p\sqrt{\frac{1}{n_1}+\frac{1}{n_2}}\right] \quad (5\text{-}29)$$

（三）两个非正态总体

设总体 X_1 和 X_2 都是非正态总体。在实际问题中，它们的方差大多是未知的，当 n_1 和 n_2 都很大时，$\bar{x}_1-\bar{x}_2$ 近似服从 $N\left(\mu_1-\mu_2,\frac{\sigma_1^2}{n_1}+\frac{\sigma_2^2}{n_2}\right)$。用 s_1^2、s_2^2 分别作为 σ_1^2 和 σ_2^2 的估计值，即可得到 $\mu_1-\mu_2$ 的置信水平为 $1-\alpha$ 的置信区间：

$$\left[(\bar{x}_1-\bar{x}_2)-z_{\alpha/2}\sqrt{\frac{s_1^2}{n_1}+\frac{s_2^2}{n_2}},(\bar{x}_1-\bar{x}_2)+z_{\alpha/2}\sqrt{\frac{s_1^2}{n_1}+\frac{s_2^2}{n_2}}\right] \quad (5\text{-}30)$$

【例 5-4】某城市由一江分隔为东西两部分，有人说西岸居民比东岸居民人均年收入高 100 元，为证明此种说法，城市抽样调查队进行了抽样调查，调查结果见表 5-9。

表 5-9　抽样调查计算表

居民区	n	$\bar{x}$ /元	s /元
西岸（记为 1）	100	4900	905
东岸（记为 2）	120	4850	870

试在 95%置信水平下，计算两岸居民收入差的置信区间。

解　因为 $n_1=100$，$n_2=120$，都是大样本，所以两个样本均值之差近似服从正态分布。因此，$\mu_1-\mu_2$ 的置信水平为 $1-\alpha$ 的置信区间为

$$(\bar{x}_1-\bar{x}_2)-z_{\alpha/2}\sqrt{\frac{s_1^2}{n_1}+\frac{s_2^2}{n_2}}=(4900-4850)-1.96\sqrt{\frac{905^2}{100}+\frac{870^2}{120}}$$

$$=50-236=-186(\text{元})$$

$$(\bar{x}_1-\bar{x}_2)+z_{\alpha/2}\sqrt{\frac{s_1^2}{n_1}+\frac{s_2^2}{n_2}}=50+236=286(\text{元})$$

即有 95%的把握估计两岸居民收入之差在−186~286 元。

二、两个总体比例之差的区间估计

设两个总体的比例分别为 π_1 和 π_2，从两个总体中各自独立地抽取一个样本，样本量分别为 n_1 和 n_2，样本比例分别为 p_1 和 p_2。当 n_1p_1、n_1q_1 和 n_2p_2、n_2q_2 都大于 5 时，就可以认为 p_1-p_2 近似服从均值为 p_1-p_2，方差为 $\sigma_{p_1-p_2}^2$ 的正态分布。因此，$\pi_1-\pi_2$ 的置信水平为 $1-\alpha$ 的置信区间为

$$(p_1-p_2)\pm z_{\alpha/2}\sigma_{p_1-p_2} \quad (5\text{-}31)$$

π_1 和 π_2 均未知，可以分别用 p_1 和 p_2 代替，即有

$$\sigma_{p_1-p_2}=\sqrt{\frac{p_1(1-p_1)}{n_1}+\frac{p_2(1-p_2)}{n_2}} \tag{5-32}$$

【例 5-5】某饮料公司对其所做的报纸广告在两个城市的效果进行了比较，从两个城市的成年人中各抽取一个样本量为 1000 人的简单随机样本，其中看过该广告的比例分别为 18%和 14%，请以 95%的置信水平对两城市成年人中看过该广告的人所占的比例的差值进行区间估计。

解 已知 $n_1=n_2=1000$，$p_1=0.18$，$p_2=0.14$，$z_{\alpha/2}=1.96$。

因此，两城市成年人中看过该广告的人所占的比例之差的置信区间为

$$(p_1-p_2)\pm z_{\alpha/2}\sqrt{\frac{p_1(1-p_1)}{n_1}+\frac{p_2(1-p_2)}{n_2}}=(0.18-0.14)\pm 1.96\times\sqrt{\frac{0.18\times 0.82}{1000}+\frac{0.14\times 0.86}{1000}}$$

即(0.04 ± 0.0321)=(0.79%, 7.21%)。

以 95% 的置信水平估计两城市成年人中看过该广告的人所占的比例之差在 0.79% 到 7.21%之间。

三、两个总体方差之比的区间估计

在实际工作中，我们经常会遇到比较两个总体的方差的问题。比如，我们希望比较两种测量工具的精度，比较两个生产过程的稳定性或比较两种不同粮食新品种亩①产的波动性等。与比较两个总体的均值不同，比较两个总体的方差时，我们是用两者的比来进行判断，如果二者的比值接近于 1，则说明两个总体的方差比较接近；反之，则说明二者相差较大。

若有两个相互独立的正态总体，它们的方差分别为 σ_1^2 和 σ_2^2，从中分别抽取一个容量为 n_1 和 n_2 的样本，样本方差分别为 s_1^2 和 s_2^2，则统计量为

$$F=\frac{s_1^2/\sigma_1^2}{s_2^2/\sigma_2^2} \tag{5-33}$$

这两个样本分别服从自由度为 n_1-1 和 n_2-1 的 F 分布。因此，从 F 分布表可查得 $F_{\alpha/2}$ 和 $F_{(1-\alpha/2)}$ 的值，于是有

$$P\left(F_{1-\alpha/2}\leqslant\frac{s_1^2/\sigma_1^2}{s_2^2/\sigma_2^2}\leqslant F_{\alpha/2}\right)=1-\alpha \tag{5-34}$$

经过变换可以得到 σ_1^2/σ_2^2 的置信水平为 $1-\alpha$ 的置信区间为

$$\left[\frac{s_1^2/s_2^2}{F_{\alpha/2}^2},\frac{s_1^2/s_2^2}{F_{1-\alpha/2}^2}\right] \tag{5-35}$$

【例 5-6】假设 A、B 两个品种的大米的平均亩产量相同，但方差不同。根据随机实验分别取得样本量为 16 的两组样本数据，得到 A、B 两个品种亩产量的方差分别为 55 和 75，试给出两个品种大米亩产量方差之比的置信区间（置信水平为 90%）。

---

① 1 亩约等于 666.7 平方米。

解　已知$s_1^2=55$，$s_2^2=75$，$F_{0.05}(15,15)=2.4$。

$F_{0.95}(15,15)=1/F_{0.05}(15,15)=1/2.4=0.417$，因此，得到两个品种大米亩产量方差之比的 90%的置信区间为

$$\left(\frac{s_1^2/s_2^2}{F_{\alpha/2}^2},\frac{s_1^2/s_2^2}{F_{1-\alpha/2}^2}\right)=\left(\frac{55/75}{2.4},\frac{55/75}{0.417}\right)$$

即(0.3056, 1.7586)。

故以 90%的置信水平估计两个品种大米亩产量的方差之比在 0.3056~1.7585。

著名抽样专家耶日・内曼

第六节　样本量的确定

在抽样之前首先要确定样本量。样本量的确定是抽样设计的一个非常重要的环节。样本量的大小不仅会影响估计的精确度，还会影响调查的费用。确定样本量需要考虑多种因素，通常是在假设总体的方差一定时，给定置信水平，以达到要求的估计精确度，确定所需要的样本量。

一、总体均值估计时样本量的确定

确定样本量时，人们总是希望对总体均值的估计的误差不超过一定范围，这就是边际误差E。在简单随机重复抽样或从无限总体随机抽样时，有

$$E=z_{\alpha/2}\frac{\sigma}{\sqrt{n}} \tag{5-36}$$

根据式（5-36）求解得

$$n=\frac{z_{\alpha/2}^2\sigma^2}{E^2} \tag{5-37}$$

从式（5-37）可以看出，在简单随机重复抽样下，样本量取决于总体方差、边际误差和要求的置信水平三个因素。

【例 5-7】一家广告公司想估计某行业企业去年花费的广告费有多少。根据过去的经验可知，总体方差约为 300 万元^2，如果均值估计的边际误差不超过 5 万元，试确定在置信水平为 95%时简单随机抽样的样本量。

解　已知$\sigma^2=300$，$\alpha=0.05$，$z_{\alpha/2}=1.96$，$E=5$，代入式（5-37）得

$$n=\frac{z_{\alpha/2}^2\sigma^2}{E^2}=\frac{1.96^2\times 300}{5^2}=46.1$$

即这个广告公司应抽取 47 家企业。

当从有限总体不重复抽样时，应考虑有限总体修正系数，此时边际误差为

$$E=z_{\alpha/2}\sqrt{\frac{\sigma^2}{n}\left(\frac{N-n}{N-1}\right)} \tag{5-38}$$

求解得

$$n=\frac{Nz_{\alpha/2}^2\sigma^2}{NE^2+z_{\alpha/2}^2\sigma^2} \tag{5-39}$$

记 $n_0=\frac{z_{\alpha/2}^2\sigma^2}{E^2}$，则有

$$n=\frac{n_0}{1+n_0/N} \tag{5-40}$$

当 n_0/N 很小（一般小于 5%）时，可以用 n_0 作为近似结果。

二、总体比例估计时样本量的确定

估计总体比例时，边际误差为 $E=z_{\alpha/2}\sigma_p$。在简单随机重复抽样或从无限总体随机抽样时，可以得到样本量的确定公式为

$$n=\frac{z_{\alpha/2}^2\pi(1-\pi)}{E^2} \tag{5-41}$$

总体 π 未知，可以用样本比例 p 代替。

【例 5-8】一家市场调查公司想调查某农村居民家庭拥有个人电脑的家庭的比例。要求估计误差不超过 5%，在置信水平 95% 时确定必要的样本量。如果根据过去的调查经验知道农村居民家庭拥有个人电脑的家庭的比例约为 30%，请重新确定样本容量。

解 在第一种情况下，总体比例和样本比例均未知。这时我们可以确定一个最保守的样本量（最大的样本量）。我们知道，对于服从二项分布的随机变量，当 $p=0.5$ 时，其方差达到最大值，这时可得到一个保守估计的结果：

$$n=\frac{z_{\alpha/2}^2\pi(1-\pi)}{E^2}=\frac{1.96^2\times 0.5\times 0.5}{0.05^2}=384.16(\text{个})$$

即在总体比例和样本比例均未知时，按最保守估计需要样本量 385 个。

当根据过去的调查经验知道农村居民家庭拥有个人电脑的家庭的比例约为 30%时，重新计算如下：

$$n=\frac{z_{\alpha/2}^2\pi(1-\pi)}{E^2}=\frac{1.96^2\times 0.3\times 0.7}{0.05^2}=322.7(\text{个})$$

即在总体比例估计为 30%时，重新确定的样本量为 323 个。

当从有限总体不重复抽样时，样本量的确定公式为

$$n=\frac{n_0}{1+n_0/N} \tag{5-42}$$

式中，$n_0=\frac{z_{\alpha/2}^2\pi(1-\pi)}{E^2}$。当$n_0/N$很小时，可以用$n_0$作为近似结果。

抽样调查“史话”

本章小结

（1）在概率基础部分，简要介绍了随机变量及其分布的概念，以及正态分布、χ^2分布、t分布、F分布等几个常用的概率分布。

（2）在概率抽样中，简单随机抽样是最基本的方法。根据总体是有限总体还是无限总体，简单随机抽样的实施方法有所不同。从有限总体抽样时，有放回抽样和不放回抽样之分。简单随机抽样的实施方法有抽签法、使用随机数表抽样和使用统计软件抽取等。从无限总体抽样时，具体的样本抽取过程需要根据具体情况确定。

（3）抽样分布是进行参数估计的基础。抽样分布就是样本统计量的概率分布。抽样分布的性质包括样本统计量的数学期望、标准差和抽样分布的形式。样本均值、样本比例和样本标准差都有自己的抽样分布，抽样分布的知识能够帮助我们对参数估计的误差做出概率度量。

（4）参数估计的方法有点估计和区间估计。优良估计量的标准有无偏性、有效性和一致性。点估计又称定值估计，是用样本统计量的某个取值作为总体参数的估计值的一种方法。区间估计就是在点估计的基础上，以一定的概率给出总体参数估计的一个范围。本章重点讨论了一个总体参数的区间估计的方法，简要介绍了两个总体参数的区间估计的方法，并阐述了抽样设计中样本量的确定方法。

第六章

假设检验

假设检验与参数估计属于推断统计，都是利用样本信息对总体作结论。参数估计是根据样本信息对未知的总体参数进行推断；假设检验则是先对总体参数或分布提出某种假设，然后用样本信息判断这一假设是否成立。假设检验包括对总体参数和总体分布形式的检验，本章仅介绍总体参数的检验方法。本章的具体要求：①掌握假设检验的概念、思想和步骤；②重点掌握一个总体参数的假设检验；③了解两个总体参数的假设检验。

➢案例引入

统计学在药品研发中发挥着重要作用。药品的临床试验包括多个阶段，越到后面的阶段，所需受试者越多，少则几十人，多则几千甚至上万人，试验成本也成倍增长，因此，在早期试验阶段及时舍弃不成功的新药和确认有希望通过进一步测试的新药至关重要。一种新药是否成功，关键在于其有效性和安全性。药品临床试验中最常使用的是随机对照试验，将受试者按随机化的方法分为试验组与对照组，试验组服用待测试的新药，对照组服用安慰剂。试验常采用双盲设计，即研究者和受试者都不知道哪些受试者属于试验组，哪些受试者属于对照组。这种设计能够消除研究者和受试者在评价药物疗效时的主观影响，最大限度地减少人为偏差，从而客观地评价新药的疗效。观察和记录实验组和对照组的结果，如果两组结果存在显著差异，特别是如果试验组的结果显著地优于对照组，则可以认为新药有效。这个试验只是假设检验的一个典型应用。本章将学习假设检验的思想、原理、过程及其在各种不同条件下的应用。

第一节　假设检验的基本问题

在现实生活中，人们经常要做出各种判断，判断的问题虽然不同，但是判断的过程总是相似的：首先，根据经验或某种信息做出一定的猜测或断言；其次，搜集相关信息和证据做出判断。用统计语言来说，对研究对象的某种特征做陈述或断言就是一种“假设”，而搜集证据判断该陈述或断言是否成立的过程就是“假设检验”。

一、假设检验的概念

（一）假设

以检验为目的，对单个或多个总体的分布或分布中所含参数的具体数值所做的陈述，称为假设（hypothesis）或统计假设。

例如，“大学本科毕业生的平均起薪为每月 6000 元”“硕士及以上毕业生的平均起薪比本科毕业生的平均起薪高 2800 元”是关于总体均值的假设；“大学本科毕业生的起薪服从正态分布”“硕士及以上毕业生与本科毕业生起薪的分布相同”是关于总体分布的假设。一个假设的提出总是以一定的理由为基础，但这些理由通常又是不完全的，因而需要进行检验。

（二）假设检验

假设检验（hypothesis test）是先对总体的参数（或分布形式）提出某种假设，然后利用样本信息判断假设是否成立的方法。总体参数的假设检验，是假设检验的核心内容。

假设检验要判断样本数据是否提供了不利于假设的证据，其思维过程是带有概率性质的反证法。先承认待检验的假设成立，然后观察在此假设成立的前提下样本的出现是否属于小概率事件，如果是小概率事件，则有充分的理由怀疑或否定该假设；反之，则不能怀疑或否定该假设。

【例 6-1】某厂家声明其产品的合格率不低于 99%，如果抽检 10 件产品，有 2 件是次品，如何运用假设检验来判断厂商的声明是否可信呢？

解 厂商的声明实际上是一个关于产品合格率π的假设，抽检的 10 件产品是来自这个总体的样本，其次品数服从二项分布$B(10,1-\pi)$。我们先假设厂家的声明可信，由二项分布的公式可以算出，$\pi=99\%$时“抽检 10 件产品有 2 件或 2 件以上次品”的概率只有 0.43%。如果$\pi>99\%$，这个概率会更小。也就是说，如果全部产品的合格率确实不低于 99%，则抽到这个包含 2 件次品的样本，以及包含更多次品的样本是个小概率事件，这在一次试验中是不该发生的。一次抽样就抽到了这样的样本，让人不得不怀疑导致这种矛盾的前提，即“合格率不低于 99%”这一声明的可信度。

假设检验与审判过程十分相似。在审判中，先要假定被告人无罪，所获取的证据和证词相当于提供了样本信息。如果证据和证词与被告无罪这一假设不相符，则无罪假设不成立，即要判被告有罪。

二、假设检验的步骤

（一）提出假设

1. 原假设和备择假设

原假设（null hypothesis）是我们要检验的假设，也称零假设，用H_0表示，读作“H 零”。H 代表假设，下标 0 表明是零假设。之所以用零这个字来修饰假设，是因为该假设总是包含“无”的元素，如“无差异”“没有改变”“没有效应”“没有关系”等，零假设的表达式中用等号表示这种“无”。

备择假设（alternative hypothesis）是与原假设对立的假设，与原假设构成一个完备事件组，也称研究假设。用H_1表示，读作“H 一”。一般来讲，备择假设往往是研究者想搜集证据予以支持的假设，而原假设常常是研究者想搜集证据予以反对的假设。

显然，例 6-1 中，研究者想搜集证据予以证明的假设应该是“合格品率低于 99%”，想搜集证据予以反对的假设应该是“合格品率不低于 99%”（如果对厂家声明没有丝毫质疑，就没有抽检的必要了）。

$$H_0:\pi \geqslant 99\%\ ;\quad H_1:\pi < 99\%$$

【例 6-2】某商品在一家大型超市的日销售量服从正态分布，其均值为 200 件，标准差为 30 件。为应对同类商品的激烈竞争，厂商决定聘用促销员以增加销售量，为了确定聘用促销员的效果，随机抽取其后的 50 天，记录该商品的日销售量。

解　设聘用促销员后平均日销售量的均值为μ。如果$\mu > 200$，则表明聘用促销员后确实增加了销售量；反之，则表明聘用促销员没有效果。研究者想搜集证据予以证明的假设应该是“销售量有显著增加”（因为厂商总是希望付出能够带来回报）。

$$H_0:\mu \leqslant 200\ ;\quad H_1:\mu > 200$$

【例 6-3】某种瓶装药品的标准重量是 9.0 克。抽取若干样品，测量瓶中药品的重量，进而判断机器是否出现故障。

解　设药品平均重量的真值为μ。如果$\mu = 9.0$，表明机器没有出现故障；如果$\mu \neq 9.0$，不论是大于还是小于 9.0，都表明机器出现了故障。研究者想搜集证据予以证明的假设应该是“机器出现了故障”（如果事先确信机器没有任何问题，就没有必要进行检验了）。

$$H_0:\mu = 9.0\ ;\quad H_1:\mu \neq 9.0$$

◎知识窗

建立假设的注意事项

（1）原假设和备择假设都是关于总体的陈述，要用一个或多个总体参数表示。

（2）建立假设时，可先确定备择假设。因为备择假设是我们所关心的，想予以支持或证实的，因而比较清楚、容易确定。一旦备择假设确定下来，原假设作为它的对立假设，也就确定下来了。

（3）采取“不轻易拒绝原假设”的原则，将没有充分理由就不能轻易否定的命题作为原假设；将没有足够证据就不能轻易肯定的命题作为备择假设。

（4）“=”总是放在原假设上。

2. 假设检验的基本形式——双侧检验与单侧检验

备择假设没有特定的方向，含有符号“≠”的检验，称为双侧检验或双尾检验（two-tailed hypothesis）。备择假设有特定的方向，含有符号“>”或“<”的检验，称为单侧检验或单尾检验（one-tailed hypothesis）。其中，含“<”的称为左侧检验；含“>”的称为右侧检验。显然，例 6-1 是左侧检验；例 6-2 是右侧检验；例 6-3 是双侧检验。

以对总体均值μ的检验为例，将假设检验的基本形式总结如表 6-1 所示。

表 6-1　假设检验的基本形式

假设	双侧检验	单侧检验	
		左侧检验	右侧检验
原假设	$H_0: \mu = \mu_0$	$H_0: \mu \geqslant \mu_0$	$H_0: \mu \leqslant \mu_0$
备择假设	$H_1: \mu \neq \mu_0$	$H_1: \mu < \mu_0$	$H_1: \mu > \mu_0$

◎**知识窗**

单侧检验的方向

双侧检验时，初学者可以很容易地写出原假设和备择假设。在单侧检验中，却经常拿不准备择假设到底是写“>”还是写“<”。一个小窍门是，依据样本信息确定。因为样本信息是收集到的证据，代表“现实的世界”，而备择假设是我们收集证据要证明的，我们不会试图去证明一个与证据方向相反的假设。正如我们不会眼看着一个人朝东走，却非要去西边找他。

（二）确定检验统计量及其分布

假设检验中，据其对原假设和备择假设做出决策的某个标准化的样本统计量，称为检验统计量（test statistic）。

样本统计量是总体参数的点估计量，但点估计量要标准化后才能作为检验统计量。对总体均值和总体比例的检验，标准化的检验统计量可以表示为

$$\text{检验量} = \frac{\text{点估计量} - \text{假设值}}{\text{点估计量的抽样标准差}} \tag{6-1}$$

该检验统计量的大小反映了点估计量与总体参数假设值相差多少个抽样标准差。其绝对值越大说明样本信息与假设值偏离越远，原假设的真实性也就越需要怀疑。

判断原假设成立的情况下样本的出现是否属于小概率事件，要依据检验统计量及其抽样分布。检验统计量是一个随机变量，其分布取决于多种因素：要检验的总体参数、总体分布、大样本还是小样本、方差已知还是未知等。不同条件下检验统计量的分布不同，可能是标准正态分布，也可能是 t 分布，还可能是 χ^2 分布或 F 分布等。例如，大样本情况下总体均值的检验统计量服从标准正态分布；两总体的方差比检验统计量服从 F 分布。

◎**知识窗**

假设检验的命名

假设检验常以检验统计量服从的分布来命名。常用的有 Z 检验（正态检验）、t 检验、χ^2 检验、F 检验。

（三）确定显著性水平

显著性水平可以通过小概率准则和两类错误来理解。

1. 通过小概率准则来理解

假设检验所遵循的是概率论中小概率事件在一次试验中不可能发生的准则。问题是，概率小到多少的事件才算是小概率事件？这并没有统一的规定，而是由研究者根据具体情况事先确定，最常见的情况是取 0.05，也可以取 0.01、0.1 或其他值。

假设检验时事先规定一个小概率标准，作为判断的界限，这个小概率标准称为显著性水平（significance level），用 α 表示。凡是出现概率小于显著性水平的事件都叫作小概率事件。

◎**知识窗**

常用的显著性水平

英国统计学家费希尔（1890~1962 年）把 1/20 作为小概率标准，这是实践中最常用的显著性水平。除此之外，还有两个较常用的显著性水平，分别是 0.01、0.1。如果一篇学术论文中提到“检验在 0.05 的水平上显著”，则意味着在 0.05 的显著性水平下，拒绝了原假设。在软件或论文中会用不同数目的星号表示在不同的水平显著，通常***、**、*分别表示在 0.01、0.05、0.1 的水平显著。

2. 通过两类错误来理解

理想的假设检验应该是，当 H_0 为真时没有拒绝它，当 H_0 为假时拒绝它。但由于决策建立在样本信息的基础之上，而样本又是随机的，所以很难保证不犯错误。假设检验的结论有四种情况，见表 6-2。

表 6-2 假设检验的结论

决策结果	总体的真实情况	
	H_0 为真	H_0 为假
未拒绝 H_0	正确决策	第Ⅱ类错误
拒绝 H_0	第Ⅰ类错误	正确决策

由表 6-2 可见，假设检验中可能发生两类错误：原假设为真时拒绝原假设，所犯的错误称为第Ⅰ类错误（type Ⅰ error），又叫弃真错误；原假设为假时未拒绝原假设，所犯的错误称为第Ⅱ类错误（type Ⅱ error），又叫取伪错误。

显然，只有在原假设被拒绝时才可能犯第Ⅰ类错误，只有在原假设未被拒绝时才可能犯第Ⅱ类错误。根据抽样分布理论，即使原假设为真，也有可能抽到一个出现概率极小的样本。然而只要抽到一个出现概率小于或等于显著性水平 α 的样本，我们就拒绝原假设，这时就可能犯第Ⅰ类错误，犯该错误的概率等于显著性水平 α。原假设为假时，检验统计量的值落在非拒绝域的概率就是犯第Ⅱ类错误的概率，用 β 表示。

进行假设检验时，总希望犯两类错误的可能性都很小，然而，在其他条件不变的情况下，α 和 β 此消彼长，不可能同时减小。一般总是控制 α，使犯第Ⅰ类错误的概率不大于 α。但在确定 α 时必须注意，如果犯第Ⅰ类错误的代价较大，α 可取小些；反之，如果犯第Ⅱ类错误的代价较大，则α要取大些（以使β较小）。

◎**知识窗**

假设检验的势

对于固定的显著性水平，一个假设检验的势是当原假设为假时，拒绝原假设的概率，也称为检验的效率，等于$1-\beta$。检验的势越大，犯第Ⅱ类错误的概率越小。比较两个检验的势的一种经验方法是比较拒绝原假设所需的最小样本量，如果一个检验需要$n_1=100$来拒绝原假设，而另一个检验需要$n_2=1000$才能拒绝原假设，就说第一个检验的势或效率是第二个检验的$n_2/n_1=10$倍。

（四）建立判定准则

是否拒绝原假设，可以基于临界值或P值来判定。

1. 基于临界值的判定

一般地，检验统计量的绝对值越大，就越要拒绝原假设。问题是检验统计量的绝对值要大到多少才能拒绝原假设，哪些值将导致拒绝原假设。

1）拒绝域和临界值

能够拒绝原假设的检验统计量的所有值的集合，称为拒绝域（rejection region）。根据显著性水平α确定的拒绝域的边界值，称为临界值（critical value）。

确定了显著性水平α，就可由检验统计量的抽样分布确定临界值，从而确定拒绝域。样本量固定时，α越小，拒绝域的面积越小，临界值越接近于分布的尾端。

2）双侧或单侧检验的拒绝域和临界值

拒绝域和临界值还与检验类型有关。

图 6-1 中，双侧检验的拒绝域在检验统计量分布的两端，两侧的拒绝域各占整个分布曲线下方面积的$\alpha/2$；有左、右两个临界值，分别对应左、右尾概率为$\alpha/2$的检验统计量的值。

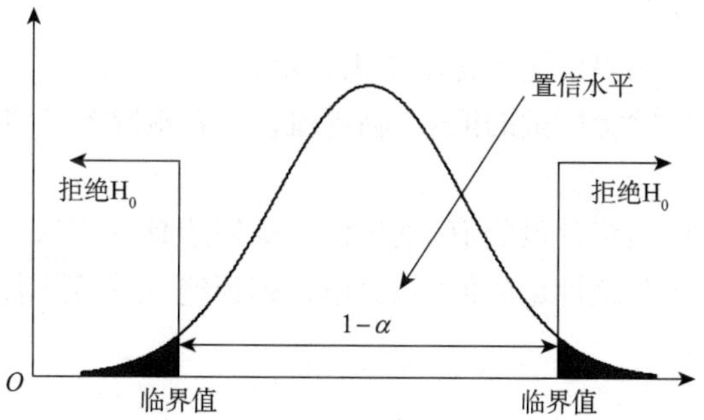

图 6-1 双侧检验的拒绝域与临界值

图 6-2 中，右侧检验的拒绝域在分布的右端，占整个分布曲线下方面积的α；只有一个临界值，对应右尾概率为α的检验统计量的值。

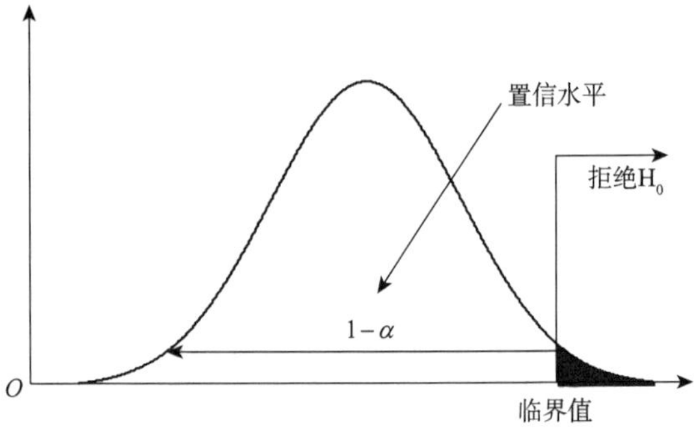

图 6-2　右侧检验的拒绝域与临界值

图 6-3 中，左侧检验的拒绝域在分布的左端，占整个分布曲线下方面积的α；只有一个临界值，对应左尾概率为α的检验统计量的值。

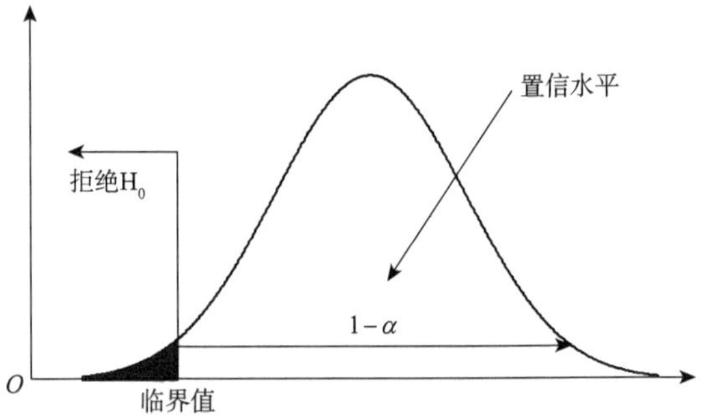

图 6-3　左侧检验的拒绝域与临界值

◎想一想

以z检验为例，如果$\alpha=0.05$，怎样用符号分别表示双侧检验和单侧检验的临界值，这些值具体又都是多少？

3）基于临界值的判定准则

将检验统计量的值与临界值进行比较做出判定。

对于双侧检验，若检验统计量的值<左临界值，或者检验统计量的值>右临界值，则拒绝H_0；否则，不拒绝。

对于左侧检验，若检验统计量的值<临界值，则拒绝H_0；否则，不拒绝。

对于右侧检验，若检验统计量的值>临界值，则拒绝H_0；否则，不拒绝。

◎知识窗

"接受"还是"不拒绝"原假设？

假设检验只提供不利于原假设的证据，并不提供原假设"正确"的证据。从逻辑上讲，用一个反例去推翻一个命题，理由是充分的，因为一个命题成立不允许有反例存在。但用一个实例证明某个命题成立在逻辑上是不充分的。因此，不能拒绝原假设，并不等于"证明”原假设是真的。它仅仅意味着我们没有足够的证据拒绝原假设。此时我们只说“不拒绝原假设”，而不说“接受原假设”。

例 6-3 中，原假设 $H_0: \mu = 9.0$，样本均值 $\bar{x} = 8.8$，在 $\alpha = 0.05$ 的水平上，样本提供的证据没有推翻原假设，此时如果说“接受原假设”，就意味着承认 $\mu = 9.0$，但是如果将原假设改为 $H_0: \mu = 8.6$，那么在 $\alpha = 0.05$ 的水平上，同一个样本提供的证据也没有推翻原假设。此时如果说“接受原假设”，那就意味着又承认了 $\mu = 8.6$，那么这两个原假设哪一个是真实的？由此可见，如果用“接受原假设”来表述假设检验的结论，就有可能面对这样的矛盾，当我们“接受”一个原假设时，另一个原假设也有可能与数据相符。

◎想一想

如果一个人去医院检查身体，在做了若干项检查后没有检查出问题，那么是不是能够确定他的身体没有任何问题？请结合这一点说明不能拒绝原假设时就“接受原假设”的逻辑问题。

2. 基于 P 值的判定

1）为什么要计算 P 值

以临界值为依据，只能根据检验统计量是否落入拒绝域决定是拒绝还是不拒绝原假设，却无法了解拒绝原假设的证据到底有多强。要得到这个信息，就要借助另外一个工具——P 值。

图 6-4 为一个右侧检验的情形，统计量 1 和统计量 2 都大于临界值，都落入了拒绝域，但是利用统计量 2 拒绝原假设显然比利用统计量 1 拒绝原假设的证据更充分。

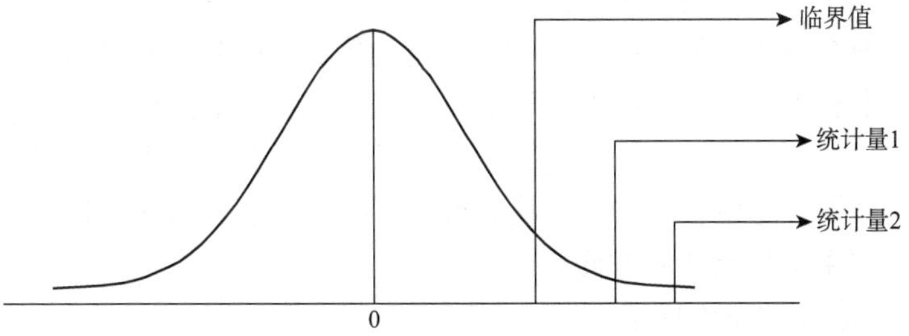

图 6-4　拒绝 H_0 的两个统计量的不同显著性

2）P 值的概念及计算

原假设为真时，得到样本观测结果以及更极端结果的概率，称为 P 值，也称为观察到的显著性水平（observed significance level）。

用 z 表示检验统计量，z_c 表示根据实际观测的样本数据计算得到的检验统计量值，对于假设检验的三种基本形式，P 值的一般表达式如下。

对于左侧检验，检验统计量值越小越极端。P 值为检验统计量小于或等于样本观测值的概率（简称左尾概率）。

$$P值 = P(z \leqslant z_c \mid \mu = \mu_0) \tag{6-2}$$

对于右侧检验，检验统计量值越大越极端。P 值为检验统计量大于或等于样本观测值的概率（简称右尾概率）。

$$P值 = P(z \geqslant z_c | \mu = \mu_0) \tag{6-3}$$

对于双侧检验，检验统计量值越小或越大都越极端。P 值为检验统计量大于或等于样本观测值绝对值的概率的 2 倍（简称双尾概率）。

$$P值 = 2P(z \geqslant |z_c| | \mu = \mu_0) \tag{6-4}$$

3）基于 P 值的判定准则

P 值越小，说明原假设为真的情况下得到当前这个样本的可能性越小，即实际观测到的数据与 H_0 不一致的程度越大，也就越应该拒绝原假设。即 P 值越小，拒绝原假设的证据越充分。基于 P 值的判定准则可总结为以下两点。

第一，$P值<\alpha$，拒绝原假设。P 值对应着实际观测到的检验统计量值，而 α 对应着临界值，这条判定准则与基于临界值的判定准则完全等价。对照图 6-4 理解这一判定准则：对于右侧检验，大于或等于实际观测到的检验统计量值 z_c 的概率等于 P 值，即统计量 1 右侧的面积是统计量 1 的 P 值，统计量 2 右侧的面积是统计量 2 的 P 值；而大于或等于临界值的概率等于 α，即临界值右侧的面积等于 α。P 值小于 α，其实就是观测到的检验统计量值大于临界值，落入了拒绝域，当然要拒绝原假设。统计量 1 和统计量 2 的 P 值都小于 α，所以都要拒绝原假设。

第二，P 值越小，越拒绝原假设。图 6-4 中，统计量 2 的 P 值小于统计量 1 的 P 值，所以利用统计量 2 拒绝原假设的证据更充分。换句话说，可以不指定显著性水平，只根据 P 值的大小来评估结果是否具有统计上的显著性。只要你认为这么大的 P 值足够显著，你就可以在这样的 P 值上拒绝原假设。

这条判定准则充分体现了基于 P 值进行判定的优势。基于 P 值的判定借助 0 到 1 之间的连续概率尺度来表示，而不是简单地局限在“拒绝”和“不拒绝”的表达方式上，可以表达对 H_0 的信任程度和拒绝 H_0 的证据的充分强度，其结果更具体。使用者可根据需要或能够承受的风险水平决定显著性水平，从而做出不同的决策，而且多数统计软件都会自动输出 P 值，应用起来更加灵活和方便。

假设检验的步骤如图 6-5 所示。

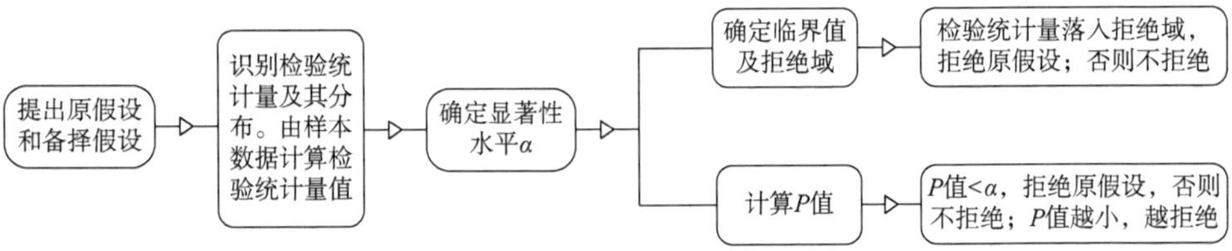

图 6-5 假设检验的步骤

三、总体参数假设检验的几种情形

总体参数假设检验的情形如图 6-6 所示。

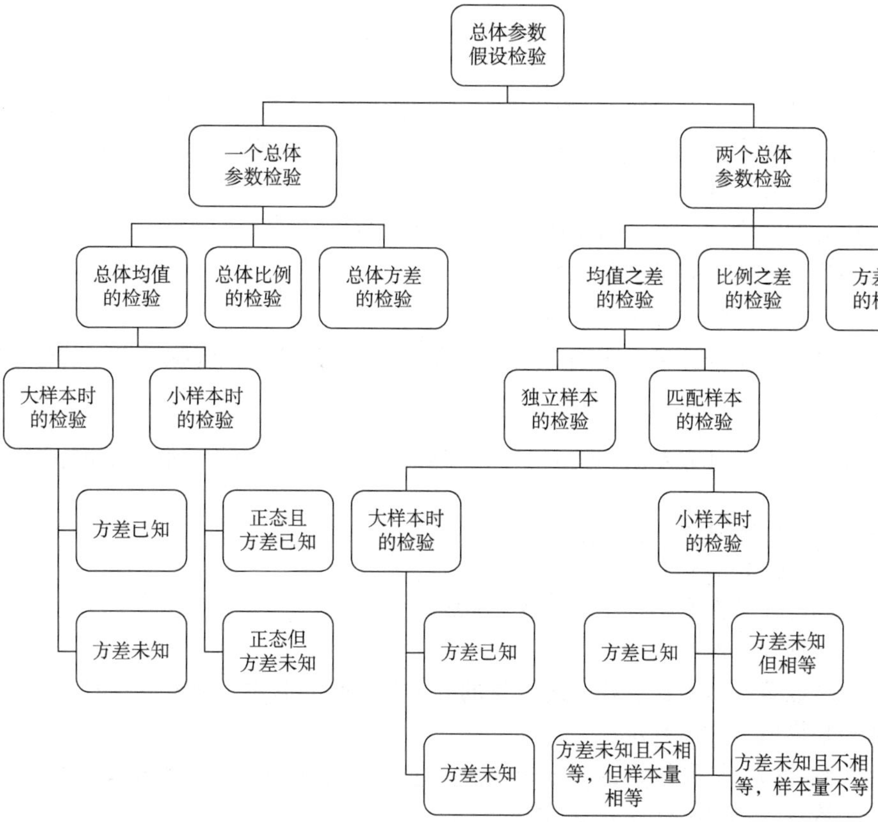

图 6-6　总体参数假设检验的情形

第二节　一个总体参数的检验

检验的参数不同，样本条件不同，检验的统计量及其服从的分布也不同，本节将分别讨论不同情况下，如何对一个总体参数进行假设检验。

一、总体均值的检验

（一）大样本情况下总体均值的检验

根据抽样分布理论，大样本时，$\overline{x} \sim N\left(\mu, \dfrac{\sigma^2}{n}\right)$。将 $\overline{x}$ 标准化得到检验统计量 z，z 服从标准正态分布。

总体方差 σ^2 已知：

$$z = \frac{\overline{x} - \mu_0}{\sigma/\sqrt{n}} \sim N(0,1) \qquad (6\text{-}5)$$

总体方差 σ^2 未知：

$$z=\frac{\overline{x}-\mu_0}{s/\sqrt{n}}\sim N(0,1) \tag{6-6}$$

【例 6-4】某购物平台活跃用户的年消费次数服从正态分布，均值为 72 次，标准差为 13.3 次。为了应对日益激烈的竞争，购物平台推出了新的积分制度。随机抽取 50 位活跃用户，记录其在新积分制度下的年消费次数，得到样本均值为 73.1。在 5%的显著性水平下，能否认为新积分制度增加了平台活跃用户的年消费次数？

解 第一步，陈述原假设和备择假设。

$$\mathrm{H}_0:\mu\leqslant 72\text{；}\quad \mathrm{H}_1:\mu>72$$

第二步，确定检验统计量，明确其服从的抽样分布，计算出检验统计量 z 的样本观测值 z_c。

这是一个大样本并且方差已知的问题，检验统计量是 $z=\dfrac{\overline{x}-\mu_0}{\sigma/\sqrt{n}}$，服从标准正态分布。检验统计量的值 $z_c=\dfrac{73.1-72}{13.3/\sqrt{50}}=0.58$。

第三步，确定显著性水平，本例中 $\alpha=0.05$。

第四步，根据临界值或 P 值进行判定。

首先，根据显著性水平 α、检验统计量的分布和检验的形式，确定临界值，比较检验统计量的值与临界值，做出判定。

本例为右侧检验，临界值为 z_α。z_α 可以通过查正态分布表求得，也可以利用 Excel 中的统计函数计算。$\alpha=0.05$ 时，$z_\alpha=1.645$。

$z_c<z_\alpha$，不拒绝原假设。即样本提供的证据不足以推翻原假设，这说明新积分制度并未使活跃用户的年消费次数显著增加。

其次，根据检验统计量的分布计算 P 值，比较 P 值与 α，做出判定。

右侧检验，$P\text{值}=P(z\geqslant z_c|\mu=\mu_0)$，可以查正态分布表或使用 Excel 中的统计函数计算，$P\text{值}=0.131>\alpha$，不拒绝 H_0，与基于临界值的判定结论一致。

区间估计和假设检验的关系

【例 6-5】对一家公共停车场的调查显示，以前车辆的平均停留时间为 280 分钟。新冠疫情暴发以来，人们的生活发生了极大的变化。市政管理部门想了解这些变化是否对平均停车时间产生了影响。随机抽取 36 辆汽车并记录其停留时间，发现其均值为 278.5 分钟，标准差为 12 分钟。在 0.05 的显著性水平下，能否认为新冠疫情影响了此停车场车辆的平均停留时间？

解 市政管理部门感兴趣的是停车场车辆的平均停留时间是否有变化，是一个双侧检验问题。

$$H_0: \mu = 280；\ H_1: \mu \neq 280$$

本例是大样本且方差未知，检验统计量是 $z = \dfrac{\bar{x} - \mu_0}{s/\sqrt{n}}$，服从标准正态分布。

检验统计量的值 $z_c = \dfrac{278.5 - 280}{12/\sqrt{36}} = -0.75$。

双侧检验，左右临界值分别为 $-z_{\alpha/2}$ 和 $z_{\alpha/2}$。$\alpha = 0.05$ 时，$z_{\alpha/2} = 1.96$。

$-z_{\alpha/2} < z_c < z_{\alpha/2}$，不拒绝原假设。检验结果表明：不能认为新冠疫情对此停车场车辆的平均停留时间造成了显著影响。

P值 $= 2P(z \geqslant |z_c| \| \mu = \mu_0) = 0.4532 > \alpha$，同样得出不拒绝原假设的结论。

【例 6-6】 例 6-5 中，其他条件不变，在 5%的显著性水平下，能否认为新冠疫情使停车场车辆的停留时间显著减少？

解 显然，此问题为左侧检验，原假设和备择假设分别为

$$H_0: \mu \geqslant 280；\ H_1: \mu < 280$$

检验统计量的值 $z_c = \dfrac{278.5 - 280}{12/\sqrt{36}} = -0.75$。

左侧检验，临界值应为 $-z_\alpha$，$\alpha = 0.05$时，$z_\alpha = 1.645$。

$z_c > -z_\alpha$，不拒绝原假设。即检验结果表明：不能认为新冠疫情使停车场车辆的停留时间显著减少。

$P = P(z \leqslant z_c | \mu = \mu_0) = 0.2266 > \alpha$，同样得到不拒绝原假设的结论。

由此可见，单侧和双侧检验中，检验统计量的分布和样本观测值与双侧检验相同，但临界值、拒绝域、P 值不同。

大样本情况下一个总体均值的检验方法见表 6-3。

表 6-3 大样本情况下一个总体均值的检验方法

检验统计量	σ已知，$z = \dfrac{\bar{x} - \mu_0}{\sigma/\sqrt{n}}$；$\sigma$未知，$z = \dfrac{\bar{x} - \mu_0}{s/\sqrt{n}}$		
检验类型	双侧检验	左侧检验	右侧检验
假设形式	$H_0: \mu = \mu_0$；$H_1: \mu \neq \mu_0$	$H_0: \mu \geqslant \mu_0$；$H_1: \mu < \mu_0$	$H_0: \mu \leqslant \mu_0$；$H_1: \mu > \mu_0$
α 与拒绝域	$z < -z_{\alpha/2}$或$z > z_{\alpha/2}$	$z < -z_\alpha$	$z > z_\alpha$
用 Excel 求临界值	$z_{\alpha/2} = \text{NORMSINV}\left(1 - \dfrac{\alpha}{2}\right)$	$-z_\alpha = -\text{NORMSINV}(1 - \alpha)$	$z_\alpha = \text{NORMSINV}(1 - \alpha)$
P 值	P值 $= 2P(z \geqslant |z_c| \| \mu = \mu_0)$	P值 $= P(z \leqslant z_c | \mu = \mu_0)$	P值 $= P(z \geqslant z_c | \mu = \mu_0)$
用 Excel 求 P 值	P值 $= 2(1 - \text{NORMSINV}|z_c|)$	P值 $= \text{NORMSINV}(z_c)$	P值 $= 1 - \text{NORMSINV}(z_c)$
P 值判定准则	$P < \alpha$，拒绝 H_0		

假设检验：测量效应的大小

◎**知识窗**

戈塞特和小样本理论

戈塞特（1876~1937 年）（图 6-7）是英国现代统计方法发展的先驱，由他导出的统计学 t 检验广泛运用于小样本平均数之间的差别测试。戈塞特大学毕业后在酿酒公司担任化学技师，从事统计和实验分析工作，他注意到传统的大样本有很大局限性，于是着手研究小样本理论。由于吉尼斯酿酒厂的规定禁止戈塞特发表关于酿酒过程变化性的研究成果，戈塞特不得不于 1908 年以“学生”为笔名发表他的论文《平均数的机误》，该论文阐明，如果是小样本，那么平均数比例对其标准误差的分布不遵循正态曲线。这篇论文提供了“t 检验”的基础，许多统计学家把 1908 年看作推断统计理论发展史上的里程碑。戈塞特开创的理论使统计学开始由大样本向小样本、由描述向推断发展，戈塞特被推崇为推断统计学的先驱者。

图 6-7　戈塞特

资料来源：作者根据相关资料整理而得。

（二）小样本情况下正态总体均值的检验

大样本时，不论方差是否已知，也不论总体分布如何，都使用 z 检验。现实中经常只能得到一个小样本，因此这里仅讨论正态条件下小样本的均值检验。

1. 总体方差 σ^2 已知

检验过程与大样本时完全相同，不再赘述。

2. 总体方差 σ^2 未知

用样本方差 s^2 代替总体方差 σ^2，此时检验统计量不再服从标准正态分布，而是服从自由度为 $n-1$ 的 t 分布，用 t_c 表示根据样本数据计算的检验统计量的具体数值。

$$t=\frac{\overline{x}-\mu_0}{s/\sqrt{n}}\sim t(n-1) \qquad (6\text{-}7)$$

小样本且方差未知时，一个总体均值的检验方法见表 6-4。

表 6-4 小样本且方差未知时一个总体均值的检验方法

检验统计量	$t=\dfrac{\overline{x}-\mu_0}{s/\sqrt{n}}\sim t(n-1)$		
检验类型	双侧检验	左侧检验	右侧检验
假设形式	$H_0:\mu=\mu_0$；$H_1:\mu\neq\mu_0$	$H_0:\mu\geqslant\mu_0$；$H_1:\mu<\mu_0$	$H_0:\mu\leqslant\mu_0$；$H_1:\mu>\mu_0$
α 与拒绝域	$t<-t_{\alpha/2}(n-1)$或$t>t_{\alpha/2}(n-1)$	$t<-t_\alpha(n-1)$	$t>t_\alpha(n-1)$
用 Excel 求临界值	$t_{\alpha/2}(n-1)=\text{TINV}(\alpha,n-1)$	$-t_\alpha(n-1)=-\text{TINV}(2\alpha,n-1)$	$t_\alpha(n-1)=\text{TINV}(2\alpha,n-1)$
P 值	P值$=2P(t\geqslant t_c\|\mu=\mu_0)$	P值$=P(t\leqslant t_c\|\mu=\mu_0)$	P值$=P(t\geqslant t_c\|\mu=\mu_0)$
用 Excel 求 P 值	P值$=\text{TDIST}(\|t_c\|,n-1,2)$	P值$=\text{TDIST}(\|t_c\|,n-1,1)$	P值$=\text{TDIST}(t_c,n-1,1)$
P 值判定准则	P值$<\alpha$，拒绝 H_0		

【例 6-7】研究表明在有苯环境下工作五年以上的人，其白血病发病率是普通人群的 20 倍。为了最大限度地保护工人，工作场所苯含量的最高水平不能超过 1ppm（即百万分之一）。在某钢铁制造厂随机选取 20 份空气样本检测苯含量，所得数据如表 6-5 所示。

表 6-5 20 份空气样本的苯含量 单位：ppm

空气样本编号	苯含量	空气样本编号	苯含量
1	0.21	11	0.30
2	1.44	12	0.36
3	2.54	13	4.50
4	2.94	14	5.03
5	0.00	15	0.00
6	3.91	16	2.89
7	2.24	17	4.71
8	2.41	18	0.85
9	4.50	19	2.60
10	0.15	20	1.26

假定空气中的苯含量服从正态分布，在 0.01 的显著性水平下，可否认为该厂空气中的苯含量超标？

解

$$H_0:\mu\leqslant 1;\quad H_1:\mu>1$$

由样本数据计算得 $\overline{x}=2.142$，$s=1.735$，小样本且方差未知，采用 t 统计量，$t_c=\dfrac{2.142-1}{1.736/\sqrt{20}}=2.943$。

右侧检验，$\alpha=0.01$，自由度 $n-1=19$，临界值 $t_\alpha(n-1)=2.539$。$t_c>t_\alpha(n-1)$，拒绝原假设，即可以认为该厂空气中的苯含量超标。

P值$=0.0042$，同样拒绝原假设。

二、总体比例的检验

总体比例检验与总体均值检验的步骤相同，区别只在于参数和检验统计量不同。这里只考虑大样本情况下的总体比例检验（表 6-6）。

表 6-6 大样本情况下一个总体比例的检验方法

检验统计量	$z=\dfrac{p-\pi_0}{\sqrt{\dfrac{\pi_0(1-\pi_0)}{n}}}\sim N(0,1)$		
检验类型	双侧检验	左侧检验	右侧检验
假设形式	$H_0:\pi=\pi_0$；$H_1:\pi\neq\pi_0$	$H_0:\pi\geqslant\pi_0$；$H_1:\pi<\pi_0$	$H_0:\pi\leqslant\pi_0$；$H_1:\pi>\pi_0$
α 与拒绝域	$z<-z_{\alpha/2}$或$z>z_{\alpha/2}$	$z<-z_\alpha$	$z>z_\alpha$
P 值判定准则	$P<\alpha$，拒绝 H_0		

【例 6-8】某快递公司推出了一种新制度，以激励快递员提升配送服务质量。之前顾客对配送服务的满意度为 85%，新制度实施后，随机抽取 200 张运单，其中 188 张运单的顾客评价为满意。在 0.01 的显著性水平下，判断新制度是否提高了配送服务的满意度？

解

$$H_0:\pi\leqslant 85\%\;;\;H_1:\pi>85\%$$

根据抽样结果计算得 $p=\dfrac{188}{200}=0.94$，$z_c=\dfrac{0.94-0.85}{\sqrt{\dfrac{0.85(1-0.85)}{200}}}=3.565$。

右侧检验，$\alpha=0.01$，临界值 $z_\alpha=2.326$。$z_c>z_\alpha$，拒绝原假设。即在显著性水平为 0.01 的条件下，样本提供的证据表明新制度下配送服务的顾客满意度高于 85%。

P值$=0.0002$，同样拒绝原假设。

◎想一想

有人猜测某偏远地区失学儿童中女孩数是男孩数的 3 倍以上。为了验证这一猜测，随机抽取 50 个失学儿童构成样本。这里要检验的总体参数是什么？原假设和备择假设是什么？可否采用 z 检验？

三、总体方差的检验

在生产、生活和研究过程中，人们不仅需要对总体均值或比例做出判断，还需对总体的差异程度做出判断。例如，在质量控制过程中，仅仅保证产品质量的均值维持在特定的水平上并不意味着生产过程一定正常，如果方差过大则意味着生产过程不够稳定。再例如，在股票投资中，不但要关注投资收益率的高低，还要关注其收益率的方差，因为方差越大就意味着风险越大。

总体方差的检验使用 χ^2 统计量。此外，总体方差的检验，不论是大样本还是小样本，都要求总体服从正态分布，这是由检验统计量的抽样分布决定的。

用σ_0^2表示总体方差的假设值，总体方差假设检验的三种基本形式如表 6-7 所示。

表 6-7 一个正态总体方差检验的方法

检验统计量	$\chi^2=\frac{(n-1)s^2}{\sigma_0^2}\sim\chi^2(n-1)$		
检验类型	双侧检验	左侧检验	右侧检验
假设形式	$H_0:\sigma^2=\sigma_0^2$；$H_1:\sigma^2\neq\sigma_0^2$	$H_0:\sigma^2\geqslant\sigma_0^2$；$H_1:\sigma^2<\sigma_0^2$	$H_0:\sigma^2\leqslant\sigma_0^2$；$H_1:\sigma^2>\sigma_0^2$
α 与拒绝域	$\chi^2>\chi^2_{\alpha/2}(n-1)$或$\chi^2<\chi^2_{1-\alpha/2}(n-1)$	$\chi^2<\chi^2_{1-\alpha}(n-1)$	$\chi^2>\chi^2_{\alpha}(n-1)$
用 Excel 计算临界值	$\chi^2_{\alpha/2}(n-1)=\mathrm{CHIINV}(\alpha/2,n-1)$ $\chi^2_{1-\alpha/2}(n-1)=\mathrm{CHIINV}(1-\alpha/2,n-1)$	$\chi^2_{1-\alpha}(n-1)=\mathrm{CHIINV}(1-\alpha,n-1)$	$\chi^2_{\alpha}(n-1)=\mathrm{CHIINV}(\alpha,n-1)$

【例 6-9】自动饮料机灌装量的方差过大，意味着灌装量不够稳定，会时而出现过度灌装或灌装不足的情况，前者使商家蒙受损失，后者使顾客不满。可以接受的灌装量方差是$\sigma^2\leqslant 7$毫升^2。随机选取 20 杯饮料进行测试，样本方差为 7.63 毫升^2。试以 0.10 的显著性水平判断样本是否表明方差过大，需调整机器的灌装机制？

解

$$H_0:\sigma^2\leqslant 7;\quad H_1:\sigma^2>7$$

计算检验统计量：$\chi_c^2=\frac{(n-1)s^2}{\sigma_0^2}=\frac{(20-1)\times 7.63}{7}=20.71$。

右侧检验，临界值为$\chi^2_\alpha(n-1)$，$\alpha=0.10$，自由度为 19，$\chi^2_\alpha(n-1)=27.204$。$\chi_c^2<\chi^2_\alpha(n-1)$，不拒绝原假设。即样本数据并未表明饮料灌装量的方差过大。

◎想一想

对一个总体方差进行检验时，左侧检验和右侧检验，哪种用得比较多？

假设检验的过程中，一个非常关键的步骤是确定检验统计量及其服从的分布，表 6-8 列出了不同情况下一个总体参数检验的检验统计量及其分布。

表 6-8 一个总体参数的检验

待检参数	样本规模	条件	检验统计量	检验统计量服从的分布
总体均值	大样本	方差已知	$z=\frac{\bar{x}-\mu_0}{\sigma/\sqrt{n}}$	$N(0,1)$
		方差未知	$z=\frac{\bar{x}-\mu_0}{s/\sqrt{n}}$	$N(0,1)$
	小样本（正态总体）	方差已知	$z=\frac{\bar{x}-\mu_0}{\sigma/\sqrt{n}}$	$N(0,1)$
		方差未知	$t=\frac{\bar{x}-\mu_0}{s/\sqrt{n}}$	$t(n-1)$
总体比例	大样本	—	$z=\frac{p-\pi_0}{\sqrt{\frac{\pi_0(1-\pi_0)}{n}}}$	$N(0,1)$
总体方差	—	正态总体	$\chi^2=\frac{(n-1)s^2}{\sigma_0^2}$	$\chi^2(n-1)$

假设检验的潜在缺陷和职业道德问题

第三节 两个总体参数的检验

对两个总体的参数进行检验时，除要考虑总体分布、方差是否已知，还要考虑样本类型。样本类型不仅有大小样本的区分，还有独立样本和匹配样本的区分。

【例 6-10】为了测试参加某项培训项目是否能真正提高参加者的技能，教师决定在课程开始之前选择 30 名参加者，对其进行技能测试（预试），在课程结束后再选 30 名参加者进行同样的技能测试（后试）。

解 有两种取样方案。

方案 1：预试时抽取 30 名参加者，课程结束后再抽取 30 名参加者进行后试。

方案 2：预试时抽取 30 名参加者，课程结束后仍对这 30 名参加者进行后试。

方案 1 属于独立样本，方案 2 属于匹配样本。使用匹配样本的好处是可以最大限度地排除我们感兴趣的因素之外的影响。

◎想一想

如果想要抽取多个匹配样本或独立样本，抽样过程应怎样设计?

一、两个总体均值之差的检验

在实际中，我们可能经常要面对这样的比较：女大学生毕业后的起薪与男大学生是否有差别？白班和夜班产品的不合格数是否有差别？银行板块的股票平均收益率比钢铁板块高吗？这些问题，都属于对两个总体的均值 μ_1 和 μ_2 进行比较的问题。比较结果无非有三种情况：μ_1 大于、等于和小于 μ_2，等价于 $\mu_1-\mu_2$ 大于、等于和小于 0。可见，两个总体的均值检验问题最终体现为对两个总体均值之差的检验。

两个总体均值之差的检验也有三种基本假设检验形式。

双侧检验 $\mathrm{H}_0:\mu_1-\mu_2=0$；$\mathrm{H}_1:\mu_1-\mu_2\neq 0$

左侧检验 $\mathrm{H}_0:\mu_1-\mu_2\geqslant 0$；$\mathrm{H}_1:\mu_1-\mu_2<0$

右侧检验 $\mathrm{H}_0:\mu_1-\mu_2\leqslant 0$；$\mathrm{H}_1:\mu_1-\mu_2>0$

对两个总体均值之差的检验，首先要区分独立样本和匹配样本，其次要区分大样本和小样本，小样本时还要考虑两总体的方差是否已知以及是否相等。但是不论情况如何变化，两个总体假设检验的基本思想和步骤与一个总体假设检验是一样的，只是两个总体假设检验的检验统计量和检验统计量服从的分布更加复杂一些。

（一）独立样本情况下两个总体均值之差的检验

由抽样分布理论及数学期望和方差的性质可知：$E(\bar{x}_1-\bar{x}_2)=\mu_1-\mu_2$；$\mathrm{Var}(\bar{x}_1-\bar{x}_2)=\dfrac{\sigma_1^2}{n_1}+\dfrac{\sigma_2^2}{n_2}$。将$\bar{x}_1-\bar{x}_2$标准化，即可得到检验统计量。

1. 大样本情况下的检验

两个总体参数检验中，若两个样本量都大于或等于30，即为大样本。此时，两个样本均值之差$\bar{x}_1-\bar{x}_2\sim N\left(\mu_1-\mu_2,\dfrac{\sigma_1^2}{n_1}+\dfrac{\sigma_2^2}{n_2}\right)$，将其标准化就得到服从标准正态分布的检验统计量，仍用z来表示。

1）两个总体的方差已知

$$z=\frac{(\bar{x}_1-\bar{x}_2)-(\mu_1-\mu_2)}{\sqrt{\dfrac{\sigma_1^2}{n_1}+\dfrac{\sigma_2^2}{n_2}}}\sim N(0,1) \tag{6-8}$$

2）两个总体的方差未知，用样本方差代替总体方差

$$z=\frac{(\bar{x}_1-\bar{x}_2)-(\mu_1-\mu_2)}{\sqrt{\dfrac{s_1^2}{n_1}+\dfrac{s_2^2}{n_2}}}\sim N(0,1) \tag{6-9}$$

确定了检验统计量及其分布，后面的步骤和一个总体的假设检验完全相同。

【例6-11】随着健康意识的提升，人们越来越关注食品热量。某食品公司在制作面包时采用了一种新的发酵方法。从采用新旧两种发酵方法制作的相同规格的面包中随机抽样测量其热量。对两个样本数据进行计算之后，得到的信息如表6-9所示。

表6-9 新旧发酵法下面包的卡路里

样本	新发酵法	原发酵法
样本量/个	50	30
均值/卡路里	418	443
标准差/卡路里	72	79

在显著性水平$\alpha=0.05$的条件下，能否认为新发酵方法降低了面包热量？

解

用μ_1表示新发酵法面包的平均卡路里，μ_2表示原发酵法面包的平均卡路里。

$$\mathrm{H}_0:\mu_1-\mu_2\geqslant 0\text{；}\quad \mathrm{H}_1:\mu_1-\mu_2<0$$

$$z_c=\frac{(\bar{x}_1-\bar{x}_2)-(\mu_1-\mu_2)}{\sqrt{\dfrac{s_1^2}{n_1}+\dfrac{s_2^2}{n_2}}}=\frac{418-443}{\sqrt{\dfrac{72^2}{50}+\dfrac{79^2}{30}}}=-1.416$$

当$\alpha=0.05$时，左侧检验的临界值$-z_\alpha=-1.645$，$z_c>-z_\alpha$，不拒绝原假设，即不能认为新发酵法显著降低了面包热量。

P值$=0.0783>\alpha$，同样不拒绝原假设。

2. 小样本情况下的检验

两个总体的参数检验中，若两个样本中至少有一个样本量小于 30，即为小样本。为实现小样本条件下的检验，必须首先假定两个总体都服从正态分布。

1）正态总体，方差σ_1^2、σ_2^2已知

此时两个样本均值之差服从正态分布，使用z检验。

$$z=\frac{(\bar{x}_1-\bar{x}_2)-(\mu_1-\mu_2)}{\sqrt{\dfrac{\sigma_1^2}{n_1}+\dfrac{\sigma_2^2}{n_2}}}\sim N(0,1) \tag{6-10}$$

2）正态总体，方差σ_1^2、σ_2^2未知但相等

此时z检验不再适用，需要构造新的检验统计量。方差虽未知但相等，所以$\mathrm{Var}(\bar{x}_1-\bar{x}_2)=\dfrac{\sigma_1^2}{n_1}+\dfrac{\sigma_2^2}{n_2}=\sigma_1^2\left(\dfrac{1}{n_1}+\dfrac{1}{n_2}\right)$。

首先，用样本方差s_1^2、s_2^2代替总体方差σ_1^2、σ_2^2，求出总体方差σ^2的合并估计量s_p^2；其次，将s_p^2代入$\mathrm{Var}(\bar{x}_1-\bar{x}_2)$，求出$\bar{x}_1-\bar{x}_2$的方差的估计量；最后，将$\bar{x}_1-\bar{x}_2$标准化得到检验统计量，该统计量服从自由度为$n_1+n_2-2$的$t$分布。

$$s_p^2=\frac{(n_1-1)s_1^2+(n_2-1)s_2^2}{n_1+n_2-2} \tag{6-11}$$

【例 6-12】为了协助系统分析员节约项目完成时间，开发了一种新的软件。随机抽选 8 名系统分析员，使用新软件完成某项目，又随机抽选另外 7 名系统分析员，使用原来的技术完成该项目，记录他们完成项目的时间，具体数据如表 6-10 所示。

表 6-10　使用两种软件的项目完成时间　　单位：小时

使用新软件	20.5	19.8	19.7	20.4	20.1	20.0	19.0	19.9
使用当前软件	20.7	19.8	19.5	20.8	20.4	19.6	20.2	—

已知使用两种软件的项目完成时间分别服从正态分布$N(\mu_1,\sigma_1^2)$、$N(\mu_2,\sigma_2^2)$，并且$\sigma_1^2=\sigma_2^2$。在$\alpha=0.05$的显著性水平下，样本数据是否支持“使用新软件能缩短项目完成时间”的看法？

解

$$H_0:\mu_1-\mu_2\geqslant 0\text{；}\quad H_1:\mu_1-\mu_2<0$$

根据样本数据计算得

$$\bar{x}_1=19.925,\quad \bar{x}_2=20.143,\quad s_1^2=0.2164,\quad s_2^2=0.2729$$

两个样本都是小样本，总体方差未知但相等。

$$s_p^2=\frac{(n_1-1)s_1^2+(n_2-1)s_2^2}{n_1+n_2-2}=\frac{(8-1)\times 0.2164+(7-1)\times 0.2729}{8+7-2}=0.2425$$

$$t_c=\frac{\bar{x}_1-\bar{x}_2}{s_p\sqrt{\dfrac{1}{n_1}+\dfrac{1}{n_2}}}=\frac{(19.925-20.143)}{\sqrt{0.2425}\times\sqrt{\dfrac{1}{8}+\dfrac{1}{7}}}=-0.855$$

左侧检验，$\alpha=0.05$，临界值$-t_\alpha(n_1+n_2-2)=-t_{0.05}(22)=-1.771$，$t_c>-t_\alpha(n_1+n_2-2)$，不拒绝原假设，即样本数据不支持“使用新软件能缩短项目完成时间”的看法。

另外，P值=0.2040>α，同样不拒绝原假设。

3）正态总体，方差σ_1^2、σ_2^2未知且不相等，但样本量相等

此时检验统计量服从自由度为$n_1+n_2-2=2n-2$的t分布。

$$t=\frac{(\bar{x}_1-\bar{x}_2)-(\mu_1-\mu_2)}{\sqrt{\dfrac{s_1^2}{n_1}+\dfrac{s_2^2}{n_2}}}=\frac{(\bar{x}_1-\bar{x}_2)-(\mu_1-\mu_2)}{\sqrt{\dfrac{s_1^2+s_2^2}{n}}}\sim t(2n-2) \tag{6-12}$$

【例 6-13】某市劳动保障部门想要了解商业银行和证券公司中层管理人员的收入，从两类人员中各随机抽取了 12 名人员进行调查，其年薪如表 6-11 所示。

表 6-11　商业银行和证券公司中层管理人员的年薪　　单位：万元

人员编号	1	2	3	4	5	6	7	8	9	10	11	12
商业银行	28.3	30.1	29.0	37.6	32.1	28.8	36.0	37.2	38.5	34.4	28.0	30.0
证券公司	27.6	22.2	31.0	33.8	20.0	30.2	31.7	26.0	32.0	31.2	33.4	26.5

已知两类人员的起始年薪服从正态分布，方差未知且不相等。取显著性水平$\alpha=0.05$，能否认为商业银行中层管理人员的年薪显著地高于证券公司中层管理人员？

解

$$H_0:\mu_1-\mu_2\leqslant 0；\ H_1:\mu_1-\mu_2>0$$

根据样本数据计算得$\bar{x}_1=32.5,\bar{x}_2=28.8,s_1^2=15.996,s_2^2=19.358$

$$t_c=\frac{(\bar{x}_1-\bar{x}_2)-(\mu_1-\mu_2)}{\sqrt{\dfrac{s_1^2+s_2^2}{n}}}=\frac{(32.5-28.8)}{\sqrt{\dfrac{15.996+19.358}{12}}}=2.1556$$

右侧检验，$\alpha=0.05$，临界值$t_\alpha(2n-2)=1.7171$，$t_c>t_\alpha(2n-2)$，拒绝原假设，即不能认为商业银行中层管理人员的年薪显著地高于证券公司中层管理人员。

另外，P值$=0.0212<\alpha$，同样拒绝原假设。

4）正态总体，方差σ_1^2、σ_2^2未知且不相等，样本量不相等

此时检验统计量服从自由度为v的t分布。

$$t=\frac{(\bar{x}_1-\bar{x}_2)-(\mu_1-\mu_2)}{\sqrt{\dfrac{s_1^2}{n_1}+\dfrac{s_2^2}{n_2}}}\sim t(v) \tag{6-13}$$

式中，

$$\nu = \frac{\left(\frac{s_1^2}{n_1} + \frac{s_2^2}{n_2}\right)^2}{\frac{(s_1^2/n_1)^2}{n_1 - 1} + \frac{(s_2^2/n_2)^2}{n_2 - 1}} \quad \text{（四舍五入取整）} \tag{6-14}$$

【例 6-14】以例 6-12 为背景，假设使用两种软件的项目完成时间分别服从正态分布 $N(\mu_1,\sigma_1^2)$、$N(\mu_2,\sigma_2^2)$，并且 $\sigma_1^2 \neq \sigma_2^2$。在 $\alpha = 0.05$ 的显著性水平下，样本数据是否提供证据支持“使用新软件能缩短项目完成时间”的看法？

解

$$\mathrm{H}_0: \mu_1 - \mu_2 \geqslant 0; \quad \mathrm{H}_1: \mu_1 - \mu_2 < 0$$

方差未知且不相等，样本量不相等，检验统计量服从自由度为 ν 的 t 分布。

经计算 $\nu = 12$，$t_c = -0.8478$，$-t_\alpha(\nu) = -1.7823$，$t_c > -t_\alpha(\nu)$，不能拒绝原假设。即样本数据并不支持“使用新软件能缩短项目完成时间”的看法。

（二）匹配样本情况下两个总体均值之差的检验

独立样本提供的数据可能因为样本个体在其他因素方面的“不同质”而对它们所提供的有关总体均值的信息产生干扰，为有效地排除样本个体之间这些“额外”差异带来的误差，可以考虑选用匹配样本。也正因为匹配样本的这一特点，我们在检验时应关注的是每一对样本数据的差值，并对这些差值进行分析和加工。

1. 匹配样本检验的几个符号

为便于介绍匹配样本情况下两个总体均值之差的假设检验，首先定义三个符号。

（1）d_i 为第 i 个配对样本数据的差值，$i = 1, 2, \cdots, n$。

（2）$\bar{d}$ 为配对样本数据差值的平均值，即 $\bar{d} = \frac{\sum_{i=1}^{n} d_i}{n}$。

（3）s_d^2 为配对样本数据差值的方差，即 $s_d^2 = \frac{\sum_{i=1}^{n}(d_i - \bar{d})^2}{n-1}$。

2. 检验统计量及其分布

检验时，需假定配对差值构成的总体服从正态分布，而且样本配对差值是从差值总体中随机抽取的。对于小样本情形，配对差值经标准化后服从自由度为 $n-1$ 的 t 分布。因此选择的检验统计量为

$$t = \frac{\bar{d} - (\mu_1 - \mu_2)}{s_d / \sqrt{n}} \sim t(n-1) \tag{6-15}$$

【例 6-15】外科手术前病人应接受多大的麻醉量已经受到广泛关注。某国外医学机构研究发现，每 140 个受麻醉者中就有 1 个人因为抗药性或剂量太小而经历暂时清醒的情况，这些病人反映在手术中无意听到了医生护士的对话。抽取需对两只眼睛进行手术的 8 个病人进行一项研究，对两只眼睛分开手术，对第一只眼睛进行手术时，使用较轻的麻醉剂量，

一周后，对第二只眼睛进行手术时使用较重的麻醉剂量。每次手术两天后，要求病人对其疼痛和不舒服的程度进行评分，从最轻的 0 分到最重的 10 分，评分结果如表 6-12 所示。

表 6-12 不同麻醉程度的病人对疼痛和不舒服程度的评分 单位：分

病人编号	1	2	3	4	5	6	7	8
轻剂量麻醉	5	4	7	3	5	8	5	6
重剂量麻醉	6	6	7	4	3	9	7	6

取显著性水平 $\alpha = 0.05$，判断两种麻醉剂量下病人对疼痛和不舒服程度的评分是否存在显著差异。

解 设 μ_1 = 轻麻醉剂量下病人对疼痛和不舒服度的平均评分，μ_2 = 重麻醉剂量下病人对疼痛和不舒服度的平均评分。

$$\mathrm{H}_0 : \mu_1 - \mu_2 = 0\text{；}\ \mathrm{H}_1 : \mu_1 - \mu_2 \neq 0$$

根据样本数据计算 $\overline{d} = -0.625, s_d = 1.3025$。

检验统计量 $t_c = \dfrac{\overline{d} - (\mu_1 - \mu_2)}{s_d / \sqrt{n}} = \dfrac{-0.625}{1.3025 / \sqrt{8}} = -1.3572$。

双侧检验，临界值为 $\pm t_{\alpha/2}(n-1) = \pm t_{0.025}(n-1) = \pm 2.365$，$-t_{\alpha/2}(n-1) < t_c < t_{\alpha/2}(n-1)$，不能拒绝原假设，即样本数据没有提供足够的证据证明不同的麻醉剂量下，病人的疼痛和不舒服程度有显著差异。

另外，P值 $= 0.0268 > \alpha = 0.05$，同样不拒绝原假设。

有多少 t 检验曾被滥（乱）用

二、两个总体比例之差的检验

我们常常需要比较相关联的两个总体的比例。例如：经济学院和管理学院学生的统计学及格率是否有区别？哪个供应商提供的产品合格率更高？哪个候选人获胜的概率更大？上述问题都可以用两个总体比例的检验来解决。与两个总体的均值检验相似，两个总体比例的检验也表现为对两个总体的比例之差的检验。这里只讨论如何使用独立样本对两个总体比例之差进行检验。

（一）假设形式

两个总体比例之差的检验也有三种基本假设检验形式。

双侧检验 $\mathrm{H}_0 : \pi_1 - \pi_2 = 0$；$\mathrm{H}_1 : \pi_1 - \pi_2 \neq 0$

左侧检验　　$H_0: \pi_1 - \pi_2 \geqslant 0$；$H_1: \pi_1 - \pi_2 < 0$

右侧检验　　$H_0: \pi_1 - \pi_2 \leqslant 0$；$H_1: \pi_1 - \pi_2 > 0$

（二）检验统计量及其分布

当样本量充分大时，即 $n_1 p_1$、$n_1(1-p_1)$、$n_2 p_2$、$n_2(1-p_2)$ 都大于或等于 5 时，两个样本的比例之差 $p_1 - p_2 \sim N\left(\pi_1 - \pi_2, \dfrac{\pi_1(1-\pi_1)}{n_1} + \dfrac{\pi_2(1-\pi_2)}{n_2}\right)$。对 $p_1 - p_2$ 进行标准化，得到的检验统计量服从标准正态分布。

$$z = \frac{(p_1 - p_2) - (\pi_1 - \pi_2)}{\sqrt{\dfrac{\pi_1(1-\pi_1)}{n_1} + \dfrac{\pi_2(1-\pi_2)}{n_2}}} \sim N(0,1) \tag{6-16}$$

原假设是两个总体比例相等，$p_1 - p_2$ 的方差可以写成 $\pi(1-\pi)\left(\dfrac{1}{n_1} + \dfrac{1}{n_2}\right)$。$\pi$ 的最佳估计量是将两个样本合并后得到的合并比例 p_p。用 x_1 和 x_2 表示样本 1 和样本 2 中具有某种属性的单位数，则

$$P_p = \frac{x_1 + x_2}{n_1 + n_2} = \frac{p_1 n_1 + p_2 n_2}{n_1 + n_2} \tag{6-17}$$

因此，两个总体比例之差检验最终的检验统计量是

$$z = \frac{p_1 - p_2}{\sqrt{P_p(1-P_p)\left(\dfrac{1}{n_1} + \dfrac{1}{n_2}\right)}} \tag{6-18}$$

此检验的判定准则与一般的 z 检验完全相同，这里不再赘述。

【例 6-16】为了解工人对福利费和基本工资的偏好，从甲、乙两公司随机抽取了一部分工人进行调查。从甲公司抽取的 150 名工人中，有 75 人愿意增加基本工资而非福利费；从乙公司抽取的 200 名工人中，有 103 人愿意增加基本工资而非福利费。在 $\alpha = 0.01$ 的显著性水平下，可以判定两公司愿意增加基本工资的工人的比例不同吗？

解

$$H_0: \pi_1 - \pi_2 = 0;\quad H_1: \pi_1 - \pi_2 \neq 0$$

$$p_1 = 75/150 = 0.5;\ p_2 = 103/200 = 0.515$$

$$p_p = \frac{x_1 + x_2}{n_1 + n_2} = \frac{75 + 103}{150 + 200} = 0.509$$

$$z_c = \frac{p_1 - p_2}{\sqrt{P_p(1-P_p)\left(\dfrac{1}{n_1} + \dfrac{1}{n_2}\right)}}$$

$$= \frac{0.50 - 0.515}{\sqrt{0.509 \times (1 - 0.509) \times \left(\dfrac{1}{150} + \dfrac{1}{200}\right)}} = -0.278$$

双侧检验，$\alpha = 0.01$，双侧检验的临界值为$\pm z_{\alpha/2} = \pm 2.576$，$-z_{\alpha/2} < z_c < z_{\alpha/2}$，不拒绝原假设，即无法判定这两个公司中愿意增加基本工资的工人所占的比例不同。

三、两个总体方差比的检验

比较两个总体的方差σ_1^2和σ_2^2，无外乎三种结果：σ_1^2小于、等于和大于σ_2^2，等价于$\dfrac{\sigma_1^2}{\sigma_2^2}$小于、等于和大于 1，因此两个总体方差的检验最终表现为两个总体方差比的检验。两个总体方差比的检验有极广泛的用途。比如，在小样本的两个总体均值检验中，首先需要确定两个总体的方差是否相同。在进行两个总体方差比的检验时，也需要满足一些假定：首先，两样本均取自正态总体；其次，两组样本为独立样本。

（一）假设形式

两个总体方差比的检验也有三种基本假设检验形式。

双侧检验　　$H_0:\dfrac{\sigma_1^2}{\sigma_2^2}=1$；$H_1:\dfrac{\sigma_1^2}{\sigma_2^2}\neq 1$

左侧检验　　$H_0:\dfrac{\sigma_1^2}{\sigma_2^2}\geqslant 1$；$H_1:\dfrac{\sigma_1^2}{\sigma_2^2}< 1$

右侧检验　　$H_0:\dfrac{\sigma_1^2}{\sigma_2^2}\leqslant 1$；$H_1:\dfrac{\sigma_1^2}{\sigma_2^2}> 1$

（二）检验统计量及其分布

如果两个总体的方差相等，两样本的样本方差s_1^2和s_2^2应该十分接近，即两样本的方差比应接近于 1，否则该比率就会较大程度地偏离 1。两总体均为正态总体的条件下，如果原假设成立，则两样本方差比服从 F 分布。由此，检验两个总体的方差是否相等时，可用两样本的方差比作为检验统计量。两样本的样本量分别记为n_1和n_2，该检验统计量服从自由度为n_1-1和n_2-1的 F 分布。

$$F=\frac{s_1^2}{s_2^2}\sim F(n_1-1,n_2-1) \tag{6-19}$$

两个总体方差比的检验方法见表 6-13。

表 6-13　两个总体方差比的检验方法

检验统计量	$F=\dfrac{s_1^2}{s_2^2}$		
检验类型	双侧检验	左侧检验	右侧检验
假设形式	$H_0:\dfrac{\sigma_1^2}{\sigma_2^2}=1$；$H_1:\dfrac{\sigma_1^2}{\sigma_2^2}\neq 1$	$H_0:\dfrac{\sigma_1^2}{\sigma_2^2}\geqslant 1$；$H_1:\dfrac{\sigma_1^2}{\sigma_2^2}<1$	$H_0:\dfrac{\sigma_1^2}{\sigma_2^2}\leqslant 1$；$H_1:\dfrac{\sigma_1^2}{\sigma_2^2}>1$
拒绝域	$F>F_{\alpha/2}(n_1-1,n_2-1)$ $F>F_{1-\alpha/2}(n_1-1,n_2-1)$	$F<F_{1-\alpha}(n_1-1,n_2-1)$	$F>F_{\alpha}(n_1-1,n_2-1)$

F 分布是非对称分布，但 F 分布表只给出上侧分位数 $F_{\alpha/2}$，下侧分位数 $F_{1-\alpha/2}$ 可由二者关系求出。

$$F_{1-\alpha/2}(\nu_1,\nu_2)=\frac{1}{F_{\alpha/2(\nu_1,\nu_2)}} \tag{6-20}$$

【例 6-17】一家房地产开发公司准备购进一批灯泡，有两家供货商可供选择，两家供货商生产的灯泡的平均寿命差别不大，价格也很相近，考虑的主要因素是灯泡寿命的方差的大小。如果方差相同，就选择距离比较近的一家供货商进货。为此，公司管理人员对两家供货商提供的样品进行了检验，得到如表 6-14 所示的数据资料。

表 6-14 两家供货商的灯泡使用寿命的数据 单位：天

供货商	灯泡使用寿命				
供货商 1	650	569	622	630	596
	637	628	706	617	624
	563	580	711	480	688
	723	651	569	709	632
供货商 2	568	681	636	607	555
	496	540	539	529	562
	589	646	596	617	584

在 α =0.05 的显著性水平下，检验两家供货商提供的灯泡的使用寿命的方差是否有显著差异？

解 本例属于双侧检验，$H_0:\frac{\sigma_1^2}{\sigma_2^2}=1$；$H_1:\frac{\sigma_1^2}{\sigma_2^2}\neq 1$。

由样本数据计算得到：$s_1^2=3675.46$；$s_2^2=2341.43$。

$$F_c=\frac{s_1^2}{s_2^2}=\frac{3675.46}{2341.43}=1.5116；\quad F_{\alpha/2}(n_1-1,n_2-1)=F_{0.025}(19,14)=2.861$$

$$F_{1-\alpha/2}(n_1-1,n_2-1)=F_{1-\alpha/2}(19,14)=\frac{1}{F_{0.025(19,14)}}=0.378$$

$F_{1-\alpha/2}(n_1-1,n_2-1)<F_c<F_{\alpha/2}(n_1-1,n_2-1)$，不能拒绝原假设。即不能认为这两个总体的方差有显著差异。

对两个总体参数的假设检验做一个总结，如表 6-15 所示。

表 6-15 两个总体参数的假设检验

待检参数	样本类型	样本规模	条件	检验统计量	服从的分布
总体均值之差	独立样本	大样本	σ_1^2、σ_2^2 已知	$z=\frac{(\bar{x}_1-\bar{x}_2)-(\mu_1-\mu_2)}{\sqrt{\frac{\sigma_1^2}{n_1}+\frac{\sigma_2^2}{n_2}}}$	$N(0,1)$
			σ_1^2、σ_2^2 未知	$z=\frac{(\bar{x}_1-\bar{x}_2)-(\mu_1-\mu_2)}{\sqrt{\frac{s_1^2}{n_1}+\frac{s_2^2}{n_2}}}$	$N(0,1)$

续表

待检参数	样本类型	样本规模	条件	检验统计量	服从的分布
总体均值之差	独立样本	小样本（正态总体）	σ_1^2 、σ_2^2 已知	$z=\dfrac{(\bar{x}_1-\bar{x}_2)-(\mu_1-\mu_2)}{\sqrt{\dfrac{\sigma_1^2}{n_1}+\dfrac{\sigma_2^2}{n_2}}}$	$N(0,1)$
			σ_1^2 、σ_2^2 未知但相等	$t=\dfrac{(\bar{x}_1-\bar{x}_2)-(\mu_1-\mu_2)}{s_p\sqrt{\dfrac{1}{n_1}+\dfrac{1}{n_2}}}$ $s_p^2=\dfrac{(n_1-1)s_1^2+(n_2-1)s_2^2}{n_1+n_2-2}$	$t(n_1+n_2-2)$
			σ_1^2 、σ_2^2 未知且不相等，但样本容量相等	$t=\dfrac{(\bar{x}_1-\bar{x}_2)-(\mu_1-\mu_2)}{\sqrt{\dfrac{s_1+s_2}{n}}}$	$t(2n-2)$
			σ_1^2 、σ_2^2 未知且不相等，样本容量不相等	$t=\dfrac{(\bar{x}_1-\bar{x}_2)-(\mu_1-\mu_2)}{\sqrt{\dfrac{s_1^2}{n_1}+\dfrac{s_2^2}{n_2}}}$	$t(v)$ 其中，$v=\dfrac{\left(\dfrac{s_1^2}{n_1}+\dfrac{s_2^2}{n_2}\right)^2}{\dfrac{\left(\dfrac{s_1^2}{n_1}\right)^2}{n_1-1}+\dfrac{\left(\dfrac{s_2^2}{n_2}\right)^2}{n_2-1}}$
	匹配样本	小样本	差值 d 服从正态分布	$t=\dfrac{\bar{d}-(\mu_1-\mu_2)}{s_d/\sqrt{n}}$	$t(n-1)$
比例之差	独立样本	样本足够大	—	$z=\dfrac{p_1-p_2}{\sqrt{P_p(1-P_p)\left(\dfrac{1}{n_1}+\dfrac{1}{n_2}\right)}}$	$N(0,1)$
方差比	独立样本	—	两样本都取自正态总体	$F=\dfrac{s_1^2}{s_2^2}$	$F(n_1-1,n_2-1)$

本 章 小 结

（1）假设检验是先对总体参数提出某种假设，然后利用样本信息判断假设是否成立的方法。

（2）假设检验的步骤：提出原假设和备择假设、识别检验统计量及其分布、由样本数据计算检验统计量的值、确定显著性水平、基于临界值或 P 值判断是否拒绝原假设。

（3）临界值是拒绝域的边界。单侧检验的拒绝域在检验统计量抽样分布的一侧，有一个临界值；双侧检验的拒绝域在检验统计量抽样分布的两侧，有两个临界值。若检验统计量落入拒绝域，则拒绝原假设。

（4）P 值是原假设成立的条件下，所得的样本出现实际观测结果甚至更极端结果的概率。若 P 值$<\alpha$，则拒绝原假设。P 值越小，拒绝原假设的证据越充分。

（5）一个总体参数的检验包括对总体均值、总体比例、总体方差的检验。

（6）两个总体参数的检验包括对总体均值之差、总体比例之差、总体方差比的检验。

第七章

方 差 分 析

本章将系统介绍方差分析的基本原理、单因素方差分析、双因素方差分析。本章的具体要求：①了解方差分析的有关概念、基本思想和原理、方差分析中的基本假设等；②掌握单因素方差分析的数据结构及分析步骤；③了解双因素方差分析的原理和基本思想。

➤案例引入

玉米属于世界性生物，全球种植广泛。国家统计局数据显示，2020 年我国玉米种植面积达 4126 万公顷[①]，远超稻谷和小麦等主要农作物，玉米成为我国粮食产量稳定增长的重要保障。作为玉米主要种植地的东北地区，其较为严寒的早春气候对玉米的生长产生了不利影响，尤其是对玉米种子的发芽率造成了伤害。因此，提升种子的抗寒性显得尤为重要。已有研究指出，外源激素处理可显著提升种子应对外部气温不利冲击的能力。基于此，有研究人员采用 7 种不同的浸种剂对某玉米品种的发芽率进行了实验。在其他环境相近的情况下，每种浸种剂处理下均进行若干次实验，然后从每类实验中随机抽取 6 组进行观察，玉米种子的发芽率结果见表 7-1。

表 7-1　不同浸种剂处理方法下玉米种子发芽率结果　　单位：%

编号	水	水杨酸	肌醇	过氧化氢	氯化钙	脱落酸	赤霉素
1	86	92	97	88	94	95	90
2	85	93	95	89	93	96	86
3	87	90	98	87	94	94	89
4	86	91	97	90	95	95	85
5	88	89	96	89	92	93	84
6	86	92	97	90	94	96	91

资料来源：依据张美华等的《低温条件下不同浸种剂对玉米种子萌发与幼苗生长的影响》整理得出数据

试问，不同浸种剂处理下，玉米种子的发芽率是否存在显著差异呢？

① 1 公顷=10 000 平方米。

方差分析方法的发展和应用

第一节　方差分析概述

方差分析（analysis of variance，ANOVA）的基本原理是由英国的统计学家费希尔在进行实验设计时为解释实验数据而首先引入的，并被广泛应用于心理学、生物学、工程和医药等领域。方差分析是假设检验的分支，但方差分析在很大程度上弥补了假设检验在实际应用方面的缺憾。从形式上看，方差分析是检验多个总体均值是否相等的一种统计分析方法；从内容上看，它是研究多个变量之间关系的一种实用、有效的统计方法。

一、方差分析中的几个术语

从本质上讲，方差分析也是一种假设检验。它将某因素下样本观测数据的波动分解为系统性波动和随机性波动，对两者进行比较，并据此推断各总体之间是否存在显著性差异，若存在显著性差异，则说明该因素的影响是显著的。

为了更好地理解方差分析的含义，我们先通过一个简单的例子说明方差分析的有关概念及所要解决的问题。

【例 7-1】一家咨询公司为内资企业（以《中华人民共和国公司法》《中华人民共和国中外合资经营企业法》《中华人民共和国中外合作经营企业法》等法律法规的相关规定为依据进行划分）提供讲座，每次讲座的内容基本相同，但是不同性质的企业中听过讲座的人员对讲座的满意度是不同的。咨询公司在讲座结束后，分别对 5 种企业中听过讲座的人员进行了随机调查，满意度评分如表 7-2 所示。

表 7-2　5 种企业中听过讲座的人员对咨询公司讲座的满意度

编号	国有企业	集体企业	股份合作企业	联营企业	私营企业
1	81	72	77	85	79
2	82	72	76	86	89
3	79	66	78	77	87
4	81	72	89	81	84
5	78	76	92	77	87
6	71	79	87	73	87

解　评分越高，说明企业对讲座的满意度越高。要分析这 5 种企业对讲座的满意度是

否存在显著性差异，实际上就是判断“企业性质”对“讲座满意度”是否有显著影响，做出这种判断最终可归纳为检验这 5 种企业对讲座满意度的均值是否相等。如果它们的均值全部相等，就意味着企业性质对讲座满意度是没有影响的，也就是说这 5 种企业对讲座的满意度没有显著差异；如果均值不全相等，则意味着企业性质对讲座满意度是有影响的，表明这 5 种企业对讲座的满意度有显著差异。

（一）因素

在方差分析中，所要检验的对象称为因素或因子（factor）。例 7-1 中，企业性质是所要检验的对象，即因素或因子。

（二）水平

因素的不同取值称为水平（level）。例 7-1 中，国有企业、集体企业、股份合作企业、联营企业、私营企业是企业性质这一因素的具体表现，即水平。

（三）观测值

每个因素水平下得到的样本数据称为观测值。例 7-1 中，“听过讲座的人员对讲座的满意度”就是观测值。

例 7-1 中只涉及企业性质一个因素，5 种企业性质就是 5 种水平，因此就可以称例 7-1 为一个单因素 5 种水平的试验。

如果把因素的每一个水平看作一个总体，例 7-1 中有 5 种企业，就可以认为有 5 个总体。表 7-2 中的数据是从这 5 个总体中随机抽取的样本数据（各样本数据的个数可以相等，也可以不等）。例 7-1 中，我们要研究企业性质对讲座满意度是否有影响，这里的企业性质就是自变量，它是一个分类型变量；听过讲座的人员对讲座的满意度是因变量，它是一个顺序型变量。因此，方差分析所要回答的问题便是：分类型自变量对顺序型因变量是否有显著性影响。同时，方差分析还可用于分析分类型自变量对数值型因变量影响的显著性。

二、方差分析的基本思想

例 7-1 中，共有 5 个总体，记这 5 个总体的均值分别为 μ_1、μ_2、μ_3、μ_4、μ_5。为了观察每一个总体的观测值，绘制不同性质的企业对讲座满意度的箱线图，见图 7-1。

从图 7-1 可以直观地看出，不同性质的企业对讲座的满意度存在明显的差异，而且，即使是同一性质的企业不同人员对讲座的满意度也有明显不同。从图 7-1 还可以看出，股份合作企业和私营企业对讲座的满意度较高，集体企业对讲座的满意度较低，这表明企业性质与对讲座的满意度之间存在一定的关系。如果企业性质与对讲座的满意度之间没有关系，那么，不同性质的企业对讲座的满意度应该大致相同，表现在箱线图上不同性质企业对讲座满意度的均值应当大致处于同一高度，即 μ_1、μ_2、μ_3、μ_4、μ_5 应大体上相等。如果我们提出假设 H_0：$\mu_1 = \mu_2 = \mu_3 = \mu_4 = \mu_5$，那么问题便转化为对 H_0 进行检验。

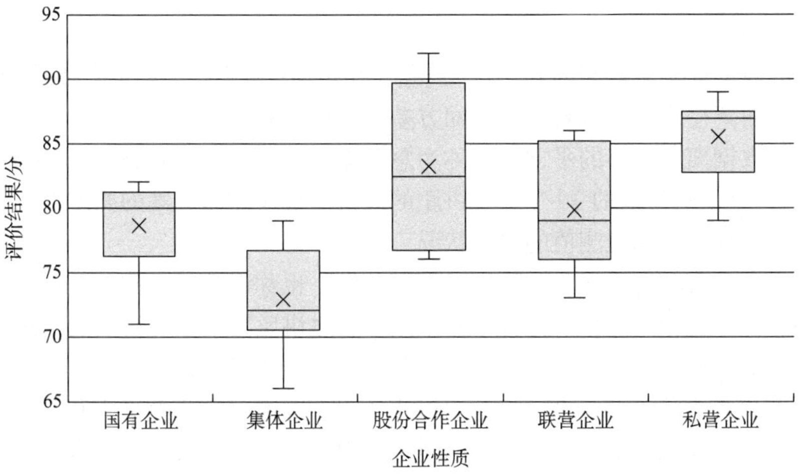

图 7-1 不同性质的企业对讲座满意度的箱线图

如何进行检验呢？怎样判断企业性质对讲座满意度是否有显著影响呢？仅仅从箱线图上观察，我们还不能提供充分的证据证明不同性质企业对讲座的满意度存在显著差异。为了研究企业性质对讲座满意度的影响，我们需要从分析数据离差的来源入手。

（一）数据离差分解

首先，我们要分析某一总体下观测值不等的原因。在同一总体中，样本的各个观测值是不同的。比如，在国有企业听过讲座的人员构成的总体中，所抽取的 6 个听过讲座的人员，对讲座的满意度就不完全相同，随机因素的影响造成来自国有企业总体的 6 个样本观测值不等。同一个总体中这种观测值之间的波动差异可以看成随机因素的影响造成的，或者说是由抽样的随机性造成的，称为随机波动。其次，分析不同性质的企业中听过讲座的人员对讲座的满意度存在差异的原因。我们发现不同性质企业对讲座的满意度的各个观测值也是不同的。原因有两个，一是抽样的随机性因素的影响；二是企业性质不同导致的。后者形成的数据波动离差称为系统波动。这样就可以将不同总体之间样本观测值不等的原因分解为两方面，一方面来自随机波动；另一方面来自系统波动。

（二）数据离差的表示

1. 组内离差和组间离差

同一水平（即同一总体）下样本数据的离差，称为组内离差。由国有企业听过讲座的人员构成的总体中，所抽取的 6 人对讲座的满意度之间的离差，就是组内离差。它反映了一个样本数据内部的离散程度。显然，组内离差只含有随机离差。

不同水平（不同总体）下各样本之间的离差，称为组间离差。5 种性质的企业对讲座的满意度的离差，就是组间离差。它反映了不同样本之间数据的离散程度。组间离差既包含随机离差，也包含系统离差。

组内离差与组间离差构成了全部样本数据的总离差。

2. 平方和分解

数据间的波动常用方差来描述。组内离差用组内方差描述，组间离差用组间方差描述，组间离差与组内离差之比可以转化为组间方差与组内方差之比。

反映全部数据离差大小的平方和，称为总误差平方和（sum of squares for total），记为SST。在例7-1中，所抽取的30个听过讲座的人员对讲座的满意度的离差平方和就是总误差平方和，它反映了全部观测值的离散状况。

反映组内离差大小的平方和，称为组内平方和，也称误差平方和（sum of squares for error），记为SSE。在例7-1中，每种企业中6个听过讲座的人员对讲座的满意度的误差平方和就是组内平方和，它反映了每个样本内各观测值的总离散状况。

反映组间离差大小的平方和，称为组间平方和，也称因素离差平方和（sum of squares for factor A），记为SSA。在例7-1中，不同企业中听过讲座的人员对讲座的满意度的离差平方和是组间平方和，它反映了样本均值之间的差异程度。

3. 分析思想

现假设不同性质企业中听过讲座的人员对讲座的满意度不存在显著性差异，即不同性质企业中听过讲座的人员对讲座的满意度无差异，那么反映在组间离差上，则意味着不存在系统离差，只含有随机离差，此时，组间离差与组内离差经过平均后的数据应该大体上相等，其比值会接近于1；反之，如果不同性质企业听过讲座人员对讲座的满意度存在差异，则意味着组间离差中除了含有随机离差外，还含有系统离差，则它们的比值会大于1。这给我们的启示就是：一方面，组间离差与组内离差经过平均后数据的比值可以用来判断总离差中是否存在系统波动；另一方面，需要确定组间离差与组内离差大到什么程度，可以说明因素（企业性质）的不同水平之间存在显著性差异，即分类型自变量对顺序型因变量是有影响的。因此，要判断企业性质对讲座满意度是否有显著影响，实际上也就是分析讲座满意度的差异主要由什么引起。如果这种差异主要来源于系统离差，我们就认为企业性质对讲座满意度有显著影响。

综上所述，方差分析的思想可以归纳为：将实验得到的样本数据的总波动按来源不同分解为随机性波动和系统性波动，然后比较它们的平均波动，构造离差比（均方差比），建立相应统计量，判定试验观察因素的影响是否显著。

三、方差分析中的基本假定

（一）每个总体都应服从正态分布

对于因素的每一个水平，其观测值是来自正态总体的简单随机样本，即每种性质企业中听过讲座的人员对讲座的满意度构成的总体应服从正态分布。

（二）各个总体的方差 σ^2 应相等

对于各组观测数据，它们是从具有相同方差的正态分布中抽取的，即每种性质企业中听过讲座的人员对讲座的满意度的方差都相同。

（三）观测值是独立的

每一个听过讲座的人员对讲座的满意度与其他听过讲座的人员对讲座的满意度是相互独立的。

四、问题的一般提法

设因素有 k 个水平，每个水平的均值分别用 $\mu_1,\mu_2,\cdots,\mu_k$ 表示，要检验 k 个水平（总体）的均值是否相等，需要提出如下假设。

H_0：$\mu_1=\mu_2=\cdots=\mu_k$，即自变量对因变量没有显著影响。

H_1：$\mu_1,\mu_2,\cdots,\mu_k$ 不全相等，即自变量对因变量有显著影响。

例如，在例 7-1 中，假设如下。

H_0：$\mu_1=\mu_2=\mu_3=\mu_4=\mu_5$（企业性质对讲座的满意度没显著影响）。

H_1：$\mu_1,\mu_2,\mu_3,\mu_4,\mu_5$ 不全相等（企业性质对讲座的满意度有显著影响）。

五、方差分析的分类

按照方差分析中涉及的自变量个数的多少，可以分为单因素方差分析和双因素方差分析。

当方差分析中只涉及一个分类型自变量时，称为单因素方差分析（one-way analysis of variance）。

当方差分析中涉及两个分类型自变量时，称为双因素方差分析（two-way analysis of variance）。

◎想一想

1. 方差分析与假设检验的联系与区别是什么？

2. 方差分析中离差平方和的分解式是如何推导出来的？分解出的各项，其表达式是什么？

第二节 单因素方差分析

例 7-1 只涉及企业性质这一个因素，所以是单因素方差分析。

一、数据结构

在进行单因素方差分析时，得到如表 7-3 所示的数据结构。

表 7-3 单因素方差分析时的数据结构

观测值（j）	因素（i）			
	A_1	A_2	…	A_k
1	x_{11}	x_{21}	…	x_{k1}
2	x_{12}	x_{22}	…	x_{k2}

续表

观测值（j）	因素（i）			
	A_1	A_2	…	A_k
⋮	⋮	⋮		⋮
n	x_{1n}	x_{2n}	…	x_{kn}

在单因素方差分析中，为了叙述和计算方便，用A表示因素，因素的k个水平分别用A_1、A_2、⋯、A_k来表示，每个观测值用x_{ij}表示（$i=1,2,\cdots,k$；$j=1,2,\cdots,r$），x_{ij}表示第i个水平的第j个观测值。例如，x_{12}表示第1个水平的第2个观测值。

二、单因素方差分析步骤

（一）提出假设

H_0：$\mu_1=\mu_2=\cdots=\mu_i=\cdots=\mu_k$（自变量对因变量没有显著影响）。

H_1：$\mu_1,\mu_2,\cdots,\mu_i,\cdots,\mu_k$不全相等（自变量对因变量有显著影响）。

如果拒绝原假设H_0，则意味着自变量对因变量有显著影响，也就是说自变量与因变量之间有显著关系；如果不拒绝原假设H_0，则意味着没有充分证据显示自变量对因变量有显著影响，也就是说不能认为自变量与因变量之间有显著关系。

需要注意的是，当拒绝原假设H_0时，只表明$\mu_1,\mu_2,\cdots,\mu_i,\cdots,\mu_k$中至少有两个总体的均值不相等，并不意味着所有总体的均值都不相等。

（二）构造检验统计量

为了检验H_0是否成立，需要确定检验的统计量。

1. 计算因素各水平的均值

$$\bar{x}_i=\frac{\sum_{j=1}^{n_i}x_{ij}}{n_i}\quad i=1,2,\cdots,k \tag{7-1}$$

式中，n_i为第i个总体样本观测值的个数；x_{ij}为第i个总体的第j个观测值；$\bar{x}_i$为第i个总体的样本均值。

例如，根据表7-2的数据计算国有企业中听过讲座的人员对讲座的满意度A_1的样本均值为

$$\bar{x}_1=\frac{\sum_{j=1}^{n_1}x_{1j}}{n_1}=\frac{81+82+79+81+78+71}{6}=78.67$$

同理，其他性质企业中听过讲座的人员对讲座的满意度的样本均值的计算方法与此相同，结果见表7-4。

表 7-4　样本均值计算表

编号	国有企业	集体企业	股份合作企业	联营企业	私营企业
1	81	72	77	85	79
2	82	72	76	86	89
3	79	66	78	77	87
4	81	72	89	81	84
5	78	76	92	77	87
6	71	79	87	73	87
样本量	6	6	6	6	6
样本均值	78.67	72.83	83.17	79.83	85.50

2. 计算全部观测值的总均值

$$\bar{\bar{x}} = \frac{\sum_{i=1}^{k}\sum_{j=1}^{n_i} x_{ij}}{n} = \frac{\sum_{i=1}^{k} n_i \bar{x}_i}{n} \tag{7-2}$$

式中，$n = n_1 + n_2 + \cdots + n_k$。

例如，根据表 7-2 中的数据计算全部观测值的总均值为

$$\bar{\bar{x}} = \frac{81 + 82 + \cdots + 87 + 87}{30} = 80$$

3. 计算离差平方和

为构造检验统计量，需要计算 3 个离差平方和，即SST、SSA、SSE。

其计算公式为

$$\mathrm{SST} = \sum_{i=1}^{k}\sum_{j=1}^{n_i}(x_{ij} - \bar{\bar{x}})^2 \tag{7-3}$$

$$\mathrm{SSA} = \sum_{i=1}^{k}\sum_{j=1}^{n_i}(\bar{x}_i - \bar{\bar{x}})^2 = \sum_{i=1}^{k} n_i(\bar{x}_i - \bar{\bar{x}})^2 \tag{7-4}$$

$$\mathrm{SSE} = \sum_{i=1}^{k}\sum_{j=1}^{n_i}(x_{ij} - \bar{x}_i)^2 \tag{7-5}$$

例如，根据表 7-4 中的数据计算的 3 个离差平方和为

$$\mathrm{SST} = (81-80)^2 + \cdots + (87-80)^2 = 1174$$

$$\begin{aligned}\mathrm{SSA} &= \sum_{i=1}^{k} n_i(\bar{x}_i - \bar{\bar{x}})^2 \\ &= 6\times(78.67-80)^2 + \cdots + 6\times(85.50-80)^2 \\ &= 561.67\end{aligned}$$

$$\begin{aligned}\text{SSE} &= \sum_{i=1}^{k}\sum_{j=1}^{n_i}(x_{ij}-\bar{x}_i)^2 \\ &= \sum_{j=1}^{6}(x_{1j}-\bar{x}_1)^2+\cdots+\sum_{j=1}^{6}(x_{5j}-\bar{x}_5)^2 \\ &= 613.33\end{aligned}$$

三者之间的关系为

$$\sum_{i=1}^{k}\sum_{j=1}^{n_i}(x_{ij}-\bar{\bar{x}})^2=\sum_{i=1}^{k}n_i(\bar{x}_i-\bar{\bar{x}})^2+\sum_{i=1}^{k}\sum_{j=1}^{n_i}(x_{ij}-\bar{x}_i)^2 \quad (7\text{-}6)$$

即

$$\text{SST}=\text{SSA}+\text{SSE}$$

证明过程请扫描如下二维码。

平方和分解证明过程

通过上面的计算结果，也可以证明这一点

1174=561.03+612.97

如果原假设成立，即 H_0：$\mu_1=\mu_2=\cdots=\mu_i=\cdots=\mu_k$ 为真，则表明没有系统离差，组间平方和SSA除以它的自由度后的均方（mean square）与组内平方和SSE除以它的自由度后的均方相比，两者的差异不会太大；如果组间均方显著大于组内均方，则说明各水平（总体）之间的差异不仅仅有随机离差，还有系统离差。因此，判断因素的水平是否对其观测值有显著影响，实际就是比较组间方差与组内方差之间差异的大小。那么，它们之间的差异大到何种程度才表明存在系统离差呢？要检验这种差异，我们就要构造一个用于检验的统计量。

4. 构造检验统计量并计算各统计量的值

各离差平方和的大小与观测值的个数有关，为了消除观测值个数对离差平方和大小的影响，需要将其平均，也就是用各平方和除以它们对应的自由度，这一结果称为均方。三个平方和对应的自由度分别为：SST 的自由度为 $n-1$，其中 n 为全部观测值的个数；SSA 的自由度为 $k-1$，其中 k 为因素水平（总体）的个数；SSE 的自由度为 $n-k$。SSA 的均方也称为组间均方或组间方差，记为MSA。其计算公式为

$$\text{MSA}=\frac{\text{组间平方和}}{\text{自由度}}=\frac{\text{SSA}}{k-1} \quad (7\text{-}7)$$

SSE 的均方也称为组内均方或组内方差，记为MSE。其计算公式为

$$MSE=\frac{组内平方和}{自由度}=\frac{SSE}{n-k} \quad (7\text{-}8)$$

可以证明：组间方差与组内方差之比是一个服从 F 分布的统计量。

将 MSA 与 MSE 进行对比，即可得到所需要的 F 检验统计量：

$$F=\frac{MSA}{MSE}\sim F(k-1,n-k) \quad (7\text{-}9)$$

◎知识窗

罗纳德·艾尔默·费希尔（Ronald Aylmer Fisher，1890~1962 年）（图 7-2）是英国统计学家和遗传学家，他的思想为现代统计学打下了基础。

1912 年，费希尔毕业于著名的剑桥大学，在 1919 年，他加入了一家名为罗森斯得实验站（Rothamsted Experimental Station）的农业实验研究站。在那里，他进行了作物育种的统计实验，并因此最终发明了一种在试验中改变不同因素的技术，这种技术还可以确定这些因素可能造成的不同实验结果。这一技术被称为方差分析，与当时流行的方法相比，这种方法有了重要的进步，因为当时的方法在实验中一次只能改变一个因素。方差分析非常重要，因为它还可以解决其他科学分支里相似的数据分析问题。

图 7-2 罗纳德·艾尔默·费希尔

费希尔推动了理论统计学和应用统计学很多具体方面的发展。他的贡献被认为为现代统计奠定了基础。他被誉为“几乎独立建立现代统计科学的天才”和“达尔文最伟大的继承者”。

资料来源：作者根据相关资料整理而得。

在例 7-1 中，

$$MSA=\frac{SSA}{k-1}=\frac{561.03}{4}=140.26$$

$$MSE=\frac{SSE}{n-k}=\frac{612.97}{25}=24.52$$

$$F=\frac{MSA}{MSE}=\frac{140.26}{24.52}=5.72$$

方差分析中，常将分析结果以方差分析表（analysis of variance table）的形式进行展示。其一般形式如表 7-5 所示。

表 7-5 单因素方差分析表

离差来源	平方和	自由度	均方	F 值	P 值	F 临界值
组间（因素影响）	SSA	$k-1$	MSA	$\frac{MSA}{MSE}$	—	$F_{\alpha}(k-1,n-k)$

续表

离差来源	平方和	自由度	均方	F 值	P 值	F 临界值
组内（随机影响）	SSE	$n-k$	MSE	—	—	—
总和	SST	$n-1$	—	—	—	—

通过计算，例 7-1 方差分析的结果如表 7-6 所示。

表 7-6　5 种企业中听过讲座的人员对咨询公司讲座的满意度的方差分析表

离差来源	平方和	自由度	均方	F 值	P 值	F 临界值
组间	561.03	4	140.26	5.72	0.0021	2.76
组内	612.97	25	24.52	—	—	—
总计	1174.00	29	—	—	—	—

（三）做出统计决策

计算出检验统计量之后，将统计量的F值与给定的显著性水平α的临界值$F_{\alpha}(k-1,n-k)$进行比较，即可对原假设H_0做出决策。

根据给定的显著性水平α，在F分布表中查找与分子自由度$df_1=k-1$和分母自由度$df_2=n-k$对应的临界值$F_{\alpha}(k-1,n-k)$。

若$F>F_{\alpha}$，则拒绝原假设H_0，即$\mu_1=\mu_2=\cdots=\mu_i=\cdots=\mu_k$的假设不成立，表明自变量对因变量有显著影响；若$F<F_{\alpha}$，则不能拒绝原假设$H_0$，不能认为自变量对因变量有显著影响。例 7-1 中，计算出$F=5.72$。假定取显著性水平α=0.05，根据分子自由度$df_1=k-1=5-1=4$和分母自由度$df_2=n-k=30-5=25$，查F分布表得到$F_{0.05}(4,25)=2.76$。由于$F>F_{\alpha}$，所以拒绝原假设H_0，即$\mu_1=\mu_2=\mu_3=\mu_4=\mu_5$的假设不成立，表明自变量对因变量有显著影响；也就是说，企业性质对讲座满意度有显著影响。

在进行决策时，还可以直接利用方差分析表中的P值与显著性水平α进行比较。若$P>\alpha$，则不拒绝原假设；若$P<\alpha$，则拒绝原假设。在本例中，P=0.0021<α=0.05，所以拒绝原假设H_0，可以认为企业性质对讲座满意度有显著影响。

方差分析给出了分类型自变量对顺序型因变量是否存在显著影响的结果。当拒绝原假设H_0时，自变量对因变量的影响显著，这表明在自变量的不同状态下因变量的取值存在显著差异。在例 7-1 中，由于$F>F_{\alpha}$，所以拒绝原假设H_0，即对于不同性质的企业，听过讲座的人员对讲座的满意度的评价存在显著差异。但上述结论并未指出不同性质的企业听过讲座的人员对讲座的满意度是否均存在显著差异，如国有企业、集体企业、股份合作企业、联营企业以及私营企业对讲座的满意度是否均差异显著，还是只有部分不同性质的企业间差异悬殊，如国有企业和私营企业的讲座满意度明显不同。如果对这些问题进行探究，通常要借助多重比较方法。多重比较方法有很多，其中，费希尔提出的最小显著差异（least significant difference，LSD）方法应用较广。

最小显著差异方法

◎**想一想**

单因素方差分析的步骤是怎样的？

第三节 双因素方差分析

【**例 7-2**】为检验广告媒体和广告方案对产品销售量的影响，一家营销公司做了一项调查，考察四种广告媒体和五种广告方案，获得以下销售数据，见表 7-7。试分析广告媒体和广告方案对产品的销售量是否有显著影响（α=0.05）？

表 7-7 不同广告方案和广告媒体对产品销售量的影响 单位：万辆

因素		广告方案				
		方案 1	方案 2	方案 3	方案 4	方案 5
广告媒体	电视	12.0	13.7	14.3	14.2	13.0
	电台	9.5	11.5	12.3	14.0	14.0
	报纸	10.4	12.4	11.4	12.5	13.1
	杂志	9.7	9.6	11.1	12.0	11.4

解 在例 7-2 中，广告媒体和广告方案为分类型自变量，产品的销售量为数值型因变量，同时分析广告媒体和广告方案对产品销售量的影响，就是回答究竟是一个因素在起作用，还是两个因素都起作用，还是两个因素都不起作用，这就是双因素方差分析。

在双因素方差分析中，关键是判断两因素之间的关系。例 7-2 中如果广告媒体和广告方案两个因素对产品销售量的影响是相互独立的，则这时的双因素方差分析称为无交互作用的双因素方差分析；如果除了广告媒体和广告方案这两个因素对产品销售量单独影响外，两个因素的搭配还会对销售量产生一种新的影响，也就是说两因素之间的关系不相互独立，这样的双因素方差分析叫有交互作用的双因素方差分析。

一、无交互作用的双因素方差分析

（一）数据结构

无交互作用的双因素方差分析的数据结构如表 7-8 所示。

表 7-8 无交互作用的双因素方差分析数据结构表

因素 A		列 $B(j)$			
		B_1	B_2	…	B_r
行 $A(i)$	A_1	x_{11}	x_{12}	…	x_{1r}
	A_2	x_{21}	x_{22}	…	x_{2r}
	⋮	⋮	⋮		⋮
	A_k	x_{k1}	x_{k2}	…	x_{kr}

在双因素方差分析中，由于有两个因素，所以在获取数据时，要将一个因素安排在“行”的位置，称为行因素；将另一个因素安排在“列”的位置，称为列因素。我们设行因素有 k 个水平：$A_1,A_2,\cdots,A_k$；列因素有 r 个水平：$B_1,B_2,\cdots,B_r$。行因素和列因素的每一个水平都可以搭配成一组，观察它们对试验指标的影响，这样共抽取了 kr 个观测数据。例 7-2 中，我们对不同广告媒体和不同广告方案对应的产品销售量进行随机抽取，共抽取到 20 个观测数据。

（二）分析步骤

无交互作用的双因素方差分析相当于两个单因素方差分析，分析的步骤大致上同单因素方差分析一致。

1. 第一步：提出假设

由于有两个影响因素，且两者之间无交互作用，所以要提出两个假设。

对行因素提出假设

H_0：$\mu_1=\mu_2=\cdots=\mu_i=\cdots=\mu_k$（行因素对因变量没有显著影响）。

H_1：μ_1、μ_2、…、μ_i、…、μ_k 不全相等（行因素对因变量有显著影响）。

对列因素提出假设

H_0：$\mu_1=\mu_2=\cdots=\mu_j=\cdots=\mu_r$（列因素对因变量没有显著影响）。

H_1：μ_1、μ_2、…、μ_j、…、μ_r 不全相等（列因素对因变量有显著影响）。

2. 第二步：构造检验统计量

1）计算行平均值和列平均值

记 $\bar{x}_{i\cdot}$ 为行因素的第 i 个水平下各观测值的平均值，称为行均值，计算公式为

$$\bar{x}_{i\cdot}=\frac{\sum_{j=1}^{r}x_{ij}}{r}\quad i=1,2,\cdots,k \tag{7-10}$$

记 $\bar{x}_{\cdot j}$ 为列因素的第 j 个水平下各观测值的平均值，称为列均值，计算公式为

$$\bar{x}_{\cdot j}=\frac{\sum_{i=1}^{k}x_{ij}}{k}\quad j=1,2,\cdots,r \tag{7-11}$$

2）计算全部观测值的总均值

记$\bar{\bar{x}}$为全部kr个观测值的总均值，计算公式为

$$\bar{\bar{x}}=\frac{\sum_{i=1}^{k}\sum_{j=1}^{r}x_{ij}}{kr}\quad i=1,2,\cdots,k\ ;\quad j=1,2,\cdots,r \tag{7-12}$$

3）计算离差平方和

为检验原假设H_0是否成立，需要分别检验行因素和列因素的统计量。构造方法同单因素一样，也需要用到总离差平方和的分解。

SST是全部样本观测值x_{ij}（$i=1,2,\cdots,k$；$j=1,2,\cdots,r$）与总均值$\bar{\bar{x}}$之间的离差平方和。计算公式为

$$\begin{aligned}\mathrm{SST}&=\sum_{i=1}^{k}\sum_{j=1}^{r}(x_{ij}-\bar{\bar{x}})^2\\&=\sum_{i=1}^{k}\sum_{j=1}^{r}(\bar{x}_{i\cdot}-\bar{\bar{x}})^2+\sum_{i=1}^{k}\sum_{j=1}^{r}(\bar{x}_{\cdot j}-\bar{\bar{x}})^2+\sum_{i=1}^{k}\sum_{j=1}^{r}(x_{ij}-\bar{x}_{i\cdot}-\bar{x}_{\cdot j}+\bar{\bar{x}})^2\end{aligned} \tag{7-13}$$

行因素产生的离差平方和（sum of squares for row，SSR）是行均值$\bar{x}_{i\cdot}$与总均值$\bar{\bar{x}}$之间的离差平方和。计算公式为

$$\mathrm{SSR}=\sum_{i=1}^{k}\sum_{j=1}^{r}(\bar{x}_{i\cdot}-\bar{\bar{x}})^2 \tag{7-14}$$

列因素产生的离差平方和（sum of squares for column，SSC）是列均值$\bar{x}_{\cdot j}$与总均值$\bar{\bar{x}}$之间的离差平方和。计算公式为

$$\mathrm{SSC}=\sum_{i=1}^{k}\sum_{j=1}^{r}(\bar{x}_{\cdot j}-\bar{\bar{x}})^2 \tag{7-15}$$

SSE是除行因素和列因素之外，由剩余因素影响产生的离差平方和。计算公式为

$$\mathrm{SSE}=\sum_{i=1}^{k}\sum_{j=1}^{r}(x_{ij}-\bar{x}_{i\cdot}-\bar{x}_{\cdot j}+\bar{\bar{x}})^2 \tag{7-16}$$

上述各平方和之间的关系式为

$$\mathrm{SST}=\mathrm{SSR}+\mathrm{SSC}+\mathrm{SSE} \tag{7-17}$$

4）计算统计量

四个平方和对应的自由度分别为：SST的自由度为$kr-1$；SSR的自由度为$k-1$；SSC的自由度为$r-1$；SSE的自由度为$(k-1)(r-1)$。

为构造检验统计量，需要计算各个平方和的均方。

行因素的均方，简记为MSR，计算公式为

$$\mathrm{MSR}=\frac{\mathrm{SSR}}{k-1} \tag{7-18}$$

列因素的均方，简记为MSC，计算公式为

$$\mathrm{MSC}=\frac{\mathrm{SSC}}{r-1} \tag{7-19}$$

随机离差项的均方，简记为MSE，计算公式为

$$\mathrm{MSE}=\frac{\mathrm{SSE}}{(k-1)(r-1)} \tag{7-20}$$

所以，行因素对因变量影响显著性检验的统计量为

$$F_R=\frac{\mathrm{MSR}}{\mathrm{MSE}}\sim F((k-1),(k-1)(r-1)) \tag{7-21}$$

列因素对因变量影响显著性检验的统计量为

$$F_C=\frac{\mathrm{MSC}}{\mathrm{MSE}}\sim F((r-1),(k-1)(r-1)) \tag{7-22}$$

3. 第三步：做出统计决策

若 $F_R>F_\alpha$，则拒绝原假设 H_0，表明行因素对因变量的影响是显著的；若 $F_R<F_\alpha$，则不拒绝原假设 H_0，表明行因素对因变量无显著影响。

若 $F_C>F_\alpha$，则拒绝原假设 H_0，表明列因素对因变量的影响是显著的；若 $F_C<F_\alpha$，则不拒绝原假设 H_0，表明列因素对因变量无显著影响。

以上内容列成方差分析表，见表 7-9。

表 7-9 无交互作用的双因素方差分析的分析表

离差来源	平方和	自由度	均方	F 值	P 值	F 临界值
行因素	SSR	$k-1$	MSR	$F_R=\frac{\mathrm{MSR}}{\mathrm{MSE}}$	—	—
列因素	SSC	$r-1$	MSC	$F_C=\frac{\mathrm{MSC}}{\mathrm{MSE}}$	—	—
随机离差	SSE	$(k-1)(r-1)$	MSE	—	—	—
总和	SST	$kr-1$	—	—	—	—

根据例 7-2 中的数据，分析广告媒体和广告方案对产品的销售量是否有显著影响（α=0.05）？

解：首先对两个因素分别提出假设。

广告媒体（行因素）

H_0：$\mu_1=\mu_2=\mu_3=\mu_4$（广告媒体对产品的销售量没有显著影响）。

H_1：μ_1、μ_2、μ_3、μ_4不全相等（广告媒体对产品的销售量有显著影响）。

广告方案（列因素）

H_0：$\mu_1=\mu_2=\mu_3=\mu_4=\mu_5$（广告方案对产品的销售量没有显著影响）。

H_1：μ_1、μ_2、μ_3、μ_4、μ_5不全相等（广告方案对产品的销售量有显著影响）。

利用 Excel 计算方差分析的结果，如表 7-10 所示。

表 7-10 无交互作用的双因素方差分析结果

离差来源	平方和	自由度	均方	F 值	P 值	F 临界值
广告媒体	18.18	3	6.06	9.18	0.0019	3.49
广告方案	19.07	4	4.77	7.23	0.0033	3.26

续表

离差来源	平方和	自由度	均方	F 值	P 值	F 临界值
离差	7.90	12	0.66	—	—	—
总计	45.15	19	—	—	—	—

根据表 7-10 的计算结果，我们得到如下结论。

由于 $F_R = 9.18 > F_\alpha = 3.49$，所以拒绝原假设 H_0，表明广告媒体对产品的销售量有显著影响。

由于 $F_C = 7.23 > F_\alpha = 3.26$，所以拒绝原假设 H_0，表明广告方案对产品的销售量有显著影响。

也可以使用 P 值进行决策，结论也是一样的。用于检验行因素的 P 值=0.0019$<\alpha=$0.05，所以拒绝原假设 H_0，广告媒体对产品的销售量有显著影响；用于检验列因素的 P 值=0.0033$<\alpha$=0.05，所以拒绝原假设 H_0，广告方案对产品的销售量有显著影响。

在例 7-2 中，由方差分析可知，广告媒体和广告方案均对产品的销售量产生了显著影响。这意味着行自变量（广告媒体）和列自变量（广告方案）均是因变量（产品销售量）变化的显著影响因素。不过，上述结论并未指出自变量与因变量的相关程度，即因变量的变动多大程度上是由自变量的变化引起的，对此，可借助多重判定系数 R^2 进行分析。

多重判定系数 R^2

二、有交互作用的双因素方差分析

如果除了两个因素对因变量的单独影响外，两个因素搭配在一起还会对因变量产生一种新的影响，就需要考虑交互作用对因变量的影响，这就是有交互作用的双因素方差分析。

【例 7-3】城市道路交通管理部门为研究不同路段和不同时段对行车时间的影响，让一名交通警察分别在三个路段的高峰期与非高峰期亲自驾车进行试验，通过试验共获得 30 个行车时间的数据，见表 7-11。试分析路段、时段以及路段和时段的交互作用对行车时间的影响（α=0.05）。

表 7-11　30 个行车时间数据表　　单位：分钟

项目		路段		
		路段 1	路段 2	路段 3
时段	高峰期	36.5	28.1	32.4
		34.1	29.9	33.0

续表

项目		路段		
		路段 1	路段 2	路段 3
时段	高峰期	37.2	32.2	36.2
		35.6	31.5	35.5
		38.0	30.1	35.1
	非高峰期	30.6	27.6	26.8
		27.9	24.3	28.0
		22.4	22.0	26.7
		28.8	25.4	29.3
		27.3	21.7	25.6

解 在本例中，行变量有 2（$k=2$）个水平，分别是高峰期和非高峰期；列变量有 3（$r=3$）个水平，分别是路段 1、路段 2 和路段 3。行变量中每一个水平的行数为m，在本例中$m=5$；观测值的总个数为n，在本例中$n=30$。

与无交互作用的双因素方差分析的步骤相同，这里不再赘述。只不过在提出假设时，需要分别对行因素、列因素和交互作用提出假设。有交互作用的双因素方差分析常用的符号有：x_{ijl} 为对应行因素的第i个水平和列因素的第j个水平的第l行的观测值；$\bar{x}_{i\cdot}$ 为行因素的第i个水平的样本均值；$\bar{x}_{\cdot j}$ 为列因素的第j个水平的样本均值；$\bar{x}_{ij}$ 为对应行因素的第i个水平和列因素的第j个水平的组合的样本均值；$\bar{\bar{x}}$ 为全部n个观测值的总均值。

各平方和的计算公式如下。

总平方和SST：

$$\mathrm{SST}=\sum_{i=1}^{k}\sum_{j=1}^{r}\sum_{l=1}^{m}(x_{ijl}-\bar{\bar{x}})^2 \tag{7-23}$$

行变量平方和SSR：

$$\mathrm{SSR}=rm\sum_{i=1}^{k}(\bar{x}_{i\cdot}-\bar{\bar{x}})^2 \tag{7-24}$$

列变量平方和SSC：

$$\mathrm{SSC}=km\sum_{j=1}^{r}(\bar{x}_{\cdot j}-\bar{\bar{x}})^2 \tag{7-25}$$

交互作用平方和SSRC：

$$\mathrm{SSRC}=m\sum_{i=1}^{k}\sum_{j=1}^{r}(\bar{x}_{ij}-\bar{x}_{i\cdot}-\bar{x}_{\cdot j}+\bar{\bar{x}})^2 \tag{7-26}$$

离差项平方和SSE：

$$\mathrm{SSE}=\mathrm{SST}-\mathrm{SSR}-\mathrm{SSC}-\mathrm{SSRC} \tag{7-27}$$

详细的检验过程请扫描如下二维码。

有交互作用的双因素方差分析的检验过程

根据例 7-3 中的数据，分析路段、时段以及路段和时段的交互作用对行车时间的影响（ α =0.05 ）。

利用 Excel 计算方差分析的结果，见表 7-12。

表 7-12 有交互作用的双因素方差分析结果

离差来源	平方和	自由度	均方	*F* 值	*P* 值	*F* 临界值
时段	410.70	1	410.70	98.98	5.43E−10	4.26
路段	115.23	2	57.62	13.89	9.95E−5	3.40
交互	9.46	2	4.73	1.14	0.336	3.40
内部	99.58	24	4.15	—	—	—
总计	634.97	29	—	—	—	—

由表 7-12 可知，用于检验行因素（时段）的 P 值=$5.43\times10^{-10}<\alpha=0.05$，所以拒绝原假设，表明不同时段的行车时间有显著差异，即时段对行车时间有显著影响；用于检验列因素（路段）的 P 值=$9.95\times10^{-5}<\alpha=0.05$，同样拒绝原假设，表明不同路段的行车时间有显著差异，即路段对行车时间有显著影响；用于检验交互作用（时段和路段）的 P 值=$0.3364>\alpha=0.05$，因此不拒绝原假设，表明时段和路段的交互作用对行车时间没有显著影响。

◎想一想

单因素方差分析与双因素方差分析的异同点有哪些？

案例解析

本章小结

（1）方差分析是检验多个总体均值是否相等的统计方法。

（2）方差分析通过对数据离差的分析来判断不同总体之间的均值是否相等，进而分析一个分类型自变量与一个数值型因变量之间是否有关系。

（3）数据的离差可分解为组间离差和组内离差两部分，可以分别用组间方差和组内方差来表示，将组间方差与组内方差进行比较，利用 F 分布来判断两者之间的关系是否显著。

（4）单因素方差分析是只涉及一个分类型自变量的方差分析，其分析步骤与假设检验类似。

（5）双因素方差分析是涉及两个分类型自变量的方差分析，可以分为无交互作用的双因素方差分析和有交互作用的双因素方差分析。

第八章

列　联　表

本章主要介绍如何利用列联表判断定性变量之间是否存在相关关系以及测量定性变量之间的相关程度。本章的具体要求：①准确理解列联表的概念和构造；②熟练掌握列联表的独立性检验和拟合优度检验的方法，并能运用于实际问题；③了解相关系数的测算。

➤案例引入

据记载，1912 年 4 月 15 日泰坦尼克号上有 1316 名乘客和 892 名船员共 2208 人。事故发生后幸存 718 人，约 2/3 的人在海难中丧生。2208 人中按性别划分男性 1738 人，女性 470 人；按年龄划分成人 2099 人，儿童 109 人；按所在舱位划分一等舱 325 人，二等舱 285 人，三等舱 706 人，船员舱 892 人。在幸存的 718 人中，按性别划分男性 374 人，女性 344 人；按年龄划分成人 661 人，儿童 57 人；按所在舱位划分一等舱 203 人，二等舱 118 人，三等舱 178 人，船员舱 219 人。以上数据都是分类数据。数据是枯燥的，但数据讲述的问题是鲜活的。死亡与性别、年龄、所在舱位是否有关可以使用列联表来反映。

资料来源：作者根据相关资料整理而得。

第一节　列联表概述

在许多实际问题中，要考察两种定性数据之间的关系。例如，在研究职工性别与职工离职申请之间的关系时，职工性别表示为男、女，职工离职申请表示为提出申请和没提出申请；研究原料的质量与产地之间的关系时，原料质量可以分为一级品、二级品、三级品等，原料的产地可以分为甲地区、乙地区等。定量数据也可以通过定性数据表示。例如，收入是一个定量数据，可以按照一定的标准把不同收入的被调查者分为高收入者、较高收入者、中等收入者以及低收入者等。上述问题的研究通常采用列联表。

一、列联表的概念

列联表（contingency table）是对两个或两个以上的变量进行交叉分类的频数分布表，由于表内的每一个频数都需要同时满足所有变量的要求，所以列联表又称条件频数表。列联表中每个变量都可以有两个或两个以上的类别，用 r 表示横向变量即行（row），r_i 表示第 i 个类别；用 c 表示纵向变量即列（column），c_j 表示第 j 个类别；每种组合的观察频数可以表示为 f_{ij}，那么每一个具体的列联表就可以表示成 $r\times c$ 列联表，见表 8-1。

表 8-1　列联表的一般表示形式

行 r	列 c				行和
	1	2	…	c	
1	f_{11}	f_{12}	…	f_{1c}	$n_{1\cdot}$
2	f_{21}	f_{22}	…	f_{2c}	$n_{2\cdot}$
⋮	⋮	⋮		⋮	⋮
r	f_{r1}	f_{r2}	…	f_{rc}	$n_{r\cdot}$
列和	$n_{\cdot 1}$	$n_{\cdot 2}$	…	$n_{\cdot c}$	n

只有两行两列的列联表称为 2×2 列联表，是最简单的列联表。例如，某调查机构要考察选民受教育程度与投票行为之间的关系，现调查了 357 名选民，调查结果见表 8-2。

表 8-2　关于投票行为的调查结果　　单位：人

投票行为	受教育程度		合计
	大学以上（含大学）	大学以下	
投票	160	129	289
弃权	7	61	68
合计	167	190	357

表 8-2 中的行变量是投票行为，可以划分为投票和弃权两类；列变量是受教育程度，可以划分为大学以上（含大学）和大学以下两类。

二、列联表的构造

列联表中的频数既可以表示为条件频数，也可以表示为相对频数。

（一）条件频数

表 8-2 就是一个条件频数的分布，表中有两个变量，即受教育程度和投票行为，表的中间部分为各类的频数，其中每一个频数都同时满足上述两个条件。例如，“7”表示大学以上（含大学）受教育程度且弃权的有 7 人，这就是条件频数，列联表中的观测值分布称为条件分布。表 8-2 的最右边列和最下边行的频数分别表示列联表中横行和纵列的频数之和，称为边缘频数。如最右边列显示投票的共有 289 人，弃权的共有 68 人，这是行边缘频数；最下边行显示所有接受调查的人中受教育程度是大学以上（含大学）的为 167 人，大学以下的为 190 人，这是列边缘频数。条件频数反映了数据的分布，但是不适合进行对比。

（二）相对频数

为了能在相同基数上进行比较，使列联表中的数据提供更多的信息，可以计算相应的百分比，即相对频数。表 8-3 就是一个相对频数的列联表。

表 8-3 2×2 相对频数列联表

投票行为	受教育程度		合计
	大学以上（含大学）	大学以下	
投票/人	160	129	289
行百分比/%	55.36	44.64	80.95
列百分比/%	95.80	67.89	
总百分比%	44.82	36.13	
弃权/人	7	61	68
行百分比/%	10.29	89.71	19.05
列百分比/%	4.19	32.11	
总百分比%	1.96	17.09	
合计/人	167	190	357
行百分比/%	46.78	53.22	100

表 8-3 中主栏的每个单元中有四个数据，分别为：条件频数、行百分比、列百分比、总百分比。如第一个单元［受教育程度为大学以上（含大学），投票行为为投票］中，160 为条件频数；55.36%为行百分比，即 160/289=55.36%；95.80%为列百分比，即 160/167=95.80%。行百分比和列百分比统称为条件频率。44.82%为总百分比，即 160/357=44.82%，称为联合频率。在最右边和最下边的合计栏中各有两行数据，第一行是边缘频数，第二行是边缘频数的百分比，称为边际频率。如最右边的 80.95%，最下边的 46.78%。

相对频数的列联表能够更清晰地表达变量之间的关系，其一般形式见表 8-4。

表 8-4 列联表相对频数分布的一般形式

行 r	列 c				行和
	1	2	…	c	
1	p_{11}	p_{12}	…	p_{1c}	$p_{1\cdot}$
2	p_{21}	p_{22}	…	p_{2c}	$p_{2\cdot}$
⋮	⋮	⋮		⋮	⋮
r	p_{r1}	p_{r2}	…	p_{rc}	$p_{r\cdot}$
列和	$p_{\cdot 1}$	$p_{\cdot 2}$	…	$p_{\cdot c}$	1

第二节 列联表的检验

列联表中表达的所有关系都需要进行检验，检验方法包括独立性检验和拟合优度检验。

一、独立性检验

列联表是定性变量的频数交叉分类形成的，判断变量之间是否相互关联，称为独立性检验（test of independence），应使用 χ^2 检验。χ^2 检验是一种用途很广的计数资料的假设检验方法，属于非参数检验的范畴，主要是比较两个及两个以上样本的两个分类变量的关联性分析。其根本思想就是在于比较理论频数和实际频数的吻合程度或拟合优度问题。

卡方分布

令 f_{ij} 表示条件频数，$f_{e_{ij}}$ 表示期望频数，χ^2 统计量的计算公式为

$$\chi^2=\sum_{j=1}^{c}\sum_{i=1}^{r}\frac{\left(f_{ij}-f_{e_{ij}}\right)^2}{f_{e_{ij}}} \tag{8-1}$$

这里的关键问题是如何计算期望频数和 χ^2 分布的自由度。

卡方值的计算与意义

（一）期望频数的计算

在列联表中，如果两个变量是独立的，那么表格中任意特定单元的概率是相应的边缘概率的乘积。在独立性假定下，根据表 8-4，有 $p_{11}=p_{1}.p_{\cdot 1}$，$p_{12}=p_{1}.p_{\cdot 2}$，以此类推 $p_{ij}=p_{i}.p_{\cdot j}=\frac{n_{i\cdot}}{n}\times\frac{n_{\cdot j}}{n}$，期望频数为 $f_{e_{ij}}=np_{ij}$，经过计算可以得到

$$f_{e_{ij}}=\frac{n_{i}.n_{\cdot j}}{n} \tag{8-2}$$

式中，$n_{i}.$ 为第 i 行条件频数之和；$n_{\cdot j}$ 为第 j 列条件频数之和。

（二）自由度的确定

运用 χ^2 统计量进行独立性检验时，χ^2 统计量的自由度的计算公式为

$$df=(r-1)(c-1) \quad (8\text{-}3)$$

式中，r 为行数；c 为列数。

下面举例说明自由度的计算，假如有一个 4×4 的列联表，见表 8-5。

表 8-5 自由度计算说明表

项目	c_1	c_2	c_3	c_4	合计
r_1	√	√	√	*	$n_{1\cdot}$
r_2	√	√	√	*	$n_{2\cdot}$
r_3	√	√	√	*	$n_{3\cdot}$
r_4	*	*	*	0	$n_{4\cdot}$
合计	$n_{\cdot1}$	$n_{\cdot2}$	$n_{\cdot3}$	$n_{\cdot4}$	n

表 8-5 中，在行合计 $n_{1\cdot}$ 已经确定的情况下，该行可以自由取值的数据只有 3 个（这里假定取前 3 个），用√表示，最后一个无法自由取值，用*表示，以此类推。表 8-5 中的(r_4,c_1)不能自由取值，因为在列合计 $n_{\cdot1}$ 已经确定的情况下，第一列的前三个数据已经自由取值，同理，该行中的第二个和第三个数据也不能自由取值，因此这一行的前三个数据均为*；需要注意的是该行的第四个数据，其前三行和前三列的数据都无法自由取值（意味着该取值已经确定），在行、列合计确定的情况下，这个值也无法自由取值，通常用 0 表示，因此该列联表中自由度的个数为 9。即

$$df=(r-1)(c-1)=(4-1)\times(4-1)=9$$

（三）独立性检验的步骤

第一步，提出假设。

H_0：行变量和列变量之间是独立的（不存在相关关系）。

H_1：行变量和列变量之间不独立（存在相关关系）。

第二步，计算检验统计量。

第三步，做出决策。

根据显著性水平 α 和自由度 $(r-1)(c-1)$ 得到相应的临界值 χ_α^2。若 $\chi^2>\chi_\alpha^2$，拒绝 H_0，证明两个变量之间存在相关关系；若 $\chi^2<\chi_\alpha^2$，不拒绝 H_0，没有证据表明两个变量之间存在相关关系。

【例 8-1】某超市引进了一批水果，该批水果来自三个不同的地区，将水果质量分成三个不同的等级。从这批水果中随机抽取 500 件进行检验，结果见表 8-6。试检验地区与水果质量之间是否存在相关关系（$\alpha=0.05$）。

表 8-6 水果的抽样结果 单位：件

地区	一级	二级	三级	合计
甲	52	64	24	140
乙	60	59	52	171
丙	50	65	74	189
合计	162	188	150	500

解 第一步，提出假设。

H_0：地区和水果等级之间是独立的（不存在相关关系）。

H_1：地区和水果等级之间不独立（存在相关关系）。

第二步，列表计算检验统计量 χ^2 的值，计算过程见表 8-7。

表 8-7 期望频数的计算过程

行	列	f_{ij}	$f_{e_{ij}}$	$f_{ij}-f_{e_{ij}}$	$\left(f_{ij}-f_{e_{ij}}\right)^2$	$\left(f_{ij}-f_{e_{ij}}\right)^2/f_{e_{ij}}$
1	1	52	45.36	6.64	44.08	0.97
1	2	64	52.64	11.36	128.05	2.45
1	3	24	42.00	−18.00	324.00	7.71
2	1	60	55.40	4.60	21.16	0.38
2	2	59	64.30	−5.3	28.08	0.44
2	3	52	51.30	0.7	0.48	0.01
3	1	50	61.24	−11.24	126.34	2.06
3	2	65	71.06	−6.06	36.72	0.52
3	3	74	56.70	17.30	299.29	5.28

$$\chi^2=\sum_{j=1}^{3}\sum_{i=1}^{3}\frac{\left(f_{ij}-f_{e_{ij}}\right)^2}{f_{e_{ij}}}=19.82$$

第三步，做出决策。

根据显著性水平 $\alpha=0.05$ 和 χ^2的自由度$(r-1)(c-1)=4$，查 χ^2 分布表，得到相应的临界值 $\chi^2_{0.05}(4)=9.488$。由于 $\chi^2>\chi^2_{0.05}(4)$，故拒绝 H_0，即地区和水果等级之间存在相关关系，表明水果的质量受地区的影响。

在检验过程中，每一个单元中的期望频数不能过小。因为若单元期望频数过小，计算 χ^2 统计量的值时会出现较大的波动，检验统计量值的分布不服从 χ^2 分布，不能使用 χ^2 检验。一般来说，如果列联表中只有两个单元，则这两个单元的期望频数都应大于 5；如果单元数多于两个，则期望频数小于 5 的单元数不能超过总单元数的 20%。

◎想一想

（1）列联分析和方差分析的区别。

（2）为提高竞争力以争取更多的客户，一家网站对在其网站购物的来自不同地区的客户进行了满意度调查。你认为满意度与地区有关系吗？

二、拟合优度检验

拟合优度检验（goodness of fit test）是关于给定模型或分布与观测数据拟合程度的检验。在列联表中该检验包括多个比例是否相等和单个比例是否发生变化两种情况。

◎知识窗

英国的统计学家皮尔逊在 1900 年发表了一篇文章提出了拟合优度检验，就是 χ^2 拟合优度检验，主要用于在总体分布未知的情况下，根据来自总体的样本检验关于总体分布的假设。

资料来源：作者根据相关资料整理而得。

（一）多个比例是否相等的检验

【例 8-2】一所中学的领导欲推行一项新的教学方法，在其所在的中学的四个年级进行了抽样调查，共抽取了 400 名学生调查其是否赞成新的教学方法，调查结果见表 8-8，以 $\alpha = 0.1$ 的显著性水平检验四个年级学生对新教学方法的看法是否存在差异。

表 8-8 关于新教学方法的调查结果 单位：人

投票态度	一年级	二年级	三年级	四年级	合计
赞成	60	67	55	70	252
反对	40	23	45	40	148
合计	100	90	100	110	400

解 第一步，提出假设。

如果不存在差异，四个年级赞成使用新的教学方法的比例应当是一致的，都是 63%，即 252/400=63%。

H_0：$\pi_1 = \pi_2 = \pi_3 = \pi_4 = 0.63$ 赞成比例一致

H_1：π_1、π_2、π_3、π_4 不全相等 赞成比例不一致

第二步，计算检验统计量 χ^2 的值。

表 8-9 期望值计算过程表

f_{ij}	$f_{e_{ij}}$	$f_{ij} - f_{e_{ij}}$	$\left(f_{ij} - f_{e_{ij}}\right)^2$	$\left(f_{ij} - f_{e_{ij}}\right)^2 / f_{e_{ij}}$
60	63	−3	9	0.14
67	57	10	100	1.75
55	63	−8	64	1.02
70	69	1	1	0.01
40	37	3	9	0.24
23	33	−10	100	3.03
45	37	8	64	1.73
40	41	−1	1	0.02

其中，期望值 $63 = 100 \times 63\%$，$57 = 90 \times 63\%$，$37 = 100 \times 37\%$，以此类推。

$$\chi^2 = \sum_{j=1}^{2}\sum_{i=1}^{2} \frac{\left(f_{ij} - f_{e_{ij}}\right)^2}{f_{e_{ij}}} = 7.96$$

第三步，做出决策。

根据显著性水平 $\alpha = 0.1$ 和 χ^2 的自由度 $(r-1)(c-1) = 3$，查 χ^2 分布表，得到相应的临界值 $\chi^2_{0.1}(3) = 6.251$。由于 $\chi^2 > \chi^2_{0.1}(3)$，故拒绝 H_0，即认为不同年级赞成使用新教学方法的比例不一致。

（二）单个比例是否发生变化的检验

【例 8-3】在过去的一年中，*A*公司的市场份额稳定于 30%，*B*公司为 50%，*C*公司为 20%。*C*公司最近开发了一种新型改进的产品，该产品已经取代了其当前占有市场的产品。某调查公司受雇于*C*公司，判断新产品是否使市场份额发生了改变。调查公司抽取了 200 名顾客，向每个人询问了他们对于*A*公司、*B*公司、*C*公司产品的购买偏好。其中 48 人表示准备购买*A*公司产品，98 人表示准备购买*B*公司产品，另外 54 人表示准备购买*C*公司产品。以 $\alpha=0.05$ 的显著性水平检验*C*公司新产品是否使市场份额发生了改变。

解 第一步，提出假设。

$$\mathrm{H}_0: \pi_1=0.3，\ \pi_2=0.5，\ \pi_3=0.2$$

$$\mathrm{H}_1:\text{原假设的等式中至少有一个不成立}$$

第二步，计算检验统计量的值。

首先计算期望值，计算公式为

$$f_{e_i}=n\times\pi_i \tag{8-4}$$

由计算公式得 $f_{e_1}=60$、$f_{e_2}=100$、$f_{e_3}=40$。

$$\chi^2=\sum_{j=1}^{2}\sum_{i=1}^{3}\frac{\left(f_{ij}-f_{e_{ij}}\right)^2}{f_{e_{ij}}}=7.34$$

第三步，做出决策。

当 $\alpha=0.05$ 和 χ^2的自由度$(r-1)(c-1)=(2-1)\times(3-1)=2$时，查 χ^2 分布表，得到相应的临界值 $\chi^2_{0.05}(2)=5.991$，由于 $\chi^2>\chi^2_{0.05}(2)$，故拒绝 H_0，可以认为*C*公司的新产品使市场份额发生了改变。

◎想一想

拟合优度检验和独立性检验各自的用途。

第三节 列联表中的相关程度测量

通过独立性检验，变量之间存在相关关系，需要计算相关系数。本书相关与回归分析中介绍的简单相关系数适用于测度数值型变量之间线性相关的程度，等级相关系数是反映等级相关程度的统计分析指标，而列联表中相关系数的计算方法主要有以下三种。

等级相关系数

一、φ 相关系数

φ 相关系数（φ correlation coefficient）是测量 2×2 列联表数据相关程度最常用的一种相关系数。计算公式为

$$\varphi=\sqrt{\chi^2/n} \tag{8-5}$$

φ 系数的取值范围是 0~1，且 φ 值越大，变量之间的相关程度越高。

但是，当列联表 $r\times c$ 中的行数 r 或列数 c 大于 2 时，φ 系数将随着 r 或 c 的取值的增大而增大，且 φ 值没有上限。这时用 φ 系数测定两个变量的相关程度就不够清晰，可以用 c 相关系数。

二、c 相关系数

c 相关系数又称列联系数（coefficient of contingency），主要用于大于 2×2 列联表的情况。计算公式为

$$c=\sqrt{\frac{\chi^2}{\chi^2+n}} \tag{8-6}$$

当列联表中的变量相互独立时，c =0。c 系数的特点是，其可能的最大值依赖于列联表的行数和列数，且随着 r 和 c 的增大而增大。因此，根据不同的行和列计算的列联系数不便于比较，这是列联系数的局限。

三、V 相关系数

鉴于 φ 系数无上限，c 系数小于 1 的情况，克莱默（Gramer）提出了 V 相关系数。V 相关系数的计算公式为

$$V=\sqrt{\frac{\chi^2}{n\times\min[(r-1),(c-1)]}} \tag{8-7}$$

它的计算也是以 χ^2 值为基础。式（8-7）中的 $\min\left[(r-1),(c-1)\right]$ 表示取 $(r-1)$ 和 $(c-1)$ 中较小的一个。当两个变量相互独立时，V =0；当两个变量完全相关时，V =1。所以 V 值的取值在 0~1。如果列联表中有一个变量分类为 2，即 $\min\left[(r-1),(c-1)\right]=1$，则 V 值就等于 φ 值。

对例 8-1 中水果的等级和产地之间的关系进行独立性检验，结果表明二者存在相关关系。相关程度有多高，需要计算 V 相关系数来进行数量化描述。

根据表 8-6 得到 $\chi^2=19.82$，$n=500$，$\min\left[(r-1),(c-1)\right]=3-1=2$。

$$V=\sqrt{\frac{\chi^2}{n\times\min[(r-1),(c-1)]}}=\sqrt{\frac{19.82}{500\times2}}=0.141$$

可见虽然检验表明水果的质量和产地存在一定的关系，但这种关系的密切程度并不太高，这意味着除了产地外，还有其他因素对水果质量有着更重要的影响。

除了对列联表中的数据进行相关程度测量外还可以进行对应分析。对应分析

（correspondence analysis）也称关联分析，是近年新发展起来的一种多元相依变量统计分析技术，它通过分析由定性变量构成的交互汇总表揭示变量间的联系。

对应分析法

◎**想一想**

φ 系数、c 系数、V 系数各自的特点。

本章小结

（1）列联表是分析定性变量之间的依存关系的一种分析方法。列联表是对两个及以上的变量进行交叉分类的频数分布表，有条件频数分布和相对频数分布。

（2）独立性检验检验的是列联表中的变量之间是否存在关联性。

（3）拟合优度检验包括多个比例是否相等和单个比例是否发生变化两种情况。

（4）通过了独立性检验的定性变量之间可以计算三种相关系数，它们的计算公式以及适用条件不同。

第九章

相关与回归分析

相关与回归分析是处理变量之间的统计关系的一种方法。本章的具体要求：①掌握散点图的绘制，相关系数的计算、应用及其显著性检验；②掌握一元线性回归分析的原理及应用，包括一元线性回归模型和参数的最小二乘估计、回归方程的评价与显著性检验、利用回归方程进行预测；③了解多元线性回归分析方法；④了解非线性回归分析方法。

➤案例引入：预测奶茶的销售量

一家全国性奶茶连锁店的市场经理正在考虑要不要在全国范围内引入一种高能量的奶茶。这种饮品近几年的销售量呈现迅速上升的态势，有很大的市场潜力。为制定有效的营销策略，需要判定影响奶茶销售量的主要因素、作用方向和作用程度等。

为了研究这些问题，需要收集 34 家连锁超市新的奶茶的销售量、价格、促销费用等相关数据。面对大量数据，怎样判断这些数据之间是否真的有内在的联系？如何分析它们的相互联系的形态和程度呢？奶茶销售量与价格、促销费用的数量规律是什么？应当怎样通过这些因素的变动来分析预测该奶茶的销售量呢？又应该如何应用回归模型使该饮品在全国的推广更为成功？

显然，我们需要寻求分析各种数据之间的关系的统计方法，以便用数据对诸如奶茶销售量与其影响因素的数量关系这类问题给出具体的答案。在这一章中，我们将讨论如何运用相关分析与回归分析的方法解决这种类型的问题。

资料来源：莱文等（2010）。

事实上，在很多问题的研究中，都需要分析变量之间的关系的统计方法。相关与回归分析是研究变量之间的不确定性统计关系的重要方法。相关分析主要是判断两个或两个以上变量之间是否存在相关关系，并分析变量间相关关系的形态和程度。回归分析主要是对存在相关关系的现象间的数量变化规律进行测定，通过其他变量来预测某一变量的值。这是一种最为常用的统计分析方法。

第一节　变量间关系的度量

一、变量间的关系

对于现实世界，我们经常需要对变量间的关系进行分析。例如，研究农作物产量与化肥施用量之间的关系；分析广告费支出与产品销售量之间的关系；了解影响顾客满意程度的因素，以及这些因素是如何起作用的；还有研究学生的学习成绩与学习时间之间是否存在关联，是否学习时间越长，成绩就越好。

变量之间的关系形态，依其相互关系的密切程度，可以概括为函数关系和相关关系。

函数关系是指变量之间存在的一种完全确定的数量关系。在这一关系中，对于某变量的每一个取值，另一个变量都会有唯一确定的数值与之相对应，可用一个数学表达公式表示，如圆的面积与其半径之间的关系。

但在现实问题中，变量之间的关系往往不会那么简单。例如，家庭的消费支出与其可支配收入之间不存在完全确定的关系。收入相同的家庭，消费支出的数量却不相同。这是因为家庭的消费支出除了受收入影响之外，还会受到其他因素的影响，如物价水平的高低、消费偏好等。影响消费支出的因素非常多，因而消费支出和可支配收入这两个变量之间的关系具有不确定性。但一般来说，家庭的收入增加，消费支出也随之增加。变量之间这种不确定的数量关系称为相关关系（correlation）。

在相关关系中，一个变量的取值虽然受另一个变量取值的影响，但并不完全由另一变量的取值所决定，即当给定某一个变量一个值时，另一个变量不是只有一个确定值与之相对应，而是有若干个随机值与之相对应，其数值表现出一定的波动性。

◎想一想

下列变量之间是否具有相关关系，并从中选出一个你认为相关关系显著的例子。

（1）公司科研投入额与利润额之间的关系。

（2）不同省份流动人口数量与犯罪率之间的关系。

（3）航空公司航班正点率与乘客投诉次数的关系。

（4）人们的体重与摄入食品的种类的关系。

（5）汽车的重量与汽车发动机型号的关系。

（6）写字楼出租率与每平方米月租金之间的关系。

（7）货物运送距离与运输时间的关系。

二、相关关系的描述与测度

相关分析是对变量之间相关关系的描述与度量，要解决的主要问题是：①变量之间是否存在关系？②如果存在关系，它们之间是什么样的关系？③它们之间关系的密切程度如何？④样本所反映的变量之间的关系能否代表总体变量之间的关系？

（一）散点图

散点图（scatter diagram）是描述变量之间关系的一种直观方法。对于两个变量 x 和 y，用坐标的横轴代表变量 x，用纵轴代表变量 y，则每组数据(x_i, y_i)在坐标系中都可表示为一个点，n 组数据在坐标系中形成的 n 个点称为散点，由坐标及其散点构成的二维数据图称为散点图。从散点图中可以大体看出变量之间关系的形态及关系强度。四种常见的散点图见图 9-1。

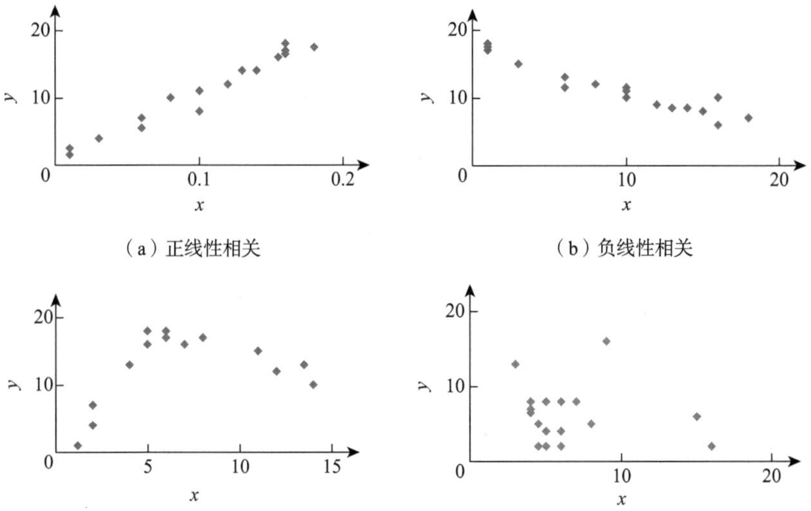

（a）正线性相关　（b）负线性相关

（c）非线性相关　（d）不相关

图 9-1　不同形态的散点图

从相关的形式来看，相关关系可分为线性相关和非线性相关。当一个变量变动时，另一个变量随之发生大致均匀的变动，在散点图上，其观测值的分布近似地表现为一条直线，这种相关关系称为线性相关，见图 9-1（a）和图 9-1（b）。当一个变量变动时，另一个变量也随之发生变动，但这种变动是不均匀的，在散点图上，其观测值的分布表现为曲线的形式，这种相关关系称为非线性相关，见图 9-1（c）。

从相关的方向来看，相关关系有正相关和负相关，若两个变量的变动方向相同，如图 9-1（a）所示，当 x 增加时，y 大体也增加，称为正相关；图 9-1（b）中的两个变量，当 x 增加时，y 呈现出递减趋势，称为负相关。

从相关的程度来看，相关关系可分为完全相关、不完全相关和不相关。图 9-1（a）和图 9-1（b）显示的是不完全相关，而在图 9-1（d）中，看不出 x 和 y 有任何相关关系，这些点完全是杂乱无章的，称为不相关。

【例 9-1】某调查公司的一项消费研究要预测人们使用某电商平台购物消费的情况，对该电商平台消费者的特点进行研究，并分析消费者在该电商平台购物时消费金额的主要影响因素。从由 25 名在该电商平台购物的消费者组成的样本中，采集了有关年收入、家庭成员人数和年购物金额的数据，见表 9-1。

表 9-1 25 名消费者的年收入、家庭成员人数和年购物金额的数据

年购物金额/元	年收入/万元	家庭成员人数/人
8 500	10.34	4
4 920	6.50	2
5 600	7.72	3
9 480	11.50	5
5 728	7.60	2
10 140	12.00	4
5 600	8.00	2
6 290	8.40	2
15 120	13.85	5
9 620	11.72	4
4 416	5.25	3
8 438	10.08	4
4 850	5.68	2
5 000	6.96	2
8 500	13.65	3
9 950	13.23	4
8 890	9.82	4
4 896	4.42	1
5 990	8.28	2
6 442	7.80	4
11 350	13.02	5
3 966	4.50	2
10 600	12.00	3
8 640	9.00	3
8 050	9.60	4

通过表 9-1 的数据来考察消费者的年购物金额与年收入、年购物金额与家庭成员人数之间的相关关系。

解 消费者的年购物金额与年收入、家庭成员人数之间的散点图如图 9-2、图 9-3 所示。

在图 9-2 所示的散点图中，高的年收入值对应的年购物金额也高，图中的点可以近似连成一条直线。这表明年购物金额与年收入具有较强的线性相关关系。

图 9-3 的散点图显示年购物金额与家庭成员人数之间具有一定的线性关系，但不如与年收入的关系密切。

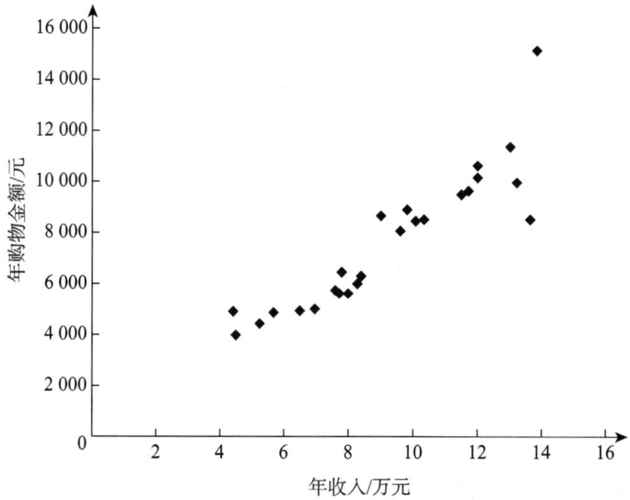

图 9-2　年购物金额与年收入的散点图

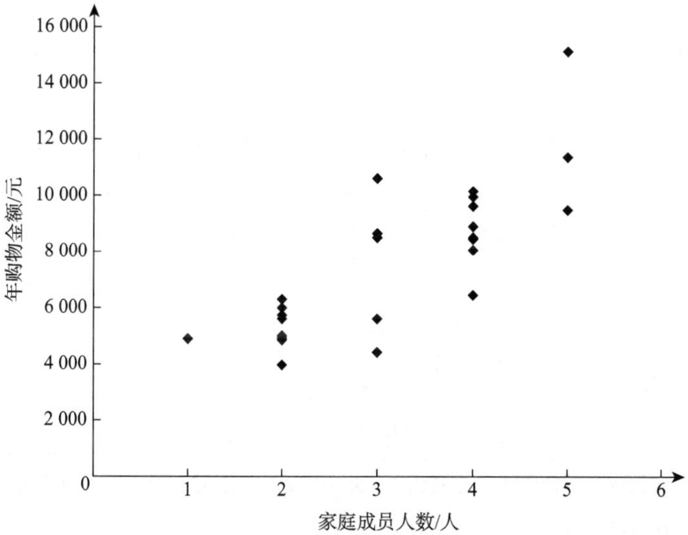

图 9-3　年购物金额与家庭成员人数的散点图

用散点图只能表明两个变量之间是否具有相关关系及其相关的方向，但无法确切地表明两个变量之间相关关系的密切程度，因此，还需要较为准确、客观地测度这种关系，即需要计算相关系数（correlation coefficient）。

（二）相关系数

若相关系数是根据总体的全部数据计算的，则称为总体相关系数，记为 ρ；若是根据样本数据计算的，则称为样本相关系数，通常用 r 表示，其计算公式为

$$r = \frac{s_{xy}^2}{s_x s_y} = \frac{\sum(x-\bar{x})(y-\bar{y})}{\sqrt{\sum(x-\bar{x})^2}\sqrt{\sum(y-\bar{y})^2}} \tag{9-1}$$

为了计算方便，可以推导出计算相关系数的简化式：

$$r = \frac{n\sum xy - \sum x \sum y}{\sqrt{n\sum x^2 - \left(\sum x\right)^2}\sqrt{n\sum y^2 - \left(\sum y\right)^2}} \tag{9-2}$$

相关系数的取值范围在−1 和 1 之间，具体数值的含义解释如下。

（1）$r>0$，表明两变量为正相关。

（2）$r<0$，表明两变量为负相关。

（3）$|r|=1$，表明 x 与 y 两变量完全线性相关，即 x 与 y 之间存在函数关系。

（4）$r=0$，表明 x 与 y 之间不存在线性相关关系，但并不能说明变量之间没有其他关系，如它们之间可能存在非线性相关关系。

（5）$0<|r|<1$，表明 x 与 y 之间存在着一定程度的线性相关关系。$|r|$的数值越大，即越接近 1，表明 x 与 y 的线性相关程度越高；反之，$|r|$的数值越小，即越接近 0，则表明 x 与 y 的线性相关程度越低。

【例 9-2】根据表 9-1 中的数据，分别计算年购物金额与年收入、家庭成员人数之间的相关系数。

解 根据表 9-1 中的数据计算年购物金额与年收入的相关系数如下：

$$\sum x = 230.92,\quad \sum y = 190\,976,\quad \sum xy = 1\,932\,029$$

$$\sum x^2 = 2330.041,\quad \sum y^2 = 1\,632\,621\,320$$

将其代入式（9-2），可得

$$\begin{aligned} r &= \frac{n\sum xy - \sum x \sum y}{\sqrt{n\sum x^2 - \left(\sum x\right)^2}\sqrt{n\sum y^2 - \left(\sum y\right)^2}} \\ &= \frac{25\times 1\,932\,029 - 230.92\times 190\,976}{\sqrt{25\times 2330.041 - (230.92)^2}\times\sqrt{25\times 1\,632\,621\,320 - (190\,976)^2}} \\ &= 0.907\,998 \end{aligned}$$

年购物金额与年收入、家庭成员人数之间的相关系数见表 9-2。

表 9-2 年购物金额与年收入、家庭成员人数之间的相关系数

项目	年购物金额/元	年收入/万元	家庭成员人数/人
年购物金额/元	1		
年收入/万元	0.907 998 075	1	
家庭成员人数/人	0.802 511 49	0.758 410 31	1

从表 9-2 可以看出，年购物金额与年收入的相关程度更高。

三、相关系数的显著性检验

一般地，总体相关系数 ρ 是未知的，通常是计算样本相关系数 r 作为 ρ 的近似估计值。但 r 是根据样本数据计算得到的，由于抽样的随机性，样本相关系数 r 也具有随机性，即抽取的样本不同，r 的数值就可能不同。这就要求对 r 进行显著性检验，r 的显著性检验通常采用费希尔提出的 t 检验，该检验的基本步骤如下。

第一步，提出假设。

$$\mathrm{H}_0:\rho=0\text{；}\quad \mathrm{H}_1:\rho\neq 0$$

第二步，计算检验统计量 t 值。

计算 t 值的公式为

$$t=r\sqrt{\frac{n-2}{1-r^2}}\sim t(n-2) \tag{9-3}$$

第三步，做出判断。

根据给定的显著性水平 α 和自由度 $\mathrm{df}=n-2$，可查出 t 检验的临界值 $t_{\alpha/2}(n-2)$。如果 t 的绝对值大于临界值的绝对值，就拒绝原假设，表明总体的两个变量之间存在显著的线性关系。

◎想一想

为什么要对相关系数进行显著性检验?

【例 9-3】根据表 9-2 中计算出的相关系数，检验年购物金额与年收入之间的相关系数是否显著（$\alpha=0.05$）?

解　第一步，提出假设。

$$\mathrm{H}_0:\rho=0\text{；}\quad \mathrm{H}_1:\rho\neq 0$$

第二步，计算检验统计量 t 值。

$$t=r\sqrt{\frac{n-2}{1-r^2}}=0.907\,998\sqrt{\frac{25-2}{1-0.907\,998^2}}=10.3935$$

第三步，做出判断。

根据给定的显著性水平 $\alpha=0.05$ 和自由度 $\mathrm{df}=n-2=25-2=23$，查 t 分布表可知：$t_{\alpha/2}(23)=2.0687$。由于 t 的绝对值大于临界值的绝对值，所以拒绝原假设，表明年购物金额与年收入之间存在显著的正线性相关关系。

第二节　一元线性回归分析

相关分析给出了变量之间相互关系强度的测度。回归分析通过建立一定的数学表达式（回归方程），进一步地研究变量之间的数量变动关系，具体地确定一个或几个变量（自变量）的变动对另一个特定变量（因变量）的影响程度。回归分析的目的在于，描述变量之间具体的数量依存关系，以及在给定自变量某一数值的条件下，通过回归方程进行预测。

只有一个因变量和一个自变量的线性回归分析，称为一元线性回归分析或简单线性回归分析。包括两个或两个以上自变量的回归分析称为多元回归分析。

回归分析的主要步骤如下。

（1）从一组样本数据出发，建立变量之间的数学关系式，即回归方程。

（2）对回归方程进行统计检验。

（3）根据自变量的取值来预测因变量的取值。

◎知识窗

弗朗西斯·高尔顿（Francis Galton，1822~1911 年，生物学家达尔文的表弟）（图 9-4），英国科学家和探险家。他的学术研究兴趣广泛，包括人类学、地理、数学、力学、气象学、心理学、统计学等，并做出了卓越的贡献。“回归”是高尔顿在研究人类遗传问题时提出来的。为了研究父代与子代身高的关系，高尔顿收集了 1078 对父子的身高数据。他发现这些数据的散点图大致呈直线状态，也就是说，总的趋势是父亲的身高增加时，儿子的身高也倾向于增加。但是，高尔顿对收集到的数据进行了深入的分析，发现了一个很有趣的现象——回归效应。当父亲高于平均身高时，他的儿子的身高比他更高的概率要小于比他更矮的概率；当父亲低于平均身高时，他的儿子的身高比他更矮的概率要小于比他更高的概率。它反映了一个规律，即这两种身高的父亲的儿子的身高，有向他们父辈的平均身高回归的趋势。这是一种奇妙的约束力，使人类身高的分布相对稳定而不产生两极分化，即回归效应。

图 9-4　高尔顿

高尔顿所提出的“向平均数回归”这一说法，是近代回归分析的起源。尽管现在统计书中的回归的已经远远超出了当初高尔顿所提出的回归的概念，但高尔顿对回归的建立确实功不可没。

资料来源：https://wenku.baidu.com/view/c9890a4eac1ffc4ffe4733687e21af45b3 07fe87.html[2022-03-24]。

一、一元线性回归模型

（一）回归模型

进行回归分析时通常要设定一定的数学模型。在回归分析中，被解释的变量称为因变量（dependent variable），用 y 表示；用来解释因变量的一个或多个变量，称为自变量（independent variable），用 x 表示。最简单的模型就是一元线性回归模型。这里假定自变量 x 是非随机的，而因变量 y 是随机的。

一元线性回归模型假定因变量 y 主要受一个自变量 x 的影响，它们之间存在着近似的线性函数关系，即有

$$y_i = \beta_0 + \beta_1 x_i + \varepsilon_i \tag{9-4}$$

式中，y_i 为 x_i 的线性函数（$\beta_0+\beta_1x_i$）加上误差项 ε_i。将描述因变量 y 如何依赖自变量 x 和误差项 ε 的方程，称为回归模型（regression model）。$\beta_0+\beta_1x_i$ 反映了 x_i 的变化引起的 y_i 的线性变化；ε_i 为随机误差项，反映除 x 与 y 之间的线性关系之外的随机因素对 y 的影响，是不能由 x 与 y 之间的线性关系解释的变异性。β_0 和 β_1 是模型的参数，又叫回归系数。式（9-4）称为理论回归模型，对于该模型，理论上有 3 个主要假定。

假定 1：误差项的期望值为 0，即 $E(\varepsilon)=0$。这意味着在式（9-4）中，由于 β_0 和 β_1 都是常数，所以就有 $E(\beta_0)=\beta_0$，$E(\beta_1)=\beta_1$。因此，对于一个给定的 x 值，y 的期望值 $E(y)=\beta_0+\beta_1x$。

假定 2：对于所有的 x 值，误差项 ε 的方差都相同，为常数 σ^2。这意味着对于一个给定的 x 值，y 的方差等于 σ^2。

假定 3：误差项 ε 是一个服从正态分布的随机变量，即 $\varepsilon\sim N(0,\sigma^2)$，而且它是独立的。独立性意味着对于一个特定的 x 值，它所对应的 ε 与其他 x 值所对应的 ε 不相关。因此，对于一个特定的 x 值，它所对应的 y 值与其他 x 值所对应的 y 值也不相关。由于模型假定自变量 x 是预先确定的，所以对于任何一个给定的 x 值，y 都服从期望值为 $\beta_0+\beta_1x$，方差为 σ^2 的正态分布。

（二）回归方程

根据回归模型中的假定，因变量 y 的期望值 $E(y)=\beta_0+\beta_1x$。也就是说，y 的期望值是 x 的线性函数。将描述因变量 y 的期望值如何依赖自变量 x 的方程，称为回归方程（regression equation）。一元线性回归方程也称直线回归方程，其形式为

$$E(y_i)=\beta_0+\beta_1x_i \tag{9-5}$$

式中，β_0 为回归直线在 y 轴上的截距，是 x=0 时 y 的期望值；β_1 为直线的斜率，表明自变量每变动一个单位时，因变量平均变化的数量。

（三）估计的回归方程

由于总体回归参数 β_0 和 β_1 是未知的，所以回归方程也是未知的，需要利用样本数据对其进行估计。根据样本数据拟合的直线，称为样本回归直线，也称估计的回归方程（estimated regression equation），可表示为

$$\hat{y}_i=\hat{\beta}_0+\hat{\beta}_1x_i \tag{9-6}$$

式中，$\hat{\beta}_0$ 为估计的回归直线在 y 轴上的截距；$\hat{\beta}_1$ 为估计的回归直线的斜率，是对回归系数 β_1 的估计，表示 x 每变动一个单位时，$\hat{y}$ 的平均变动值；$\hat{y}_i$ 为估计的回归方程上与 x 相对应的 y 值，可视为 $E(y_i)$ 的估计值。

实际观测到的因变量值 y_i，并不完全等于 $\hat{y}_i$，如果用 e_i 表示二者之差，即有

$$e_i=y_i-\hat{y}_i=y_i-(\hat{\beta}_0+\hat{\beta}_1x_i) \tag{9-7}$$

式中，e_i 为残差，在概念上 e 与总体误差项 ε 相对应。

◎想一想

你是否认同学生在考试前用于复习的时间越长，考试分数就越高？如果有了复习时间和考生分数的数据，你可以做一条回归直线吗？

二、一元线性回归模型的估计——最小二乘估计

回归分析的主要任务就是建立能够近似反映真实总体回归模型的样本回归函数。在根据样本数据确定样本回归方程时，一般总是希望 y 的估计值从整体来看尽可能地接近其实际观测值，也就是要找到一条直线来适当地代表实际观测值 y 的趋势。这样就需要在所有可能的直线中进行挑选。用最小二乘法确定的直线，能使所有观测值到该直线的垂直距离的平方和最小。也就是使因变量的观测值 y_i 与估计值 $\hat{y}_i$ 之间的离差平方和最小以估计 $\hat{\beta}_0$ 和 $\hat{\beta}_1$。最小二乘法的示意图见图 9-5。

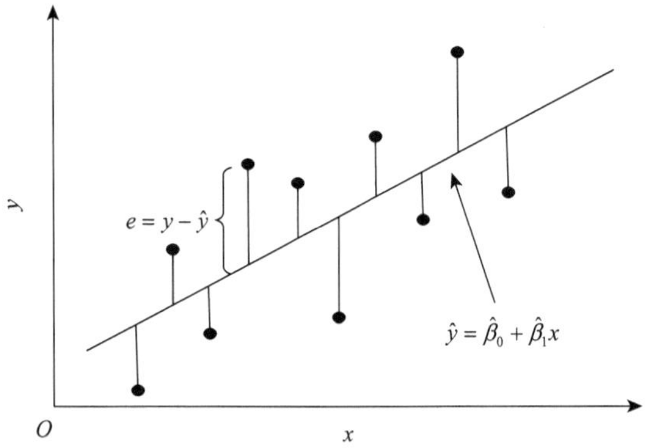

图 9-5　最小二乘法的示意图

根据最小二乘法，有

$$Q=\sum e_i^2=\sum(y_i-\hat{y}_i)^2=\sum\left(y_i-\hat{\beta}_0-\hat{\beta}_1x_i\right)^2 \tag{9-8}$$

在给定了样本数据后，Q 是 $\hat{\beta}_0$ 和 $\hat{\beta}_1$ 的函数。根据微积分中求极小值的原理，当 Q 存在极小值，Q 对 $\hat{\beta}_0$ 和 $\hat{\beta}_1$ 的偏导数同时等于零。将 Q 对 $\hat{\beta}_1$ 和 $\hat{\beta}_0$ 求偏导数，并令其等于零，得

$$\begin{aligned}\sum y_i&=n\hat{\beta}_0+\hat{\beta}_1\sum x_i\\ \sum x_iy_i&=\hat{\beta}_0\sum x_i+\hat{\beta}_1\sum x_i^2\end{aligned} \tag{9-9}$$

求解这一方程组可得

$$\hat{\beta}_1=\frac{n\sum x_iy_i-\sum x_i\sum y_i}{n\sum x_i^2-\left(\sum x_i\right)^2} \tag{9-10}$$

$$\hat{\beta}_0=\overline{y}-\hat{\beta}_1\overline{x} \tag{9-11}$$

式（9-10）和式（9-11）是估计总体回归系数的公式。用最小二乘法拟合的直线具有一些优良的性质。回归系数的最小二乘估计量是最优线性无偏估计量和一致估计量。

【例 9-4】根据例 9-1 的数据，求年购物金额对年收入的回归估计方程。

解　根据式（9-10）、式（9-11），利用表 9-1 中 y 和 x 的数据计算可得

$\sum x_i y_i = 1\,932\,029$，$\sum x_i = 230.92$，$\sum y_i = 190\,976$，$\sum x_i^2 = 2330.041$，则有

$$\hat{\beta}_1 = \frac{n\sum x_i y_i - \sum x_i \sum y_i}{n\sum x_i^2 - \left(\sum x_i\right)^2}$$

$$= \frac{25 \times 1\,932\,029 - 230.92 \times 190\,976}{25 \times 2\,330.041 - 230.92^2} = 852.5596$$

$$\hat{\beta}_0 = \overline{y} - \hat{\beta}_1 \overline{x}$$

$$= 190\,976 \div 25 - 852.5596 \times 230.92 \div 25 = -235.883$$

年购物金额对年收入的回归估计方程为

$$\hat{y} = -235.883 + 852.5596x$$

$\hat{\beta}_1 = 852.5596$ 表示年收入每增加 1 万元，年购物金额将平均增加 852.5596 元；$\hat{\beta}_0 = -235.883$，在回归分析中，对截距 $\hat{\beta}_0$ 通常不做实际意义上的解释。

对回归模型中的参数进行估计后，还必须对其进行检验。检验可分为拟合优度检验和显著性检验。

普通最小二乘法与极大似然法

三、回归直线的拟合优度

回归直线 $\hat{y}_i = \hat{\beta}_0 + \hat{\beta}_1 x_i$ 在一定程度上描述了变量 x 与变量 y 之间的数量关系，可根据自变量 x 的取值估计或预测因变量 y 的取值。但是估计或预测的精度取决于回归直线对观测数据的拟合程度。各观测点越是紧密地围绕直线，说明直线对观测数据的拟合程度越好，预测的精度就越好；反之则越差。各观测值与回归直线的接近程度称为回归直线对数据的拟合优度（goodness of fit）。

（一）判定系数

判定系数（coefficient of determination）是对估计的回归方程的拟合优度的度量，又称可决系数。为说明它的含义，需要对因变量 y 取值的变差进行分析。判定系数建立在对总离差平方和进行分解的基础之上。

因变量 y 的取值是不同的，y 取值的这种波动称为变差。对一个具体的观测值来说，变差的大小可以用实际观测值 y_i 与其均值 $\overline{y}$ 之差 $(y_i - \overline{y})$ 来表示，见图 9-6。n 次观测值的总

变差可用这些变差的平方和来表示，称为总平方和，记为SST，即

$$\mathrm{SST}=\sum(y_i-\bar{y})^2 \tag{9-12}$$

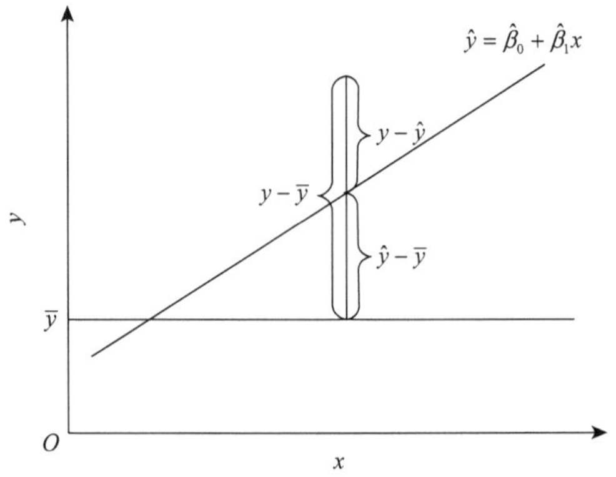

图 9-6　变差分解图

从图 9-6 可以看出，每个观测值的变差可以分解为

$$y_i-\bar{y}=(y_i-\hat{y}_i)+(\hat{y}_i-\bar{y}) \tag{9-13}$$

可以证明

$$\sum(y_i-\bar{y})^2=\sum(y_i-\hat{y}_i)^2+\sum(\hat{y}_i-\bar{y})^2 \tag{9-14}$$

式（9-14）的左边为SST，它可以分解为两部分。一部分是回归值 $\hat{y}_i$ 与其均值 $\bar{y}$ 的变差的平方和 $\sum(\hat{y}_i-\bar{y})^2$。根据估计的回归方程，估计值 $\hat{y}_i=\hat{\beta}_0+\hat{\beta}_1x_i$，可以把 $(\hat{y}_i-\bar{y})$ 看成自变量 x 的变化引起的 y 的变化，其平方和 $\sum(\hat{y}_i-\bar{y})^2$ 则反映了 y 的总变差中 x 与 y 之间的线性关系引起的 y 的变化的部分，它是能够由回归直线解释的 y_i 的变差部分，称为回归平方和SSR。另一部分是各实际观测值与回归值的残差平方和 $\sum(y_i-\hat{y}_i)^2$，它是除了 x 之外的其他因素引起的 y 的变化，是不能用回归直线加以解释的 y_i 的变差部分，称为残差平方和或误差平方和SSE。可用式（9-15）表示这三个平方和的关系：

$$\mathrm{SST}=\mathrm{SSR}+\mathrm{SSE}$$

式（9-15）的两边同除以 SST，得

$$1=\frac{\mathrm{SSR}}{\mathrm{SST}}+\frac{\mathrm{SSE}}{\mathrm{SST}} \tag{9-15}$$

显而易见，样本观测值与样本回归直线靠得越近，SSR 在 SST 中所占的比重就越大，这一比重即判定系数

$$R^2=\frac{\mathrm{SSR}}{\mathrm{SST}}=1-\frac{\mathrm{SSE}}{\mathrm{SST}} \tag{9-16}$$

判定系数 R^2 是对回归直线拟合程度的综合度量。R^2 的取值范围是[0, 1]。R^2 越接近于1，表明回归平方和占总平方和的比重越大，可用 x 的变化解释的 y 值变差的部分就越多，回归直线的拟合程度越好；反之，R^2 越接近于 0，回归直线的拟合程度越差。

判定系数有如下特性：①判定系数具有非负性。判定系数的分子、分母均是不可能为负值的平方和，因此其比值必大于零。②判定系数的取值范围为 $0 \leqslant R^2 \leqslant 1$。③判定系数是样本观测值的函数，它也是一个统计量。

【例 9-5】 利用例 9-4 的数据，计算年购物金额对年收入的回归方程的判定系数。

解　利用表 9-3 至表 9-5 中 Excel 输出的回归分析结果可计算判定系数为

$$R^2 = \frac{\text{SSR}}{\text{SST}} = \frac{143\,248\,377.6}{173\,748\,017} = 0.8245$$

说明在年购物金额取值的变动中，有 82.45% 是由年收入决定的。可见年购物金额与年收入之间有较强的线性关系，回归方程的拟合程度较好。

（二）估计标准误差

除回归系数外，一元线性回归模型还包括另一个未知参数，那就是总体随机误差项的方差 σ^2。σ^2 可以反映理论模型误差的大小，它是检验模型时必须使用的一个重要参数。随机误差项本身是不能直接观测的，因此，需要用最小二乘残差代替随机误差项来进行估计。数学上可以证明，σ^2 的无偏估计 s_y^2 可由式（9-17）计算：

$$s_y^2 = \frac{\sum e_i^2}{n-k-1} \tag{9-17}$$

式中，分子为残差平方和；分母为残差 e 的自由度 $n-k-1$；k 为线性回归方程中自变量的个数。

s_y^2 的正平方根叫作估计量的标准误差。即

$$s_y = \sqrt{\frac{\sum (y_i - \hat{y}_i)^2}{n-2}} = \sqrt{\frac{\sum e_i^2}{n-2}} \tag{9-18}$$

s_y 越小，表明实际观测点与所拟合的样本回归线的离差程度越小，即回归线的代表性越强；反之，s_y 越大，表明实际观测点与所拟合的样本回归线的离差程度越大，即回归线的代表性越差。可见，s_y 从另一个角度说明了回归直线的拟合优度。

【例 9-6】 根据例 9-1 中给出的有关数据，计算年购物金额对年收入的回归估计标准误差。

解　利用 Excel 输出的回归分析结果，可计算估计标准误差为

$$\sum e_i^2 = 30\,499\,639$$

$$s_y^2 = \frac{\sum e_i^2}{n-2} = \frac{30\,499\,639}{23} = 1\,326\,071$$

进而有 $s_y = 1151.55$（元）。

也就是说，根据年收入来估计年购物金额时，平均的估计误差为 1151.55 元。

对统计概念的理解：因果关系

四、显著性检验

回归分析的主要目的是根据所建立的估计方程，用自变量 x 的值来预测因变量 y 的取值。回归方程估计出来后，不能直接用于 y 的预测，因为该估计的回归方程是根据样本数据得出的，它是否真实地反映了变量 x 和变量 y 之间的关系，还需要通过检验予以证实。

回归分析中的显著性检验包括两方面的内容：一是对整个回归方程线性关系的显著性进行检验；二是对各回归系数的显著性进行检验。前者通常是在方差分析的基础上采用 F 检验，后者则采用 t 检验。在一元线性回归模型中，由于只有一个解释变量，所以对整个方程的 F 检验与对回归系数的 t 检验是等价的。

（一）线性关系的检验

线性关系的检验是检验自变量 x 与因变量 y 之间的线性关系是否显著，或者说，它们之间能否用一个线性模型来表示。这种检验是在方差分析的基础上利用 F 检验进行的。F 统计量的构造是以 SSR 及 SSE 为基础的。将 SSR 除以其自由度（自变量的个数，一元线性回归中自由度为 1）后的结果称为均方回归，记为 MSR；将 SSE 除以其自由度（$n-k-1$，一元线性回归中自由度为 $n-2$）后的结果称为均方残差，记为 MSE；其比值 $\frac{\text{MSR}}{\text{MSE}}$ 的抽样分布服从分子自由度为 1、分母自由度为 $n-2$ 的 F 分布，即

$$F=\frac{\text{SSR}/1}{\text{SSE}/(n-2)}=\frac{\text{MSR}}{\text{MSE}}\sim F(1,n-2) \qquad (9\text{-}19)$$

当原假设 H_0：$\beta_1=0$ 成立时，$\frac{\text{MSR}}{\text{MSE}}$ 的值应接近于 1；但如果原假设 H_0：$\beta_1=0$ 不成立，那么 $\frac{\text{MSR}}{\text{MSE}}$ 的值将会很大。因此，较大的 $\frac{\text{MSR}}{\text{MSE}}$ 的值将导致拒绝原假设，此时就可以断定自变量 x 与因变量 y 之间存在着显著的线性关系。检验的具体步骤如下。

第一步，提出假设。

H_0：$\beta_1=0$（y 不随 x 的变化而线性变化）

H_1：$\beta_1\neq 0$（y 与 x 之间的线性关系显著）

第二步，计算检验统计量 F。

$$F=\frac{\text{SSR}/1}{\text{SSE}/(n-2)}=\frac{\text{MSR}}{\text{MSE}}$$

第三步，做出决策。确定显著性水平 α，并根据分子自由度 $df_1=1$ 和分母自由度 $df_2=n-2$，查 F 分布表，得到相应的临界值 F_α。若 $F>F_\alpha$，拒绝 H_0，表明两个变量之间的线性关系是显著的；若 $F<F_\alpha$，不拒绝 H_0，没有证据表明两个变量之间的线性关系是显著的。

【例 9-7】根据例 9-1 中给出的有关数据，检验该平台消费者的年购物金额与年收入之间的线性关系的显著性（$\alpha=0.05$）。

解 第一步，提出假设。

H_0：$\beta_1=0$（两个变量之间的线性关系不显著）

H_1：$\beta_1\neq 0$（两个变量之间的线性关系显著）

第二步，计算检验统计量 F。

$$F=\frac{\text{SSR}/1}{\text{SSE}/(n-2)}=\frac{143\,248\,377.6/1}{30\,499\,639/23}=108.0246$$

第三步，做出决策。根据显著性水平 α=0.05，分子自由度 $df_1=1$ 和分母自由度 $df_2=n-2$=23，查 F 分布表，得到相应的临界值 F_α=4.28。由于 $F>F_\alpha$，拒绝 H_0，表明年购物金额与年收入这两个变量之间的线性关系是显著的。

实际上，在 Excel 输出的回归结果中，方差分析表已经给出了线性关系显著性检验的全部结果。它不仅给出了检验统计量 F 值，还给出了用于检验的 P 值。因此除了可以用统计量进行决策外，利用 P 值也可以得出相同的结论。

在本例的输出结果中，P值 $=3.67\times10^{-10}<\alpha=0.05$，这也表明年购物金额与年收入这两个变量之间的线性关系是显著的。

（二）回归系数的检验

回归系数的显著性检验，就是要检验自变量对因变量的影响是否显著。在一元线性回归模型 $y=\beta_0+\beta_1x+\varepsilon$ 中，两个变量之间是否存在线性关系的一个主要标志是 β_1 是否为零。因此，可以通过检验回归系数 β_1 是否等于 0 来确定两个变量之间是否存在线性关系。由于样本是随机选取的，所以回归系数 $\hat\beta_0$、$\hat\beta_1$ 也是随机变量。统计证明，$\hat\beta_1$ 服从正态分布，其数学期望为 β_1，标准差为

$$\sigma_{\hat\beta_1}=\frac{\sigma}{\sqrt{\sum x_i^2-\frac{1}{n}\left(\sum x_i\right)^2}} \tag{9-20}$$

式中，σ 为误差项 ε 的标准差。

σ 未知，用其估计量 s_y 代替，$\hat\beta_1$ 的估计的标准差为

$$s_{\hat\beta_1}=\frac{s_y}{\sqrt{\sum x_i^2-\frac{1}{n}\left(\sum x_i\right)^2}} \tag{9-21}$$

则有统计量：

$$t=\frac{\hat{\beta}_1-\beta_1}{s_{\hat{\beta}_1}}\sim t(n-2) \tag{9-22}$$

即该统计量服从自由度为 $n-2$ 的 t 分布。因而可以用 t 检验的方法检验回归系数 β_1 是否显著地不等于 0，从而判断 x 与 y 之间是否有线性关系。

回归系数显著性检验的基本步骤如下。

第一步：提出假设。

$$H_0:\beta_1=0\text{；}\quad H_1:\beta_1\neq 0$$

第二步：计算检验统计量 t 值。

$$t=\frac{\hat{\beta}_1}{s_{\hat{\beta}_1}}$$

第三步：做出决策。

确定显著水平 α，并根据自由度 $\mathrm{df}=n-2$，查 t 分布表，找到相应的临界值 $t_{\alpha/2}$。若 $|t|>t_{\alpha/2}$，拒绝 H_0，表明自变量 x 对因变量 y 的影响是显著的，两个变量之间存在显著的线性关系；若 $|t|<t_{\alpha/2}$，则不拒绝 H_0，没有证据表明 x 对 y 的影响显著，两个变量之间不存在显著的线性关系。

【**例 9-8**】利用前面例题中的有关结果，对回归系数进行显著性检验（$\alpha=0.05$）。

解　第一步，提出假设。

$$H_0:\beta_1=0\text{；}\quad H_1:\beta_1\neq 0$$

第二步，计算检验统计量 t 值。

$$s_{\hat{\beta}_1}=\frac{s_y}{\sqrt{\sum x_i^2-\frac{1}{n}\left(\sum x_i\right)^2}}=\frac{1151.552}{\sqrt{2330.041-230.92^2/25}}=82.0282$$

则

$$t=\frac{\hat{\beta}_1}{s_{\hat{\beta}_1}}=\frac{852.5596}{82.0282}=10.393\,49$$

第三步，做出决策。

根据给定的显著性水平 $\alpha=0.05$，由自由度 $\mathrm{df}=n-2=25-2=23$，查 t 分布表，得到相应的临界值 $t_{\alpha/2}=2.0687$。因为 $10.393\,49>2.0687$，所以拒绝 H_0，可以认为在显著性水平 $\alpha=0.05$ 下，β_1 显著不等于零。也就是说，统计资料足以使我们认定，年购物金额与年收入之间存在显著的线性关系，表明年收入对年购物金额的影响显著。

同样可以利用 P 值进行检验。在本例中，$P\text{值}=3.67\times10^{-10}<\alpha=0.05$，所以拒绝 H_0。

五、利用回归方程进行预测

回归分析的目的之一是进行预测。如果所拟合的回归方程经过检验，被认为具有实际意义，同时被证明有较高的拟合程度，就可以利用其来进行预测，即将 x 的值代入回归方

程之后得出一个 y 的预测值。简单回归预测的基本公式为

$$\hat{y}_0 = \hat{\beta}_0 + \hat{\beta}_1 x_0 \tag{9-23}$$

这里有两个问题需要注意：①这一回归方程是根据样本数据确定的，因此通过这一方程估计 y 值，会产生抽样误差。但是数理统计学证明了在线性模型的条件下，用最小二乘法得到的估计量是无偏的，因此 $\hat{y}_0$ 是 $E(y_0)$ 的无偏估计，所以往往用 $\hat{y}_0$ 来作为 $E(y_0)$ 的点估计。②有关直线回归方程的假设条件中，当 x 为一固定值时，y 有一个条件分布，因此预测时，要明确是预测 y_i 这一条件分布的均值 $E(y_i)$，还是预测个别的 y_i 值，这在进行区间估计时是不同的，即这两个预测值的置信区间有所不同。

（一）点预测

利用估计的回归方程，对于 x 的一个特定值 x_0，求出 y 的一个估计值就是点预测。

例如，在例 9-4 中，$\hat{y} = -235.882 + 852.5596x$ 给出了消费者的年收入 x 与年购物金额 y 之间关系的一个估计。利用该估计的回归方程，对于 x 的一个特定值，可求出 y 的平均值及 y 的一个个别值的点预测值。现假定消费者的年收入是 8 万元，即 $x=8$，则有 $\hat{y} = -235.882 + 852.5596 \times 8 = 6584.595$。于是，对于年收入是 8 万元的消费者，其年购物金额的点估计值是 6584.595 元。

（二）区间预测

点预测不能提供有关估计量精度的任何概念，因此必须建立区间预测。利用估计的回归方程，对于 x 的一个给定值 x_0，求出 y 的一个预测值的区间就是区间预测。区间预测有两种类型。第一种类型是置信区间预测，它是对 x 的一个给定值 x_0，求出 y 的平均值的区间预测；第二种类型是个别值的区间预测，它是对 x 的一个给定值 x_0，求出 y 的个别值的置信区间。

1. y 的平均值的区间预测

对于 x 的一个给定值，估计的回归方程给出了 y 的平均值的一个点预测。设 x_0 为自变量 x 的一个给定值，$E(y_0)$ 为给定 x_0 时因变量 y 的平均值。当 $x=x_0$ 时，$\hat{y}_0 = \hat{\beta}_0 + \hat{\beta}_1 x_0$ 为 $E(y_0)$ 的预测值。

一般来说，我们不能期望预测值 $\hat{y}_0$ 精确地等于 $E(y_0)$。因此，要做出 $\hat{y}_0$ 如何接近真实的平均值 $E(y_0)$ 的推断，必须考虑根据估计的回归方程得到的预测值 $\hat{y}_0$ 的方差。对于给定的 x_0，用 s_{y_0} 表示 $\hat{y}_0$ 标准差的估计量，其计算公式为

$$s_{y_0} = s_y \sqrt{\frac{1}{n} + \frac{(x_0 - \bar{x})^2}{\sum_{i=1}^{n}(x_i - \bar{x})^2}} \tag{9-24}$$

也可用简捷计算公式：

$$s_{y_0}=s_y\sqrt{\frac{1}{n}+\frac{\left(x_0-\bar{x}\right)^2}{\sum x_i^2-\left(\sum x_i\right)^2/n}} \tag{9-25}$$

对于给定的 x_0， $E\left(y_0\right)$ 在 $1-\alpha$ 置信水平下的置信区间可表示为

$$\hat{y}_0 \pm t_{\alpha/2}s_y\sqrt{\frac{1}{n}+\frac{\left(x_0-\bar{x}\right)^2}{\sum_{i=1}^{n}\left(x_i-\bar{x}\right)^2}} \tag{9-26}$$

【例 9-9】根据例 9-4 中求得的估计方程，取 $x_0=8$，建立消费者在该平台的年购物金额 95%的置信区间。

解 前面已给出了 s_y =1151.552 的计算结果。且有

$$\sum x_i^2=2330.041，\ \sum x_i=230.92，\ \bar{x}=\sum x_i/n=230.92/25=9.2368$$

$$x_0=8，\ t_{\alpha/2}(n-2)=t_{0.025}(25-2)=2.068$$

可得到

$$s_{\hat{y}_0}=1151.552\sqrt{\frac{1}{25}+\frac{(8-9.2368)^2}{2330.041-230.92^2/25}}$$

$$=1151.552\sqrt{0.047\ 76}=251.6659$$

当年收入为 8 万元时，得 $E\left(y_0\right)$ 的置信区间为

$$\hat{y}_0 \pm t_{\alpha/2}s_y\sqrt{\frac{1}{n}+\frac{\left(x_0-\bar{x}\right)^2}{\sum_{i=1}^{n}\left(x_i-\bar{x}\right)^2}}$$

即

$$6584.595\pm 2.0687\times 1151.552\times\sqrt{\frac{1}{25}+\frac{(8-9.2368)^2}{2330.041-230.92^2/25}}$$

化简得

$$6584.595\pm 2.0687\times 251.6659=(6063.974,7105.216)$$

对所有收入是 8 万元的消费者，其平均年购物金额在置信水平 95% 下的置信区间是 $(6063.974,7105.216)$。

2. y 的个别值的区间预测

y 的个别值的区间预测是指对于 x 的一个给定值 x_0，求出 y 的一个个别值的预测区间。

为了求出预测区间，必须考虑 $\hat{y}_0$ 作为 y 的一个个别值的估计的方差，用 s_{ind} 表示 y 的一个个别预测值 $\hat{y}_0$ 的标准差估计量。其计算公式为

$$s_{\text{ind}_0}=s_y\sqrt{1+\frac{1}{n}+\frac{\left(x_0-\bar{x}\right)^2}{\sum_{i=1}^{n}\left(x_i-\bar{x}\right)^2}} \tag{9-27}$$

也可用简捷计算公式：

$$s_{\text{ind}} = s_y\sqrt{1+\frac{1}{n}+\frac{\left(x_0-\bar{x}\right)^2}{\sum x_i^2-\left(\sum x_i\right)^2/n}} \tag{9-28}$$

因此对于给定的x_0，y的一个个别值y_0在$1-\alpha$置信水平下的置信区间可表示为

$$\hat{y}_0 \pm t_{\alpha/2}s_y\sqrt{1+\frac{1}{n}+\frac{\left(x_0-\bar{x}\right)^2}{\sum_{i=1}^{n}\left(x_i-\bar{x}\right)^2}} \tag{9-29}$$

【例 9-10】根据例 9-4 中求得的估计方程，给出8万元年收入（$x_0=8$）的消费者的年购物金额 95%的预测区间。

解　根据前面的计算结果，已知$s_y=1151.552$的计算结果。且

$\sum x_i^2=2330.041$，$\sum x=230.92$，$\bar{x}=\sum x_i/n=230.92/25=9.2368$ 和 $x_0=8$，$t_{\alpha/2}\left(n-2\right)=t_{0.025}\left(25-2\right)=2.068$

当年收入为8万元时，可得到年购物金额的 95%的预测区间为

$$\hat{y}_0 \pm t_{\alpha/2}s_y\sqrt{1+\frac{1}{n}+\frac{\left(x_0-\bar{x}\right)^2}{\sum_{i=1}^{n}\left(x_i-\bar{x}\right)^2}}$$

即$6584.595\pm2.0687\times1151.552\times\sqrt{1+\frac{1}{25}+\frac{\left(8-9.2368\right)^2}{2330.041-230.92^2/25}}$

化简得

$$6584.595\pm2.0687\times1178.731=\left(4146.154,9023.036\right)$$

对于年收入是8万元的那一名消费者，其年购物金额在置信水平 95% 下的预测区间是$\left(4146.154,9023.036\right)$。注意，与所有年收入是8万元的消费者的平均年购物金额的置信区间$\left(6063.974,7105.216\right)$相比，这个$y$的个别值的预测区间是比较宽的。二者的区别说明了一个事实，预测平均值比预测y的个别值更精确。

计算回归分析的结果见表 9-3 至表 9-5。

表 9-3　回归分析计算结果（一）

指标名称	数值
复相关系数 R	0.907 998 075
R^2	0.824 460 504
R_a^2	0.816 828 352
S_y	1 151.551 683

表 9-4 回归分析计算结果（二）

项目	自由度	平方和	平均平方和	F	P 值
回归分析	1	1.43E+08	1.43E+08	108.024 6	3.672 43E−10
残差	23	30 499 639	1 326 071		
总计	24	1.74E+08			

表 9-5 回归分析计算结果（三）

项目	系数	标准误差	t	P 值	95%置信下限	95%置信上限
截距	−235.882	791.908 6	−0.297 87	0.768 48	−1 874.07	1 402.305
年收入/万元	852.559 6	82.028 23	10.393 49	3.67E−10	682.871 3	1 022.248

表 9-3 至表 9-5 中，R^2 代表判定系数；R_a^2 代表修正后的 R^2；F 代表 F 检验统计量的值；标准误差代表截距和斜率的标准误差；t 代表检验回归系数的 t 统计量。

回归分析的预测：内插法和外推法

第三节 多元线性回归分析

简单线性回归分析主要研究两个变量之间的关系。然而现实世界比较复杂，影响因变量的因素往往很多，需要了解多个因素对因变量的影响并对其进行计量。研究两个或两个以上自变量的回归问题称为多元回归分析。当因变量与各个自变量之间为线性关系时，称为多元线性回归。其分析原理与一元线性回归的分析原理基本相同，但在计算上复杂得多，需借助计算机来完成。

一、多元线性回归模型

多元线性回归模型的一般形式为

$$y = \beta_0 + \beta_1 x_1 + \beta_2 x_2 + \cdots + \beta_k x_k + \varepsilon \tag{9-30}$$

式中，$x_1, x_2, \cdots, x_k$ 为 k 个自变量；$\beta_0, \beta_1, \beta_2, \cdots, \beta_k$ 为模型的参数，又叫回归系数；ε 为误差项。该模型可以理解为两部分：y 为关于 $x_1, x_2, \cdots, x_k$ 的线性函数（$y = \beta_0 + \beta_1 x_1 + \beta_2 x_2 + \cdots + \beta_k x_k$）加上误差项 ε。前者反映由自变量 x 的变化引起的 y 的线性变化；后者反映除了 $x_1, x_2, \cdots, x_k$ 对 y 的线性关系之外的随机因素对 y 的影响，是不能由 $x_1, x_2, \cdots, x_k$ 与 y 之间的线性关系解释的变异项。

与一元线性回归模型类似，多元线性回归模型中的误差项 ε 有同样的三个基本假定。假定之一是 ε 的平均值或期望值是零。由这一假定，可以得到

$$E(y)=\beta_0+\beta_1 x+\beta_2 x_2+\cdots+\beta_k x_k \tag{9-31}$$

多元回归方程描述了 y 与自变量 $x_1,x_2,\cdots,x_k$ 之间的关系。

由于回归方程中的参数 $\beta_0,\beta_1,\beta_2,\cdots,\beta_k$ 是未知的，所以回归方程也是未知的，需要利用样本数据对其进行估计。利用一个简单随机样本计算样本统计量 $\hat{\beta}_0,\hat{\beta}_1,\hat{\beta}_2,\cdots,\hat{\beta}_k$ 去估计参数 $\beta_0,\beta_1,\beta_2,\cdots,\beta_k$，就得到了估计的多元线性回归方程：

$$\hat{y}_i=\hat{\beta}_0+\hat{\beta}_1 x_1+\hat{\beta}_2 x_2+\cdots+\hat{\beta}_k x_k \tag{9-32}$$

式中，$\hat{\beta}_0,\hat{\beta}_1,\hat{\beta}_2,\cdots,\hat{\beta}_k$ 为参数 $\beta_0,\beta_1,\beta_2,\cdots,\beta_k$ 的估计值；$\hat{y}_i$ 为因变量 y 的估计值。其中 $\hat{\beta}_1,\hat{\beta}_2,\cdots,\hat{\beta}_k$ 称为偏回归系数，$\hat{\beta}_1$ 表示当 $x_2,x_3,\cdots,x_k$ 不变时，x_1 每变动一个单位，因变量 y 的平均变动量；$\hat{\beta}_2$ 表示当 $x_1,x_3,\cdots,x_k$ 不变时，x_2 每变动一个单位，因变量 y 的平均变动量；其余偏回归系数的含义与此类似。

偏相关系数

二、多元线性回归模型的估计——参数的最小二乘估计

回归方程中的 $\hat{\beta}_0,\hat{\beta}_1,\hat{\beta}_2,\cdots,\hat{\beta}_k$ 仍然是根据最小二乘法求得的，即有

$$Q=\sum\left(y_i-\hat{y}_i\right)^2=\sum\left(y_i-\hat{\beta}_0-\hat{\beta}_1 x_1-\cdots-\beta_k x_k\right)^2=\min \tag{9-33}$$

由此可得求解 $\hat{\beta}_0,\hat{\beta}_1,\hat{\beta}_2,\cdots,\hat{\beta}_k$ 的标准方程组为

$$\begin{aligned}&\left.\frac{\partial Q}{\partial \beta_0}\right|_{\beta_0=\hat{\beta}_0}=0\\&\left.\frac{\partial Q}{\partial \beta_1}\right|_{\beta_1=\hat{\beta}_1}=0\\&\qquad\cdots\\&\left.\frac{\partial Q}{\partial \beta_k}\right|_{\beta_k=\hat{\beta}_k}=0\end{aligned} \tag{9-34}$$

求解上述方程组需要借助计算机，在此我们给出由 Excel 输出的回归结果。本节的重点是解释计算机输出的结果，而不是进行多元回归的计算。

【例 9-11】根据例 9-1 中的数据，建立该平台消费者的年购物金额与年收入和家庭成员人数的线性回归方程，并解释各回归系数的含义。

解 通过 Excel 计算出多元线性回归的结果，见表 9-6 至表 9-8。

表 9-6 多元线性回归的结果（一）

指标名称	数值
复相关系数 R	0.924 655
R^2	0.854 986
R_a^2	0.841 803
标准误差	1 070.17

表 9-7 多元线性回归的结果（二）

项目	自由度	平方和	平均平方和	F	P 值
回归分析	2	148 552 196	74 276 098	64.854 97	5.96E−10
残差	22	25 195 821	1 145 265		
总计	24	173 748 017			

表 9-8 多元线性回归的结果（三）

项目	系数	标准误差	t	P 值	95%置信下限	95%置信上限
截距	−466.543	743.708 019 1	−0.627 32	0.536 906	−2 008.9	1 075.813
年收入/万元	661.671 4	116.958 959 4	5.657 295	1.09E−05	419.113 3	904.229 4
家庭成员人数/人	630.967 5	293.201 091	2.151 996	0.042 632	22.905 63	1 239.029

表 9-6 至表 9-8 中，R^2 代表判定系数；R_a^2 代表修正后的 R^2；F 代表检验统计量的 F 值；标准误差代表截距和斜率的标准误差；t 代表检验回归系数的 t 统计量。

根据表 9-6 至表 9-8，可得到消费者的年购物金额与年收入和家庭成员人数的多元线性回归方程为

$$\hat{y} = -466.543 + 661.6714x_1 + 630.9675x_2$$

对每个回归系数的解释如下。$\hat{\beta}_1 = 661.6714$ 显示，在家庭成员人数保持不变时，年收入每增加1万元，年购物金额平均增加 661.6714 元。类似地，$\hat{\beta}_2 = 630.9675$ 显示，在年收入保持不变时，家庭成员人数每增加1人，年购物金额平均增加 630.9675 元。

三、回归方程的拟合优度

（一）多重判定系数

类似于一元回归，对于多元线性回归方程，要用多重判定系数对其进行拟合优度的评价。多重判定系数建立在对总变差平方和进行分解的基础之上。

一元回归中因变量变差平方和的分解同样适用于多元回归。即

$$\mathrm{SST} = \mathrm{SSR} + \mathrm{SSE} \tag{9-35}$$

式中，$\mathrm{SST} = \sum(y_i - \bar{y})^2$；$\mathrm{SSR} = \sum(\hat{y}_i - \bar{y})^2$；$\mathrm{SSE} = \sum(y_i - \hat{y}_i)^2$。

用公式表示这三个平方和的关系：

$$\sum(y_i-\bar{y})^2=\sum(\hat{y}_i-\bar{y})^2+\sum(y_i-\hat{y}_i)^2 \tag{9-36}$$

由于这三个平方和的计算非常困难，所以可直接利用 Excel 输出结果。

本例中，$\text{SST}=173\,748\,017$，$\text{SSR}=148\,552\,195.7$，$\text{SSE}=25\,195\,821.31$

一元回归中，我们利用判定系数度量估计的回归方程的拟合优度。将同样的概念应用到多元线性回归方程中，多重判定系数是对估计的多元线性回归方程的拟合优度的度量。我们用 R^2 表示多重判定系数，其计算公式为

$$R^2=\frac{\text{SSR}}{\text{SST}}=1-\frac{\text{SSE}}{\text{SST}} \tag{9-37}$$

多重判定系数 R^2 反映了因变量 y 的变差中可以被估计的多元线性回归方程解释的部分的比例。

对于多重判定系数，我们发现自变量个数的增加会影响因变量中可由估计的多元线性回归方程解释的变差的数量。因此，如果模型中增加了一个自变量，即使这个自变量在统计上并不显著，R^2 也会变大。为了避免因自变量的增加而高估 R^2，需要计算修正的多重判定系数。

修正的多重判定系数的计算公式为

$$R_\alpha^2=1-\left(1-R^2\right)\times\frac{n-1}{n-k-1} \tag{9-38}$$

R_α^2 的解释与 R^2 类似。

根据例 9-11 中 Excel 输出的回归分析结果（表 9-6~表 9-8）可计算多重判定系数为

$$R^2=\frac{\text{SSR}}{\text{SST}}=\frac{148\,552\,195.7}{173\,748\,017}=0.854\,986$$

说明在年购物金额 y 的变动中，能被年收入和家庭成员人数的多元回归方程解释的比例为 85.50%。

同样根据表 9-6 至表 9-8 的输出结果可知，修正的多重判定系数为

$$R_\alpha^2=0.841\,803=84.18\%$$

其意义与 R^2 类似。

（二）估计标准误差

类似于一元线性回归，多元线性回归中的估计标准误差也是对误差项 ε 的方差 σ^2 的一个估计值。其计算公式为

$$s_y=\sqrt{\frac{\text{SSE}}{n-k-1}}=\sqrt{\frac{\sum(y_i-\hat{y}_i)^2}{n-k-1}}=\sqrt{\text{MSE}} \tag{9-39}$$

式中，k 为自变量的个数；s_y 为根据自变量 $x_1,x_2,\cdots,x_k$ 来预测因变量 y 时的平均预测误差。

s_y 从另一个角度说明了回归方程的拟合优度，对于衡量多元线性回归方程的拟合优度起着重要作用。

在 Excel 输出的回归结果中可以直接获得 s_y 的值。本例中 $s_y = 1070.17$，表明根据所建立的多元线性回归方程，在用年收入和家庭成员人数预测年购物金额时，平均预测误差为 1070.17 元。

四、显著性检验

在一元线性回归分析中，整个方程的线性关系的检验（F 检验）与回归系数的检验（t 检验）会得出同样的结论。但在多元线性回归中，这两种检验有不同的目的。F 检验主要是检验多元线性回归方程是否显著；t 检验则是对每个回归系数进行单独的检验，用于检验每个自变量对因变量的影响是否显著。

（一）线性关系的检验

线性关系检验是检验因变量 y 与 k 个自变量之间的线性关系是否显著，也称总体显著性检验。该检验的具体步骤如下。

第一步，提出假设。

$$\mathrm{H}_0：\ \beta_1 = \beta_2 = \cdots = \beta_k = 0$$

$$\mathrm{H}_1：\ \beta_0, \beta_1, \beta_2, \cdots, \beta_k \text{ 至少有一个不等于 } 0$$

第二步，计算检验统计量 F 值。

$$F = \frac{\mathrm{SSR}/k}{\mathrm{SSE}/(n-k-1)} \sim F(k, n-k-1) \tag{9-40}$$

第三步，做出决策。

给定显著性水平 α，并根据分子自由度 $\mathrm{df}_1 = k$ 和分母自由度 $\mathrm{df}_2 = n-k-1$，查 F 分布表，得到相应的临界值 F_α。若 $F > F_\alpha$，拒绝 H_0；若 $F < F_\alpha$，不拒绝 H_0。根据计算机输出的结果，也可利用 P 值直接做出决策：若 P 值$<\alpha$，拒绝 H_0；若 P 值$>\alpha$，不拒绝 H_0。

【例 9-12】根据例 9-11 中给出的有关结果，对多元线性回归方程线性关系的显著性进行检验（$\alpha = 0.05$）。

解 第一步，提出假设。

$$\mathrm{H}_0：\ \beta_1 = \beta_2 = 0$$

$$\mathrm{H}_1：\ \beta_1、\beta_2 \text{ 至少有一个不等于 } 0$$

第二步，计算检验统计量 F 值。

$$F = \frac{\mathrm{SSR}/k}{\mathrm{SSE}/(n-k-1)} = 64.85497$$

第三步，做出决策。

显著性水平 $\alpha = 0.05$，根据分子自由度 $\mathrm{df}_1 = 2$ 和分母自由度 $\mathrm{df}_2 = 25-2-1 = 22$，查 F 分布表，得到相应的临界值 $F_\alpha = 3.44$。由于 $F > F_\alpha$，拒绝 H_0，表明年购物金额与年收入和家庭成员人数之间的线性关系是显著的。

也可将 Excel 输出的回归方差分析表中的 P 值与给定的显著性水平 α 进行比较，由于 P值$= 5.96 \times 10^{-10} < \alpha = 0.05$，所以拒绝原假设。

（二）回归系数的检验

如果 F 检验显示了多元回归关系在总体上是显著的，则 t 检验是确定单个参数（回归系数）的显著性问题。t 检验的基本步骤如下。

第一步，提出假设。

对于任意参数 β_i（$i=1,2,\cdots,k$），有

$$H_0:\beta_i=0;\quad H_1:\beta_i\neq 0$$

第二步，计算检验统计量 t 值。

$$t=\frac{\hat{\beta}_i}{s_{\hat{\beta}_i}}\sim t(n-k-1) \tag{9-41}$$

式中，$s_{\hat{\beta}_i}$ 为回归系数 $\hat{\beta}_i$ 的抽样分布的标准差，即

$$s_{\hat{\beta}_i}=\frac{s_y}{\sqrt{\sum x_i^2-\frac{1}{n}\left(\sum x_i\right)^2}} \tag{9-42}$$

第三步，做出决策。

给定显著性水平 α，并根据自由度 $\mathrm{df}=n-k-1$，查 t 分布表，得到相应的临界值 $t_{\alpha/2}$。若 $|t|>t_{\alpha/2}$，拒绝 H_0，表明自变量 x_i 对因变量 y 的影响是显著的，两个变量之间存在显著的线性关系；若 $|t|<t_{\alpha/2}$，不拒绝 H_0，没有证据表明 x_i 对 y 的影响显著，两个变量之间不存在显著的线性关系。

【例 9-13】利用前面例题中的有关结果，对回归方程中的回归系数进行显著性检验（$\alpha=0.05$）。

解　第一步，提出假设。

对于任意参数 $\beta_i\,(i=1,2,\cdots,k)$，有

$$H_0:\beta_i=0;\quad H_1:\beta_i\neq 0$$

第二步，计算检验统计量 t 值。

$$t=\frac{\hat{\beta}_i}{s_{\hat{\beta}_i}}\sim t(n-k-1)$$

根据 Excel 输出的回归分析结果可知：

$$t_1=5.657\,295$$
$$t_2=2.151\,996$$

第三步，做出决策。

给定显著性水平 $\alpha=0.05$，并根据自由度 $\mathrm{df}=22$，查 t 分布表，得到相应的临界值 $t_{0.025}=2.0739$。因为 $5.657\,295>2.0739$，拒绝 H_0（$\beta_1=0$）。类似地，因为 $2.151\,996>2.0739$，则拒绝 H_0（$\beta_2=0$）。另外，在 Excel 输出的回归分析结果中，两个变量的 P 值分别为 1.09×10^{-5} 和 $0.042\,632$，均小于显著性水平 α，这同样表明要拒绝原假设。因此，这两个参数在统计上都是显著的，表明这两个自变量对因变量 y 的影响都是显著的，均与因变量存在显

著的线性关系。

第四节 非线性回归分析

在前两节中，因变量和自变量之间的相关关系可以用线性方程来近似地反映。但在许多实际问题中，因变量与自变量之间不具有线性关系，呈现为非线性关系，这时要考虑采用非线性回归模型。

非线性回归分析必须着重解决以下两个问题：第一，如何确定非线性函数的具体形式。与线性回归分析的情况不同，非线性回归函数有多种具体形式，需要根据所研究问题的相关理论并结合实际的样本观测值做出恰当的选择。第二，如何估计函数中的参数。非线性回归分析最常用的方法仍然是最小二乘估计法。但需要根据函数的不同类型，做适当的处理。

一、非线性函数形式的确定

在对实际问题进行非线性回归分析，选择回归函数的具体形式时应注意以下几点：方程形式应与相关的基本理论相一致；方程有较高的拟合程度；方程形式要尽可能简单，方程形式越简单，其可操作性就越强。

常见的非线性回归方程有二次曲线型、双曲线型、指数曲线型、幂函数型、对数曲线型、“S”形曲线型等。

（1）二次曲线型：$y = a + bx + cx^2$。

（2）双曲线型：$y = a + \frac{b}{x}$。

（3）指数曲线型：$y = ab^x$。

（4）幂函数型：$y = ax^b$。

（5）对数曲线型：$y = a + b\ln x$。

（6）“S”形曲线型：$y = \frac{1}{a + b\mathrm{e}^{-x}}$。

二、非线性回归模型的估计

许多具有实用价值的非线性回归函数，可以通过适当的变换，转化为线性回归函数，即将非线性问题线性化，然后再利用线性回归分析的方法进行估计和检验。常用的非线性函数的线性变换方法有以下几种。

1. 倒数变换

倒数变换是用新的变量来替换原模型中变量的倒数，从而使原模型变成线性模型的一种方法。例如，对于双曲线函数，令 $x^* = 1/x$，代入原方程式，可有：$y = a + bx^*$。

2. 半对数变换

半对数变换主要应用于对数函数的线性变换。对于对数函数，令 $x^* = \ln x$，代入原方程，同样可得 $y = a + bx^*$ 。

3. 双对数变换

双对数变换通过用新变量替换原模型中变量的对数，使原模型变换为线性模型。例如，对幂函数的两边求对数，可得

$$\ln y = \ln a + b \ln x$$

上述线性变换方法在实际应用时要注意以下几个问题。

第一，在以上的讨论中，为了叙述方便，省略了非线性回归函数中包含的随机误差项。但事实上与线性回归分析一样，非线性回归分析也要考虑随机误差项的问题。当变换后的新模型中包含的随机误差项能够满足各种标准假定时，新模型中回归系数最小二乘估计量的各种理想性质才能成立。

第二，严格地说，上述各种线性变换方法只适用于变量为非线性的函数。对于参数为非线性或参数与变量均为非线性的函数来说，即使有可能进行线性变换和回归估计，也无法得到原方程中非线性参数的无偏估计量。

第三，并不是所有的非线性函数都可以通过变换得到与原方程完全等价的线性方程。在遇到这种情况时，还需要利用其他方法，如泰勒级数展开法等进行估计，这些方法比较复杂，这里不作进一步的介绍。

基于回归模型的商业分析事例

本章小结

（1）本章首先介绍了相关分析。相关分析是描述与测度变量间相关关系强度的统计方法。①利用散点图判断变量之间关系的形态。②计算相关系数测度变量之间线性关系的强度。

（2）回归分析。回归分析侧重于研究变量之间的数量关系，它通过建立一定的数学表达式（回归方程）来分析这种关系。①一元线性回归分析是只涉及一个因变量和一个自变量的回归问题。其基本内容是对模型的参数进行估计和检验，对模型的拟合优度进行评价，利用所建立的回归方程根据自变量的取值来预测因变量的数值。②多元线性回归分析的原理及内容与一元线性回归类似，但计算复杂得多，通常借助计算机来完成。③非线性回归分析的内容，包括非线性回归模型的建立及参数的估计。

第十章

时间序列分析与预测

本章主要讲解时间序列的一些基本分析方法。本章的具体要求：①理解时间序列的概念；②掌握时间序列的描述分析方法；③理解时间序列的分解模型；④掌握使用平滑法和趋势方程法对时间序列进行分析和预测的方法；⑤掌握使用季节指数描述时间序列的季节变动的方法；⑥掌握时间序列的综合分析。

➤案例引入

国务院办公厅印发的《新能源汽车产业发展规划（2021—2035年）》指出，新能源汽车融汇新能源、新材料和互联网、大数据、人工智能等多种变革性技术，推动汽车从单纯交通工具向移动智能终端、储能单元和数字空间转变，带动能源、交通、信息通信基础设施改造升级，促进能源消费结构优化、交通体系和城市运行智能化水平提升，对建设清洁美丽世界、构建人类命运共同体具有重要意义。发展新能源汽车是我国从汽车大国迈向汽车强国的必由之路，是应对气候变化、推动绿色发展的战略举措。21世纪初以来，由于政策的支持、技术的进步以及大众环保意识的增强，我国的新能源汽车产业从无到有，从平稳增长到迅猛发展。尽管遭受了新冠疫情的影响，我国新能源汽车的销售量仍然从2010年的0.72万辆，增长到2020年的136.7万辆（图10-1）。

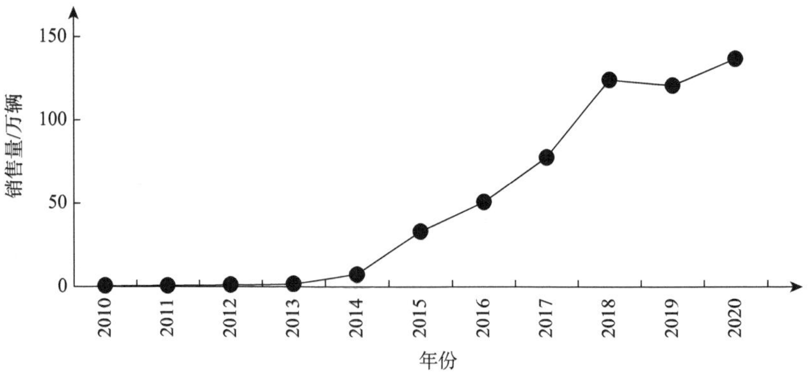

图 10-1　2010~2020年我国新能源汽车销售量图

展望未来，我国新能源汽车仍将处于快速增长的时期。预测未来新能源汽车的规模，无论是对国家宏观政策的制定还是对企业生产结构的调整和计划制订都具有十分重要的意义。

资料来源：作者根据中国汽车工业协会官网相关资料整理而得。

统计数据分为截面数据和时间序列数据。截面数据是静态数据，该类数据的分布特征是统计分析的重点。时间序列数据是动态数据，时间序列分析旨在挖掘数据随时间变化而变化的规律性，并利用这种规律对未来现象的变化进行预测。

第一节　时间序列的概念及描述统计

一、时间序列的概念

时间序列（time series）是按照时间顺序取得的一系列同一现象的观测值。例如，股票市场中每天的收盘价格、某企业产品每季度的销售量以及我国历年的 GDP 等。

时间序列由两个序列组成：一个序列反映现象数值所属的时间，即现象发生的时间，表现为年、季、月、周、日等时间单位；另一个序列反映现象在对应时间条件下的数量特征值。一个时期长度为 n 的时间序列可以表示为 $Y_1,Y_2,\cdots,Y_n$，其中下标 i 为时间顺序标量。表 10-1 是我国 GDP 及构成的时间序列。

表 10-1　2000~2020 年我国 GDP 及构成的时间序列

年份	GDP/亿元	第一产业增加值比重/%	第二产业增加值比重/%	第三产业增加值比重/%
2000	100 280.1	14.7	45.5	39.8
2001	110 863.1	14.0	44.8	41.2
2002	121 717.4	13.3	44.5	42.2
2003	137 422.0	12.3	45.6	42.0
2004	161 840.2	12.9	45.9	41.2
2005	187 318.9	11.6	47.0	41.3
2006	219 438.5	10.6	47.6	41.8
2007	270 092.3	10.2	46.9	42.9
2008	319 244.6	10.2	47.0	42.9
2009	348 517.7	9.6	46.0	44.4
2010	412 119.3	9.3	46.5	44.2
2011	487 940.2	9.2	46.5	44.3
2012	538 580.0	9.1	45.4	45.5
2013	592 963.2	8.9	44.2	46.9
2014	643 563.1	8.6	43.1	48.3
2015	688 858.2	8.4	40.8	50.8
2016	746 395.1	8.1	39.6	52.4

续表

年份	GDP/亿元	第一产业增加值比重/%	第二产业增加值比重/%	第三产业增加值比重/%
2017	832 035.9	7.5	39.9	52.7
2018	919 281.1	7.0	39.7	53.3
2019	986 515.2	7.1	38.6	54.3
2020	1 015 986.2	7.7	37.8	54.5

二、时间序列的描述分析

（一）图形分析

与截面数据类似，时间序列数据也可以计算均值、方差等统计量。由于时间序列数据前后之间具有相关性，因而时间序列往往呈现出一定的随时间变化而变化的趋势，这种趋势是对时间序列进行分析和预测的基础。因此，在对时间序列进行进一步分析前，应首先利用统计图形对时间序列的变化特征进行直观描述。

线图（line plot）是描述时间序列变化规律的常用统计图形。图 10-2 是 2000~2020 年我国三次产业增加值比重的线图。从图 10-2 中可以看出，第一产业增加值比重呈逐年下降趋势，第二产业增加值比重和第三产业增加值比重 2012 年以前保持一个相对平稳的态势，2012 年以后，第二产业增加值比重快速下降，第三产业增加值比重快速上升，并且取代第二产业成为产业结构中的第一大产业。

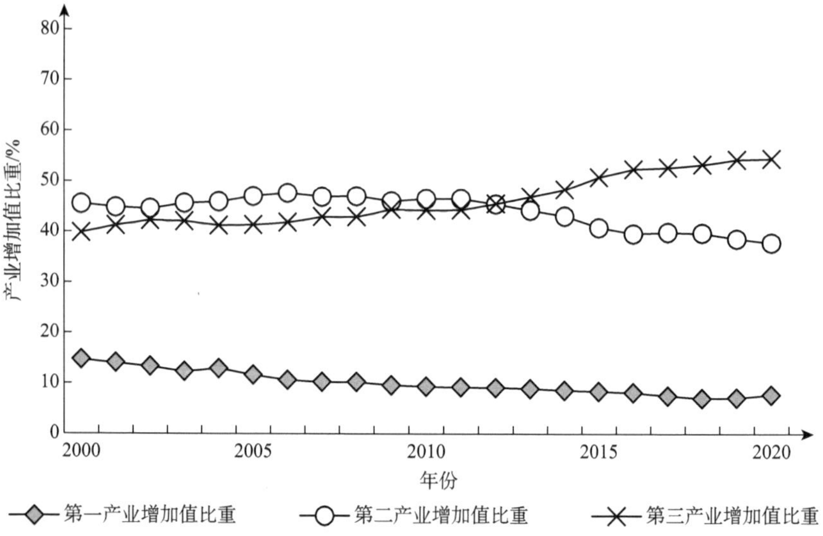

图 10-2　2000~2020 年我国三次产业增加值比重变动图

（二）指标分析

除了用图形展示变化规律外，社会经济时间序列分析还常常计算水平和速度这两类统计分析指标。

1. 发展水平

发展水平是社会经济时间序列中具体时间条件下的指标数值。如果用 $Y_1, Y_2, \cdots, Y_n$ 表示社会经济时间序列，则第 i 期的指标值 Y_i 称为第 i 期的发展水平。时期初的发展水平 Y_1 称为期初水平；时期末的发展水平 Y_n 称为期末水平。发展水平还可分为基期水平和报告期水平。用于对比分析的基础时期发展水平称为基期水平；用于对比分析的研究时期发展水平称为报告期水平。

2. 平均发展水平

社会经济时间序列中各期发展水平的均值称为平均发展水平。计算平均发展水平的目的是反映社会经济现象在一定时期内所达到的一般规模和水平。

1）绝对数时间序列的平均发展水平

绝对数时间序列又分为时期序列和时点序列，这两类时间序列平均发展水平的计算有一定的差异。

（1）时期序列中的每一期指标值可以直接相加，因此其平均发展水平的计算可直接使用简单算术平均数。如果各期的发展水平为 $Y_1, Y_2, \cdots, Y_n$，则该时期的平均发展水平 $\bar{Y}$ 的计算公式为

$$\bar{Y} = \frac{Y_1 + Y_2 + \cdots + Y_n}{n} = \frac{\sum Y_i}{n} \tag{10-1}$$

（2）时点序列如果记录了每一个时点对应的社会经济指标（发展水平）的所有变化，则称为连续登记时点序列，否则称为间断登记时点序列。例如，企业中对职工人数的统计有多种形式，一种是每天都进行记录，一种是在职工人数发生变化时进行记录，还有一种是在人为确定的时点（通常是月初或月末）进行记录。前两种统计方式记录了所有的职工人数变动，因此通过这两种统计方式得到的序列称为连续登记时点序列；后一种统计方式并不能反映两次记录之间职工人数的变动，因此通过这种统计方式得到的序列称为间断登记时点序列。

如果连续登记时点序列 $Y_1, Y_2, \cdots, Y_n$ 的时期间隔是相等的，则可以采用与时期序列同样的计算公式。如果时期间隔不等，则可以使用时期间隔长度作为权数计算加权算术平均数，公式为

$$\bar{Y} = \frac{Y_1 f_1 + Y_2 f_2 + \cdots + Y_n f_n}{f_1 + f_2 + \cdots + f_n} = \frac{\sum Y_i f_i}{\sum f_i} \tag{10-2}$$

间断登记时点序列没有记录对应社会经济指标（发展水平）的所有变化，计算平均发展水平时，首先对所有相邻两期的发展水平计算平均数，将求得的平均数作为该时期发展水平的一般水平，再对其计算算术平均数。

如果每期间隔相等，则使用简单算术平均数计算。假设最初的水平指标为 Y_0，计算公式为

$$\bar{Y} = \frac{\frac{Y_0 + Y_1}{2} + \frac{Y_1 + Y_2}{2} + \cdots + \frac{Y_{n-1} + Y_n}{2}}{n} = \frac{\frac{Y_0}{2} + Y_1 + \cdots + Y_{n-1} + \frac{Y_n}{2}}{n} \tag{10-3}$$

如果每期间隔不等，则用时期间隔长度作为权数计算加权算术平均数。假设最初的水平指标为Y_0，计算公式为

$$\overline{Y}=\frac{\frac{Y_0+Y_1}{2}f_1+\frac{Y_1+Y_2}{2}f_2+\cdots+\frac{Y_{n-1}+Y_n}{2}f_n}{f_1+f_2+\cdots+f_n} \tag{10-4}$$

2）相对数或平均数时间序列的平均发展水平

相对数或平均数指标都是由两个指标对比衍生而来的，假设相对数或平均数指标用Y表示，则$Y=\frac{a}{b}$。例如，人均产值等于总产值除以职工总人数。计算相对数或平均数时间序列的平均发展水平时，首先要计算分子和分母序列的平均发展水平，然后将两者相除。因此相对数或平均数时间序列的平均发展水平的计算公式为

$$\overline{Y}=\frac{\overline{a}}{\overline{b}} \tag{10-5}$$

【例 10-1】某组装企业某年上半年的产品产量（件）：532、603、680、711、712、695，月末职工人数（人）：33、35、40、46、45、40。假设上年末职工人数为 30 人，计算该企业上半年的月平均产量、月平均职工人数和月平均劳动生产率。

解 产量是时期指标，月平均产量：

$$\overline{a}=\frac{\sum a_i}{n}=\frac{532+603+680+711+712+695}{6}=655.5\text{（件）}$$

职工人数是时点指标，并且记录时间间隔相等，但并没有记录每个月中的人员变化情况，月平均职工人数：

$$\overline{b}=\frac{\frac{b_0}{2}+b_1+\cdots+b_{n-1}+\frac{b_n}{2}}{N-1}=\frac{\frac{30}{2}+33+35+40+46+45+\frac{40}{2}}{6}=39\text{（人）}$$

月平均劳动生产率：

$$\overline{Y}=\frac{\overline{a}}{\overline{b}}=\frac{655.5}{39}=16.8\text{（件/人）}$$

3. 发展速度和增长速度

在社会经济时间序列的分析中，人们不仅观察各期发展水平及其绝对变化，也重视报告期水平对比基期水平的相对变化。发展速度d和增长速度d'常用来反映这种相对变化。

$$d=\frac{Y_n}{Y_0}\times 100\% \tag{10-6}$$

$$d'=\frac{Y_n-Y_0}{Y_0}=d-1 \tag{10-7}$$

增长速度又称为增长率，在实践中的应用远远多于发展速度。

【例 10-2】我国“十三五”期间（2016~2020 年）各年的 GDP 分别为：746 395.1 亿元、832 035.9 亿元、919 281.1 亿元、986 515.2 亿元、1 015 986.2 亿元，“十二五”末年 2015 年的 GDP 为 688 858.2 亿元，计算我国“十三五”期间各年 GDP 的增长速度。

解　设我国 2015~2020 年 GDP 值分别为Y_0,Y_1,Y_2,Y_3,Y_4,Y_5，2016~2020 年各年 GDP 的增长速度分别为d_1,d_2,d_3,d_4,d_5。由式（10-7）：

$$d_1=\frac{Y_1}{Y_0}-1=\frac{746\,395.1}{688\,858.2}-1=8.35\%$$

$$d_2=\frac{Y_2}{Y_1}-1=\frac{832\,035.9}{746\,395.1}-1=11.47\%$$

$$d_3=\frac{Y_3}{Y_2}-1=\frac{919\,281.1}{832\,035.9}-1=10.49\%$$

$$d_4=\frac{Y_4}{Y_3}-1=\frac{986\,515.2}{919\,281.1}-1=7.31\%$$

$$d_5=\frac{Y_5}{Y_4}-1=\frac{1\,015\,986.2}{986\,515.2}-1=2.99\%$$

◎知识窗

年度增长率在实际中经常被使用，又称年化率（annualized rate，AR），是指在年内单期（月度或季度）增长率不变的假设下，变量在该年度的计算增长率。年度增长率的计算公式为：$\text{AR}=\left[\left(\frac{Y_n}{Y_0}\right)^{\frac{m}{n}}-1\right]\times100\%$，其中，$m$、$n$分别表示年内时期的总数和基期与报告期间所跨的时期个数。$m=4$时，表示季度；$m=12$时，表示月度。

◎想一想

某保险公司 2020 年 5 月的保费收入总额为 90 亿元，同年 10 月的保费收入总额为 100 亿元。则该地区保费总额的年化增长率是多少？

4. 平均发展速度和平均增长速度

平均发展速度和平均增长速度用于反映一段时期内社会经济现象的一般发展程度和增长程度。

（1）平均发展速度$\bar{d}$等于各期环比发展速度的几何平均数：

$$\bar{d}=\sqrt[n]{\frac{Y_1}{Y_0}\times\frac{Y_2}{Y_1}\times\cdots\times\frac{Y_n}{Y_{n-1}}}=\sqrt[n]{\frac{Y_n}{Y_0}} \qquad (10\text{-}8)$$

（2）平均增长速度不能直接计算，应先计算平均发展速度，再使用式（10-9）：

$$\bar{d}'=\bar{d}-1 \qquad (10\text{-}9)$$

【例 10-3】根据例 10-2 的数据计算我国整个“十三五”期间 GDP 的年平均增长速度，并预测如果按这个年增长速度我国“十四五”末的 2025 年 GDP 规模将达到多少？

解　欲计算 GDP 的年平均增长速度，首先要计算 GDP 的年平均发展速度。设我国 2015~2020 年的 GDP 值分别为Y_0,Y_1,Y_2,Y_3,Y_4,Y_5，平均发展速度为$\bar{d}$，平均增长速度为$\bar{d}'$，根据式（10-8）：

$$\bar{d}=\sqrt[n]{\frac{Y_1}{Y_0}\times\frac{Y_2}{Y_1}\times\cdots\times\frac{Y_n}{Y_{n-1}}}=\sqrt[n]{\frac{Y_n}{Y_0}}=\sqrt[5]{\frac{1\,015\,986.2}{688\,858.2}}=1.0808$$

再计算 GDP 的年平均增长速度$\bar{d}'$，由式（10-9）：

$$\bar{d}'=\bar{d}-1=1.0808-1=8.08\%$$

根据式（10-8）：

$$Y_n=Y_0\times(\bar{d})^n$$

2025 年 GDP 的规模：

$$Y_{10}=Y_0\times(\bar{d})^{10}=Y_5\times(\bar{d})^5=1\,015\,986.2\times1.0808^5=1\,498\,354.2\text{（亿元）}$$

第二节　时间序列的分解

一、时间序列的构成要素

不同的时间序列呈现出不同的变化特征，这主要是由时间序列不同构成要素的变化引起的。一般认为时间序列由下列四个要素构成，即：长期趋势（long-term trend）、季节变动（seasonal variation）、循环变动（cyclical fluctuation）及不规则变动（irregular fluctuation）。

（一）长期趋势

长期趋势是指时间序列在长期内呈现出来的某种持续向上或持续下降的变动。时间序列在一个较长的时间内，往往会呈现出不变、递增或递减的趋势。例如，可支配收入、银行储蓄存款及货币供给量等每年均随时间而增长，人口数量逐年增长，人口死亡率逐年下降等。长期趋势有线性和非线性之分，一般用T表示。

（二）季节变动

季节变动是指在一年中或固定时间内，时间序列呈现周期和幅度大致一样的变动。季节变动发生的原因，主要是季节与社会习俗的影响。例如，电风扇与空调在夏季的销量多而冬季少；法定节假日交通流量和消费品销量增加；一天的交通流量在上下班时间出现高峰，而其余时间流量较为稳定；等等。季节变动分析有广泛的实际背景，在市场预测、生产规划、交通管理以及水文气象等领域都有普遍应用。季节变动一般用S表示。

（三）循环变动

循环变动是指现象沿着趋势线上下波动，且波动的时间间隔超过一年。循环变动发生的原因很多，而且周期的长短与变动的幅度也不一致，这是它与季节变动的显著区别。通常一个时间序列的循环是由其他多个小的时间序列循环组合而成的，如：总体经济指标的循环往往由各个产业的循环组合而成；有时国家经济会受到自然灾害或战争等重大事件的影响；同样地，各产业的循环往往受到整体经济环境的影响，如经济膨胀往往在循环的顶点，而经济萧条则在循环的谷底。循环变动一般用C表示。

（四）不规则变动

不规则变动是指在时间序列中剔除了长期趋势、季节变动和循环变动的影响后的随机波动。一般而言，长期趋势、季节变动以及循环变动皆受到长期主要因素的影响，而只有不规则变动是随机性的，其发生原因往往是一些短期的、无法预期的和不重复出现的因素，如：自然灾害、突发事件、意外事故等。不规则变动一般用 I 表示。

平稳时间序列和非平稳时间序列

二、时间序列的分解模型

传统时间序列分析的一项主要内容是将时间序列的上述构成要素从时间序列中分离出来，并将它们之间的关系用一定的模型表示，以便分别进行分析。按时间序列四种构成要素对其影响方式的不同，时间序列可以分解为多种模型形式，如乘法模型、加法模型等。

（一）乘法模型

乘法模型假定时间序列的变化是四种构成要素相乘的结果。乘法模型中，各要素之间存在相互交叉影响，其表现形式为

$$Y = T \times C \times S \times I \qquad (10\text{-}10)$$

在进行时间序列分析时，如果时间序列属于乘法模型，则用其他构成要素除时间序列，就可以求出某种构成要素的变动。

例如：如果要求季节变动 S，则用 Y 除以 S 就可以得到不含季节变动 S 的时间序列：

$$\frac{Y}{S} = \frac{T \times C \times S \times I}{S} = T \times C \times I$$

再求出长期趋势 T 之后，即可用下式来表示去除长期趋势后的时间序列：

$$\frac{T \times C \times I}{T} = C \times I$$

进一步找出循环变动 C 之后，即可用下式来表示去除循环变动后的时间序列，也就是不规则变动 I：

$$\frac{C \times I}{C} = I$$

（二）加法模型

加法模型假定时间序列的变化是四种构成要素相加而成的。加法模型中，各成分彼此互相独立，无交互影响，其表现形式为

$$Y = T + C + S + I \tag{10-11}$$

与乘法模型类似，如果假设时间序列属于加法模型，则将其他构成要素的变动在时间序列中减掉就可以求出某种构成要素的变动。例如，用时间序列观测值Y减去长期趋势T、季节变动S和循环变动C，剩余列即为不规则变动I。

◎**知识窗**

乘法模型和加法模型并不是一成不变的，有时可以利用变换将两种模型的形式互换。例如，实际当中经常将具有非线性关系的乘法模型通过对数变换转换成具有线性关系的加法模型，若Y、T、C、S和I均为正值，则式（10-10）可以变为下式：

$$\lg Y = \lg T + \lg C + \lg S + \lg I$$

第三节　时间序列平滑分析方法

时间序列分析的出发点是明确时间序列的各个构成要素，但由于不规则变动的影响，各构成要素的变化趋势往往隐藏其中，特别是当时间序列的时间间隔较短时，不规则变动对构成要素的影响更加明显。为了消除不规则变动的这种影响，可以应用平滑法对时间序列进行处理。时间序列平滑法的原理是利用统计技术将不规则变动从时间序列中剔除，从而得到时间序列的趋势。这里主要介绍移动平均法和简单指数平滑法。

一、移动平均法

移动平均法的原理是：不规则变动对时间序列每期的影响大小不同，方向也不同，将时间序列连续多期的观测值平均，序列中过大与过小的观测值就可以互相抵消，这样就剔除了随机波动的影响。将时间序列逐期顺序移动，依次计算包含连续若干期观测值的平均数，得到一连串由平均数构成的序列，称为移动平均列。移动平均包含中心移动平均和非中心移动平均两种形式。

设时间序列$Y_1, Y_2, \cdots, Y_T$，M_t表示第t期的移动平均值，则n期中心移动平均的计算公式为

$$M_t = \begin{cases} \dfrac{Y_{t-\frac{n-1}{2}} + Y_{t-\frac{n+1}{2}} + \cdots + Y_t + \cdots + Y_{t+\frac{n-3}{2}} + Y_{t+\frac{n-1}{2}}}{n}, & n\text{为奇数} \\ \dfrac{\frac{1}{2}Y_{t-\frac{n}{2}} + Y_{t-\frac{n}{2}+1} + \cdots + Y_t + \cdots + Y_{t+\frac{n}{2}-1} + \frac{1}{2}Y_{t+\frac{n}{2}}}{n}, & n\text{为偶数} \end{cases} \tag{10-12}$$

n期非中心移动平均的计算公式为

$$M_t = \frac{Y_{t-(n-1)} + \cdots + Y_{t-1} + Y_t}{n} \tag{10-13}$$

n期移动平均有时也称步长为n的移动平均。

（一）利用中心移动平均法平滑时间序列

中心移动平均用于对时间序列进行平滑，以消除时间序列中的不规则变动或者季节变动。

【例 10-4】 表 10-2 为某海鲜批发市场连续 12 周的发货量，分别对其进行 3 期和 4 期中心移动平均，并绘制 3 个序列的图形。

表 10-2　某海鲜批发市场连续 12 周发货量时间序列

时间/周	发货量/吨	时间/周	发货量/吨
1	17.2	7	21.5
2	20.0	8	19.5
3	17.5	9	21.2
4	16.4	10	17.4
5	19.3	11	20.8
6	16.9	12	17.1

解　设 t 为时间变量符号。利用中心移动平均进行平滑。对于 3 期移动平均，根据式（10-12），计算第一个 3 期移动平均值，就是对第 1 周、第 2 周和第 3 周的发货量求算术平均数：

$$\frac{17.2+20.0+17.5}{3}=18.23（吨）$$

计算第二个 3 期移动平均值，就是对第 2 周、第 3 周和第 4 周的发货量求算术平均数：

$$\frac{20.0+17.5+16.4}{3}=17.97（吨）$$

以此类推可以得到其他 3 期移动平均值。

对于 4 期移动平均，可以按式（10-13）直接计算，也可以将计算过程分解为两步。

第一步，利用移动平均计算形成一个移动平均列。第一个移动平均值为

$$\frac{17.2+20.0+17.5+16.4}{4}=17.78（吨）$$

这个值对应 $t=2.5$ 的位置。第二个移动平均值为

$$\frac{20.0+17.5+16.4+19.3}{4}=18.30（吨）$$

这个值对应 $t=3.5$ 的位置。以此类推得到其他值。

第二步，将第一步生成的移动平均列中心化，方法是再进行一次 2 期移动平均。第一个中心移动平均值为

$$\frac{17.78+18.30}{2}=18.04（吨）$$

这个值对应 $t=3$ 的位置。第二个中心移动平均值为

$$\frac{18.30+17.53}{2}=17.92（吨）$$

这个值对应 $t=4$ 的位置。以此类推，得到 4 期中心移动平均列，结果见表 10-3。

表 10-3 某海鲜批发市场发货量中心移动平均计算结果

时间/周	发货量/吨	3 期中心移动平均值/吨	4 期中心移动平均第一步/吨	4 期中心移动平均第二步/吨
1	17.2	—	—	—
2	20.0	18.23	17.78	—
3	17.5	17.97	18.30	18.04
4	16.4	17.73	17.53	17.91
5	19.3	17.53	18.53	18.03
6	16.9	19.23	19.30	18.91
7	21.5	19.30	19.78	19.54
8	19.5	20.73	19.90	19.84
9	21.2	19.37	19.73	19.81
10	17.4	19.80	19.13	19.43
11	20.8	18.43	—	—
12	17.1	—	—	—

图 10-3 为海鲜批发市场发货量序列及其 3 期和 4 期移动平均序列的图形。从图 10-3 中可以看出，3 期移动平均列比原序列平滑，并且很好地去除了不规则变动的影响。4 期移动平均列比 3 期移动平均列还要平滑，说明对不规则变动影响的剔除更加彻底。在对时间序列进行移动平均时，移动平均项数越大对不规则变动影响的去除越彻底，所得到的移动平均列也越光滑，但过度的移动平均可能在剔除不规则变动影响的同时，损失掉时间序列更多的信息。

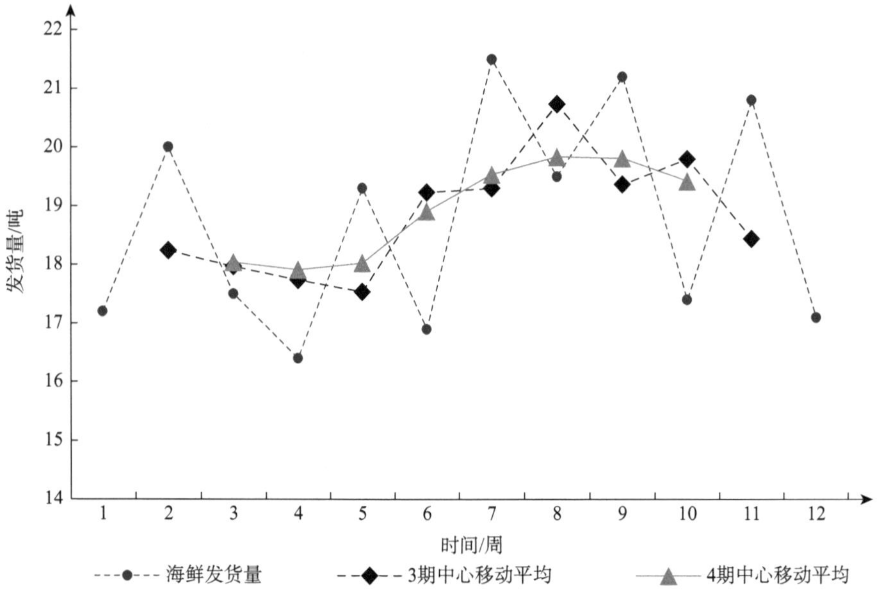

图 10-3 某海鲜批发市场发货量以及移动平均序列平滑图

◎想一想

如果使用移动平均消除时间序列中的季节变动，移动平均的步长应如何选择？

（二）利用非中心移动平均法对时间序列进行预测

移动平均不仅可以对时间序列进行平滑，还可以对其进行短期预测。对时间序列进行预测需要使用非中心移动平均法，首先使用式（10-13）计算每一期的移动平均值，然后将每期的移动平均值作为下期的预测值，也就是第$t+1$期的预测值等于第t期的移动平均值：

$$F_{t+1} = M_t \tag{10-14}$$

【例 10-5】利用例 10-4 某海鲜批发市场的数据，使用 3 期和 4 期移动平均对其进行预测，并从预测误差的角度分析选用哪一种预测。

解 首先使用非中心移动平均法计算 3 期和 4 期的移动平均列。由式（10-13），3 期非中心移动平均列中的第 1 项M_3是原序列第 1 周、第 2 周和第 3 周发货量的平均，再根据式（10-14），将其作为第 4 周的预测值F_4；3 期移动平均列中的第 2 项M_4是原序列第 2 周、第 3 周和第 4 周发货量的平均，将其作为第 5 周的预测值F_5；以此类推。4 期移动平均预测与 3 期移动平均预测的方法相同。下面将预测结果以表格的形式给出（表 10-4），注意最后两个预测值是对未来第 13 周的预测，它们分别是原序列第 10 周至第 12 周 3 期发货量的平均值和第 9 周至第 12 周 4 期发货量的平均值。

表 10-4 某海鲜批发市场发货量时间序列移动平均预测结果

时间/周	发货量/吨	3 期移动平均预测				4 期移动平均预测			
		非中心移动平均/吨	预测值/吨	预测误差/吨	误差平方	非中心移动平均/吨	预测值/吨	预测误差/吨	误差平方
1	17.2								
2	20.0								
3	17.5	18.23							
4	16.4	17.97	18.23	−1.83	3.35	17.78			
5	19.3	17.73	17.97	1.33	1.78	18.30	17.78	1.53	2.33
6	16.9	17.53	17.73	−0.83	0.69	17.53	18.30	−1.40	1.96
7	21.5	19.23	17.53	3.97	15.73	18.53	17.53	3.98	15.80
8	19.5	19.30	19.23	0.27	0.07	19.30	18.53	0.98	0.95
9	21.2	20.73	19.30	1.90	3.61	19.78	19.30	1.90	3.61
10	17.4	19.37	20.73	−3.33	11.11	19.90	19.78	−2.38	5.64
11	20.8	19.80	19.37	1.43	2.05	19.73	19.90	0.90	0.81
12	17.1	18.43	19.80	−2.70	7.29	19.13	19.73	−2.63	6.89
13			18.43		合计 45.70		19.13		合计 37.99

对时间序列进行预测时，评价一个预测的优劣是通过考察该预测的误差水平实现的。若要确定一个预测的误差水平，可以计算该预测的均方误差。均方误差是预测误差平方和的平均数，如式（10-15）所示：

$$均方误差 = \frac{预测误差的平方和}{预测误差的个数} \tag{10-15}$$

对于例 10-5，表 10-4 中给出了均方误差的计算数据，由式（10-15）得出：

$$3期移动平均的均方误差 = \frac{45.70}{9} = 5.08$$

$$4期移动平均的均方误差 = \frac{37.99}{8} = 4.75$$

4 期移动平均预测的均方误差小于 3 期移动平均预测，说明前者的预测误差低于后者。在实际预测中，可通过对比不同步长移动平均预测的均方误差，选择均方误差最小者为最佳步长，即可以用此步长移动平均预测对未来时期进行预测。在上例中，对未来第 13 周的预测应选择 4 期移动平均的预测值 19.13。

加权移动平均

◎知识窗

对误差水平的计算除了均方误差外，还可以计算平均绝对误差，公式为：$平均绝对误差 = \frac{预测误差的绝对数之和}{预测误差的个数}$。

◎想一想

对上例中 3 期和 4 期移动平均预测计算平均绝对误差，根据计算结果对两个预测进行评价。

二、简单指数平滑法

利用移动平均法对时间序列进行平滑时，并没有充分利用原序列的所有信息，并且移动平均计算采用的是简单平均，近期和远期序列值的权重相同。简单指数平滑法是移动平均的特例，本期平滑值是截至本期所有原序列值的加权平均，并且权重由近至远呈指数衰减。

简单指数平滑法适合对不含趋势和季节变动的时间序列进行平滑。令 Y_t 为时间序列的观测值，S_t 为平滑后的数值，α 为平滑系数，且 $0<\alpha<1$，则简单指数平滑法的表达式为

$$S_t = \alpha Y_t + (1-\alpha)S_{t-1} \tag{10-16}$$

◎知识窗

指数平滑法之所以称为“指数”平滑法，是因为每一期指数平滑值都可以写成原时间

序列所有过去数值的加权求和的形式，越近期的序列值权重越大，越远期的序列值权重越小，并且权重呈指数形式递减。

$$S_2 = \alpha Y_2 + (1-\alpha)S_1 = \alpha Y_2 + (1-\alpha)Y_1$$
$$S_3 = \alpha Y_3 + (1-\alpha)S_2 = \alpha Y_3 + (1-\alpha)[\alpha Y_2 + (1-\alpha)Y_1]$$
$$= \alpha Y_3 + \alpha(1-\alpha)Y_2 + (1-\alpha)^2 Y_1$$
$$\cdots\cdots$$
$$S_t = \alpha Y_t + \alpha(1-\alpha)Y_{t-1} + \alpha(1-\alpha)^2 Y_{t-2} + \cdots + \alpha(1-\alpha)^{t-2} Y_2 + (1-\alpha)^{t-1} Y_1$$

（一）利用简单指数平滑法对时间序列进行平滑

α 为平滑系数，简单指数平滑法公式中，越小的 α 值适用于变动越明显的时间序列，即不规则效应越明显的时间序列；相反地，越大的 α 值适用于越稳定的时间序列。在实际计算时，简单指数平滑法通常使第 1 期的平滑值等于第 1 期的原时间序列数值，从第 2 期开始按式（10-16）计算，即

$$\begin{aligned} S_1 &= Y_1 \\ S_2 &= \alpha Y_2 + (1-\alpha)S_1 \\ S_3 &= \alpha Y_3 + (1-\alpha)S_2 \\ &\cdots\cdots \\ S_t &= \alpha Y_t + (1-\alpha)S_{t-1} \end{aligned} \tag{10-17}$$

【例 10-6】利用简单指数平滑法对例 10-4 的海鲜批发市场的发货量时间序列进行平滑，并绘制图形。α 分别取 0.2 和 0.6。

解　利用式（10-17），计算结果见表 10-5。

表 10-5　某海鲜批发市场发货量时间序列指数平滑计算结果　　单位：吨

时间/周	海鲜发货量	指数平滑列	
		$\alpha = 0.2$	$\alpha = 0.6$
1	17.2	17.20	17.20
2	20.0	17.76	18.88
3	17.5	17.71	18.05
4	16.4	17.45	17.06
5	19.3	17.82	18.40
6	16.9	17.63	17.50
7	21.5	18.41	19.90
8	19.5	18.63	19.66
9	21.2	19.14	20.58
10	17.4	18.79	18.67
11	20.8	19.19	19.95
12	17.1	18.78	18.24

从图 10-4 中可以看出，平滑系数 α 越小，指数平滑列的光滑度越高；平滑系数 α 越大，指数平滑列的光滑度越低。可以通过适当调整平滑系数 α 的值，达到发现时间序列的变化趋势的目的。

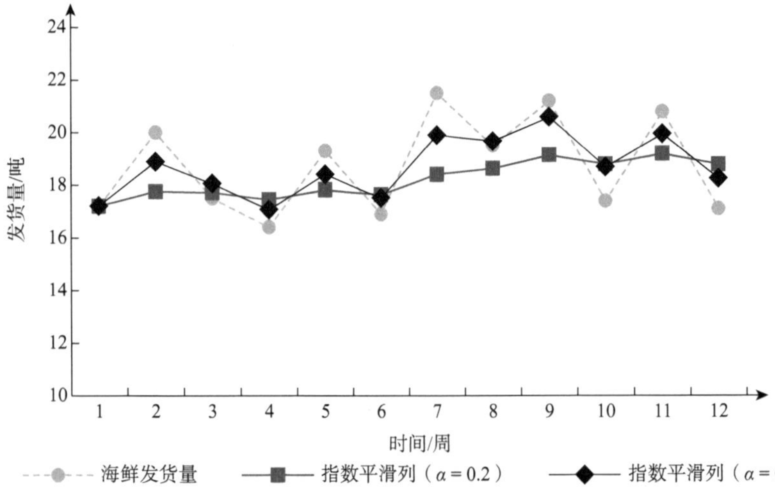

图 10-4　某海鲜批发市场发货量时间序列指数平滑图

（二）利用简单指数平滑法对时间序列进行预测

与移动平均法一样，简单指数平滑法同样可以用于时间序列预测。简单指数平滑法适合对没有明显趋势和季节变动的时间序列进行预测。假设 t 代表最近的一个时期，计算出指数平滑值 S_t，那么这个指数平滑值就是第 $t+1$ 期的预测值。即

$$F_{t+1} = S_t \tag{10-18}$$

【例 10-7】 利用例 10-6 的数据进行指数平滑预测，其中 α 取 0.2 和 0.6，并利用均方误差指标对两个预测进行评价。

解　利用式（10-17）和式（10-18），计算结果见表 10-6。

表 10-6　某海鲜批发市场发货量时间序列指数平滑预测结果

时间/周	发货量/吨	α 取 0.2 的指数平滑预测			α 取 0.6 的指数平滑预测		
		预测值/吨	预测误差/吨	误差平方	预测值/吨	预测误差/吨	误差平方
1	17.2	—	—	—	—	—	—
2	20	17.20	2.80	7.84	17.20	2.80	7.84
3	17.5	17.76	−0.26	0.07	18.88	−1.38	1.90
4	16.4	17.71	−1.31	1.71	18.05	−1.65	2.73
5	19.3	17.45	1.85	3.44	17.06	2.24	5.01
6	16.9	17.82	−0.92	0.84	18.40	−1.50	2.26
7	21.5	17.63	3.87	14.95	17.50	4.00	15.99
8	19.5	18.41	1.09	1.19	19.90	−0.40	0.16

续表

时间/周	发货量/吨	α 取 0.2 的指数平滑预测			α 取 0.6 的指数平滑预测		
		预测值/吨	预测误差/吨	误差平方	预测值/吨	预测误差/吨	误差平方
9	21.2	18.63	2.57	6.63	19.66	1.54	2.37
10	17.4	19.14	−1.74	3.03	20.58	−3.18	10.14
11	20.8	18.79	2.01	4.03	18.67	2.13	4.52
12	17.1	19.19	−2.09	4.38	19.95	−2.85	8.12
13	—	18.78	—	合计 48.11	18.24	—	合计 61.05

指数平滑预测也有一个模型选择问题，这个问题也可以通过对比预测模型的均方误差解决，选择均方误差最小的预测模型为最优预测模型。在上例中，

$$\alpha \text{取}0.2\text{的指数平滑预测的均方误差}=\frac{48.11}{11}=4.37$$

$$\alpha \text{取}0.6\text{的指数平滑预测的均方误差}=\frac{61.05}{11}=5.55$$

可见平滑系数为 0.2 的预测要优于平滑系数为 0.6 的预测。

◎想一想

前面使用移动平均和指数平滑法对例 10-4 的时间序列进行了四次预测，从均方误差的角度看，应该选择哪一次预测？

Holt-Winters 指数平滑法

第四节　时间序列分析趋势方程法

时间序列平滑分析法利用平滑技术剔除时间序列中的不规则变动，从而得到不含不规则变动的序列。与平滑分析法不同，时间序列趋势方程法使用模型拟合方法得到不含不规则变动的序列。

一、线性趋势方程法

线性趋势方程法是利用线性回归的方法对原时间序列拟合线性方程，消除其他要素变动，从而揭示序列长期趋势的方法。如果时间序列长期看呈现线性增长或下降的趋势，就可以用线性趋势方程对这种趋势进行拟合。线性趋势方程的一般形式为

$$\hat{Y}_t = a + bt \tag{10-19}$$

式中，$\hat{Y}_t$ 为时间数列 Y_t 的趋势值；t 为时间；a 为截距项；b 为趋势线斜率，表示时间 t 变动一个单位时趋势值 $\hat{Y}_t$ 的平均变动数量，即每期的平均增长量。

线性趋势方程中的两个未知常数 a 和 b 可由最小二乘法求得，a、b 的参数估计公式为

$$b = \frac{n\sum tY - \sum t \sum Y}{n\sum t^2 - (\sum t)^2} \tag{10-20}$$

$$a = \overline{Y} - b\overline{t} \tag{10-21}$$

得到趋势方程后，可以很容易地利用趋势方程进行预测，只需要将代表未来某一期的时间 t 值代入趋势方程，就可以得到该期的预测值。

【例 10-8】表 10-7 为某地区家用空调的销售数据，求出趋势方程，并用趋势方程预测未来两年该地区空调的销量。

表 10-7　某地区连续八年空调销量的时间序列

年份	t	销量/千台	年份	t	销量/千台
2012	1	3.5	2016	5	6.6
2013	2	3.8	2017	6	7.4
2014	3	5.2	2018	7	7.5
2015	4	4.5	2019	8	8.3

解　从图 10-5 可以看出，该地区空调销量时间序列呈线性增长趋势，设线性趋势方程为：$\hat{Y}_t = a + bt$，式中 t 为时间变量，$\hat{Y}_t$ 为 t 期销量趋势值。

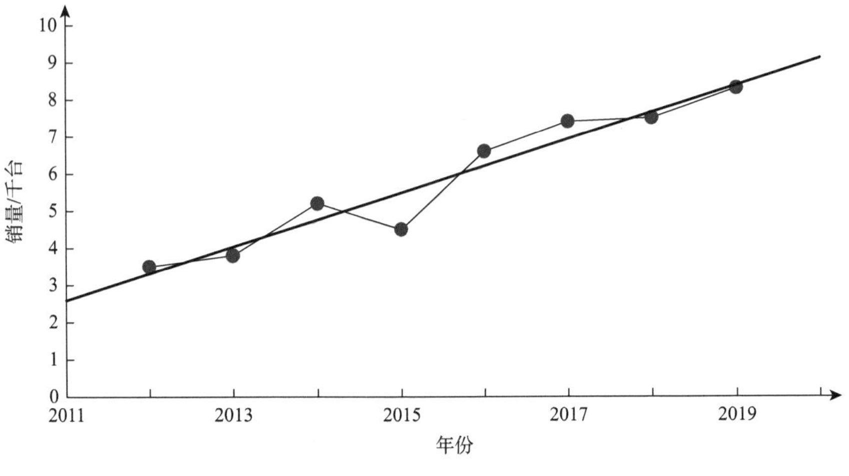

图 10-5　某地区空调销量时间序列长期趋势图

由原数据得 $\sum t = 36$，$\sum Y = 46.8$，$\sum tY = 241$，$\sum t^2 = 204$，$\overline{Y} = \frac{\sum Y}{n} = 5.85$，$\overline{t} = \frac{\sum t}{n} = 4.5$。根据最小二乘法得

$$b=\frac{n\sum tY-\sum t\sum Y}{n\sum t^2-(\sum t)^2}=\frac{8\times 241-36\times 46.8}{8\times 204-36^2}=0.72$$

$$a=\overline{Y}-b\overline{t}=5.85-0.72\times 4.5=2.59$$

即趋势方程为 $\hat{Y}_t=2.59+0.72t$ 。

预测 2020 年空调销量，将 $t=9$ 代入趋势方程，得销量预测值 $\hat{Y}_t=2.59+0.72\times 9=9.07$ 千台。

预测 2021 年空调销量，将 $t=10$ 代入趋势方程，得销量预测值 $\hat{Y}_t=2.59+0.72\times 10=9.79$ 千台。

二、非线性趋势方程法

当时间序列的长期趋势呈现非线性变化时，需要用非线性趋势方程来拟合。

【例 10-9】利用本章案例引入的数据（表 10-8），求我国新能源汽车销售量的趋势方程，并利用该趋势方程对 2021 年我国新能源汽车的销售量进行预测。

表 10-8 2010~2020 年我国新能源汽车销售量

年份	销售量/万辆	年份	销售量/万辆
2010	0.7	2016	50.7
2011	0.8	2017	77.7
2012	1.3	2018	124.0
2013	1.8	2019	120.6
2014	7.5	2020	136.7
2015	33.1	—	—

解 从图 10-1 可以看出，我国新能源汽车销售量时间序列呈指数增长的趋势，如果进行预测的话，使用线性趋势方程进行预测不太合适。根据我国新能源汽车销售量序列的形态，尝试建立二次曲线型的非线性趋势方程：

$$\hat{Y}_t=a+bt+ct^2$$

根据式（9-34），得到三个参数的估计值 $a=-3.13$ ， $b=-2.98$ ， $c=1.55$ 。则趋势方程为

$$\hat{Y}_t=-3.13-2.98t+1.55t^2$$

将 $t=12$ 代入上述方程得 2021 年我国新能源汽车销售量的预测值：$\hat{Y}_{12}=-3.13-2.98\times 12+1.55\times 12^2=184.31$（万辆）。

除了上述二次曲线型的趋势方程，其他常见的非线性趋势方程还有指数曲线型趋势方程、修正指数曲线型趋势方程、冈珀茨曲线型趋势方程、逻辑斯谛曲线型趋势方程等，这四个方程又被称为增长曲线方程，指数曲线型方程和修正指数曲线型方程描述的是增长率大致相等的现象趋势，冈珀茨曲线和逻辑斯谛曲线描述的现象具有先加速增长、后减速增

长最后达到饱和的特征。非线性趋势方程通常需要用非线性最小二乘估计方法进行估计，具体的估计方法请参考相关专业书籍。

第五节　季 节 指 数

季节变动是一种周期性变动，其特征主要有两点：一是有规律地按周期重复出现；二是各周期变动幅度大致相同。有些季节变动是季节变化这种自然原因造成的，如服装、空调等商品的销量随季节变化呈现出特有的变化规律；有些季节变动是人为原因造成的，如国家法定节假日造成的铁路或航空运输量的变化。图 10-6 是大华公司生产的一种新型乳制品的时间序列图，该产品上市五年来，销量呈逐年增长的趋势。同时，受季节因素影响，产品销量呈现明显的“淡季”和“旺季”。

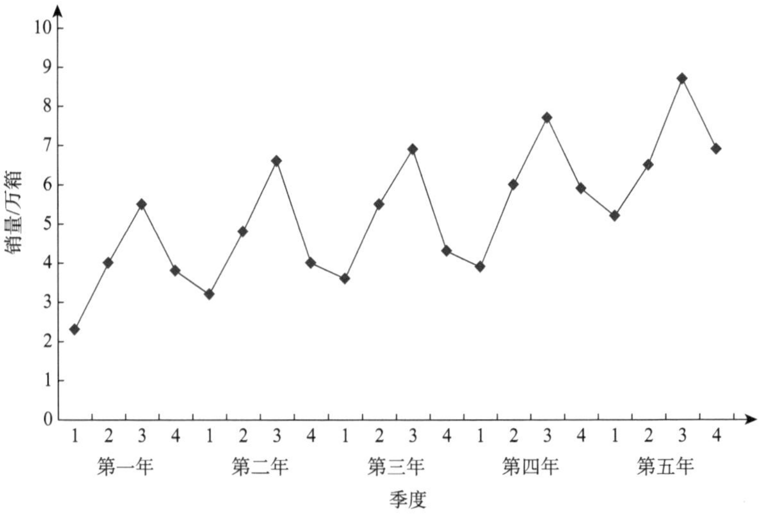

图 10-6　大华公司某乳制品连续五年销量时间序列

在现实中分析季节变动有特殊的意义，政府机构可以制订符合季节变动的宏观经济计划；企业可以根据季节变化安排生产和销售策略；从时间序列中剔除季节变动的影响还可以分析其他构成要素的影响。测定季节变动的方法主要是计算季节指数，季节指数刻画了现象在一个年度内各季（月）的变化特征。某时期的季节指数高，说明该期为“旺季”；反之则为“淡季”。季节指数一般以百分点表示，季节指数大于 100 点表示“旺季”，季节指数小于 100 点表示“淡季”。

一、简单季节指数

简单季节指数的原理是对相同季度所有的序列值求算术平均得到该季度的水平值，“淡季”的水平值低，“旺季”的水平值高，然后将其与所有序列值的总平均值进行对比，得到的相对数就是反映季节变化的简单季节指数。

简单季节指数的计算步骤如下。

第一步，计算时间序列中相同季度序列值的平均值，即季节平均值。

第二步，计算时间序列所有序列值的平均，即总平均值。

第三步，用每个季节平均值除以总平均值，就得到各季度的简单季节指数。

下面用一个实例介绍简单季节指数的计算过程。

【例 10-10】计算图 10-6 所示的大华公司某乳制品销量的简单季节指数，销售量数据见表 10-9。

表 10-9　大华公司某乳制品连续五年销量时间序列　　单位：万箱

年度	第 1 季度	第 2 季度	第 3 季度	第 4 季度
第一年	2.3	4.0	5.5	3.8
第二年	3.2	4.8	6.6	4.0
第三年	3.6	5.5	6.9	4.3
第四年	3.9	6.0	7.7	5.9
第五年	5.2	6.5	8.7	6.9

解　简单季节指数的计算在表 10-10 中实现。

表 10-10　简单季节指数计算表

年度	第 1 季度	第 2 季度	第 3 季度	第 4 季度	年平均
第一年	2.3	4.0	5.5	3.8	3.9
第二年	3.2	4.8	6.6	4.0	4.7
第三年	3.6	5.5	6.9	4.3	5.1
第四年	3.9	6.0	7.7	5.9	5.9
第五年	5.2	6.5	8.7	6.9	6.8
季度平均	3.6	5.4	7.1	5.0	5.3
简单季节指数/%	69.1	101.8	134.5	94.6	100

表 10-10 中，4 个季度的季节平均值分别为 3.6 万箱、5.4 万箱、7.1 万箱和 5.0 万箱，总平均为 5.3 万箱，用四个季度的季节平均值除以总平均值，就得到 4 个简单季节指数 69.1%、101.8%、134.5%和 94.6%。

二、移动平均比率季节指数

简单平均比率计算季节指数简单容易，但是较为粗糙、精确度不高，实际当中较少使用。计算季节指数常用的方法称为移动平均比率法（ratio to moving average method），其计算步骤如下。

第一步，对原始序列进行中心移动平均，移动平均的期数为季节变动的周期，即季度数据采用 4 期移动平均，月度数据采用 12 期移动平均。此步的目的是利用移动平均法消除季节变动。

第二步，计算季节比率，即原始序列数值与第一步移动平均列对应值的比值。季节比率不能称为完全意义上的季节指数，因为各个相同“季节”的季节比率并不相等，这可以看作季节随机变动引起的。

第三步，对相同“季节”的季节比率计算均值，消除季节随机变动的影响，所得均值即为各个“季节”的季节指数。

第四步，对季节指数做标准化修正，消除计算误差的影响。

【例 10-11】使用移动平均比率法，对大华公司某乳制品销量时间序列计算季节指数。

解 类似于简单季节指数，移动平均比率法计算季节指数也容易在表格中实现，计算过程见表 10-11。

表 10-11 大华公司某乳制品销量时间序列季节指数计算表

年度	季度	销量/万箱	4 期中心化移动平均列/万箱	季节比率
第一年	1	2.3	—	—
	2	4.0	—	—
	3	5.5	4.013	1.371
	4	3.8	4.225	0.899
第二年	1	3.2	4.463	0.717
	2	4.8	4.625	1.038
	3	6.6	4.700	1.404
	4	4.0	4.838	0.827
第三年	1	3.6	4.963	0.725
	2	5.5	5.038	1.092
	3	6.9	5.113	1.350
	4	4.3	5.213	0.825
第四年	1	3.9	5.375	0.726
	2	6.0	5.675	1.057
	3	7.7	6.038	1.275
	4	5.9	6.263	0.942
第五年	1	5.2	6.450	0.806
	2	6.5	6.700	0.970
	3	8.7	—	—
	4	6.9	—	—

表 10-11 中不同年份同一季度的季节比率很接近但并不相等，这是由于季节比率中还包含不规则变动的影响。为了将不规则变动从季节比率中剔除，可以采用算术平均的方法，求出的每个季度季节比率的均值，即季节指数，计算过程见表 10-12。

表 10-12　大华公司某乳制品销量时间序列季节指数计算表

年度	季度			
	1	2	3	4
第一年	—	—	1.371	0.899
第二年	0.717	1.038	1.404	0.827
第三年	0.725	1.092	1.350	0.825
第四年	0.726	1.057	1.275	0.942
第五年	0.806	0.970	—	—
季节指数/%	74.4	103.9	135.0	87.3

在乘法模型中要求季节指数之和为 4，但在实际中，由于计算过程中存在小数取舍，季节指数常常并不满足这个要求，这时需要对季节指数进行调整。调整的方法是用每个季节指数除以所有季节指数的均值。上例中调整后的各季度季节指数为

$$\text{第1季度季节指数}=\frac{74.4\%}{\dfrac{74.4\%+103.9\%+135.0\%+87.3\%}{4}}=74.2\%$$

$$\text{第2季度季节指数}=\frac{103.9\%}{\dfrac{74.4\%+103.9\%+135.0\%+87.3\%}{4}}=103.8\%$$

$$\text{第3季度季节指数}=\frac{135.0\%}{\dfrac{74.4\%+103.9\%+135.0\%+87.3\%}{4}}=134.8\%$$

$$\text{第4季度季节指数}=\frac{87.3\%}{\dfrac{74.4\%+103.9\%+135.0\%+87.3\%}{4}}=87.2\%$$

第六节　时间序列综合分析

前面几节分别介绍了使用平滑技术或趋势方程分解时间序列中的趋势，以及计算季节指数反映时间序列的季节变动的方法。实际中，时间序列的变动因素并不独立存在，一个时间序列往往同时存在几种变动因素。

一个时间序列分析过程包括对时间序列的分解以及在此基础上对未来序列值的预测。在进行预测时，长期趋势和季节变动有各自不同的作用。趋势用来预测现象未来“应该”达到一个什么水平，这是预测时的首要任务；而季节变动在预测中的作用是在趋势预测的基础上，利用季节指数对不同季节的趋势预测值进行调整。

【例 10-12】根据例 10-11 数据，对大华公司某乳制品销量时间序列进行因素分解，并对第六年各季度的销售量进行预测。

解　第一步，利用移动平均比率法计算乳制品销量的季节指数。具体过程和结果参考例 10-11。

第二步，在原始序列中剔除季节变动。对本例应用模型 $Y=S(T+I)$，用原序列中的各数值分别除以相应的季节指数，即可将季节变动从原序列中分离，表示为 $\frac{Y}{S}=T+I$，图 10-7 为剔除季节变动后的序列与原始序列的对比图。

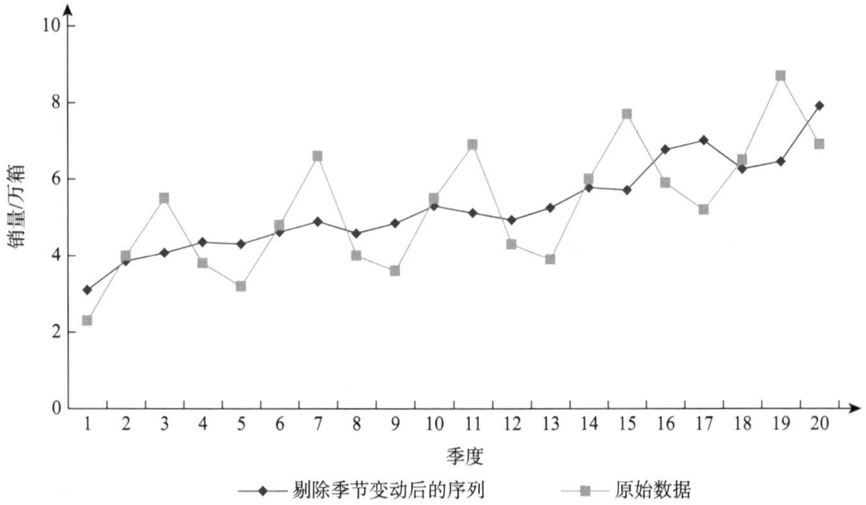

图 10-7　剔除季节变动前后某乳制品销量时间序列图

第三步，对剔除季节变动的序列拟合趋势方程。剔除季节变动后的产品销量序列具有明显的线性增长趋势，对其建立线性趋势方程：

$$\hat{T}_t=a+bt$$

利用最小二乘法估计未知参数 a 和 b，得到线性趋势方程：

$$\hat{T}_t=3.29+0.19t$$

第四步，利用趋势方程，对不含季节变动的下一年四个季度销量的趋势值进行预测。

第 1 季度趋势预测值为：$\hat{T}_{21}=3.29+0.19\times 21=7.28$（万箱）

第 2 季度趋势预测值为：$\hat{T}_{22}=3.29+0.19\times 22=7.47$（万箱）

第 3 季度趋势预测值为：$\hat{T}_{23}=3.29+0.19\times 23=7.66$（万箱）

第 4 季度趋势预测值为：$\hat{T}_{24}=3.29+0.19\times 24=7.85$（万箱）

第五步，利用季节指数对销量趋势预测值进行调整，得到最终的销量预测值，即 $\hat{Y}_t=S\hat{T}_t$。

第 1 季度销量预测值为：$\hat{Y}_{21}=74.2\%\times 7.28=5.40$（万箱）

第 2 季度销量预测值为：$\hat{Y}_{22}=103.8\%\times 7.47=7.75$（万箱）

第 3 季度销量预测值为：$\hat{Y}_{23}=134.8\%\times 7.66=10.33$（万箱）

第 4 季度销量预测值为：$\hat{Y}_{24}=87.2\%\times 7.85=6.85$（万箱）

宏观经济时间序列的季节调整

本章小结

（1）时间序列是按照时间顺序取得的一系列同一现象的观测值。时间序列分析的第一步是用统计图形描述其变化规律，也可以对时间序列计算描述统计指标。

（2）时间序列由长期趋势、季节变动、循环变动及不规则变动四个要素构成。时间序列的分解有加法模型和乘法模型。

（3）移动平均法和简单指数平滑法适合对不含趋势和季节变动的时间序列进行平滑和预测。对含有趋势的时间序列，根据趋势的不同形态采用线性或非线性趋势方程进行预测。

（4）对季节变动的测度通常采用季节指数法，移动平均比率法是计算季节指数的常用方法。

第十一章

统计指数

本章主要是对指数的编制方法以及各种指数的应用进行系统、全面的介绍。本章的具体要求：①了解指数的概念和分类；②掌握综合指数和平均指数的编制方法以及指数体系的分析和应用；③了解几种常用的经济指数。

➢案例引入

2020 年中国创新指数

据国家统计局社科文司《中国创新指数研究》课题组测算，2020 年中国创新指数达到 242.6（以 2005 年为 100），比上年增长 6.4%。分领域看，创新环境指数、创新投入指数、创新产出指数和创新成效指数分别达到 266.3、209.7、319.8 和 174.7，分别比上年增长 6.3%、5.4%、8.5%和 3.8%。

（一）创新环境指数。该领域的五个评价指标指数四升一降，其中，劳动力中大专及以上学历人数指数、理工科毕业生占适龄人口比重指数、享受加计扣除减免税企业所占比重指数均实现两位数增长，增速分别为 14.3%、13.1%和 12.4%；人均 GDP 指数增长 2.2%；科技拨款占财政拨款的比重指数下降 8.4%。

（二）创新投入指数。该领域的六个评价指标指数均实现不同程度增长，其中，每万人 R&D 人员全时当量指数、R&D 经费占 GDP 比重指数增长较快，增速分别为 8.9%和 7.2%；有研发机构的企业所占比重指数、企业 R&D 经费占主营业务收入比重指数、开展产学研合作的企业所占比重指数分别增长 6.9%、4.9%和 3.8%；基础研究人员人均经费指数增长 0.9%。

（三）创新产出指数。该领域的五个评价指标指数四升一降，其中，每万名 R&D 人员专利授权数指数、每万名科技活动人员技术市场成交额指数、每百家企业商标拥有量指数均实现两位数增长，增速分别为 24.6%、19.1%和 17.6%；每万人科技论文数指数增长 0.1%；发明专利授权数占专利授权数的比重指数下降 13.8%。

（四）创新成效指数。该领域的五个评价指标指数均实现不同程度增长，其中，新产品销售收入占主营业务收入的比重指数增长较快，增速为 9.9%；人均主营业务收入指数、高新技术产品出口额占货物出口额的比重指数分别增长 5.9%和 2.5%；科技进步贡献率指数和单位 GDP 能耗指数分别增长 0.8%和 0.2%。

资料来源：作者根据相关资料整理而得。

案例思考

2020 年中国创新指数是如何计算的？分领域看，创新环境指数、创新投入指数、创新产出指数和创新成效指数分别蕴含什么样的意义？

这一章我们将讨论、学习有关指数的基本知识和各种指数的编制方法和原理。

中国创新指标体系及指数编制方法

第一节 指数的概念与分类

一、指数的概念

在日常生活中，我们经常会听到或看到一些关于各种指数的分析报道。例如，居民消费价格指数、股票价格指数、销售价格指数等。指数（index number）最早是为反映物价变动而产生的。18 世纪后半期，欧洲各国为反映其商品价格的变动，采用两个不同时期的物价水平进行比较，得到的相对数即指数，用以反映物价变动的程度，这就是指数的起源。随着统计的发展，指数逐渐地运用于社会经济现象的许多方面，以反映现象的数量变动情况，它既可以反映个别事物的数量变动，又可以反映现象总体的数量变动。

指数的概念有广义和狭义两种。广义地讲，任意两个数值对比形成的相对数都可以称为指数；狭义地讲，指数是用于反映多种事物数量综合变动的相对数，也称总指数。从指数理论和方法上看，指数所研究的主要是狭义指数。因此，本章主要讨论的是狭义指数。

人类发展指数 HDI

二、指数的分类

（一）按指数反映的对象范围不同分为个体指数和总指数

（1）个体指数（individual index number）是反映个别事物数量变动的相对数。例如，某种商品基期单价为 10 元，报告期单价为 12 元，则其物价指数为 120%。常用的个体指数有：个体物价指数、个体产量指数、个体成本指数等。

（2）总指数（aggregative index number）是反映多种事物数量综合变动的相对数。例如，说明多种商品价格综合变动的物价总指数，说明多种产品产量综合变动的产量总指数及成本总指数、商品销售量总指数等。

（二）按指数反映的内容不同分为数量指数和质量指数

（1）数量指数（quantitive index number）是表明总体在总规模上数量变动情况的指数。例如，工业产品产量指数、商品销售量指数等。

（2）质量指数（qualitive index number）是表明总体内涵数量变动情况的指数。例如，价格指数、单位产品成本指数等。

（三）按指数比较对象不同分为时间性指数、地区性指数和计划完成指数

（1）时间性指数是反映现象在不同时间上的发展变化的指数，其对比基准是现象的基期水平。通常指数的编制和应用，都是针对时间上的变动来考虑的。随着社会的发展和科学技术的进步，人们逐渐将指数理论广泛应用于地区之间的比较和计划完成情况的检查，从而产生了地区性指数和计划完成指数。

（2）地区性指数反映的是同一时期现象在不同地区之间数量综合比较的指数，其对比基准是同一时期的现象在某一地区的水平。

（3）计划完成指数反映的是所研究现象的计划综合完成程度，其对比基准是该现象的计划任务数。

三、指数的作用

随着指数的不断发展和完善，其作用日益重要。

第一，综合反映多种事物或复杂现象总体数量的变动方向和变动程度。指数一般用百分数表示，这个百分数大于或小于 100%，表示变动的升降方向。例如，物价指数为 110%，表示物价上升，上升幅度为 10%。

第二，利用有关指数理论，可以分别研究每个因素对总体数量变动的影响情况。例如，商品销售额的变动，假如只受销售量和销售价格两个因素的影响，通过分析，我们可以分别计算分析销售量和销售价格对总销售额变动的影响方向和程度。

第三，分析现象在较长时间条件下的变动趋势。将某种指数按时间顺序排列起来形成一个时间序列，可以观察事物发展变化的趋势。

此外，利用指数还可以进行社会经济的综合评价、对比分析，研究计划的执行情况等。

中国发展指数

第二节　综合指数的编制

在编制指数时，对计入指数的各个项目要依据其重要程度赋予不同的权数，这种通过加权方法计算的指数称为加权指数。通过加权可以提高指数的准确性和代表性。加权指数因采用的权数不同有加权综合指数、加权平均数指数等不同形式。编制加权指数首先需要确定合理的权数，然后根据实际需要确定适当的计算公式。

一、综合指数的概念

综合指数与平均指数是总指数的两种重要形式。其中综合指数是总指数的基本形式。

综合指数是指由两个不同时期的总量指标直接对比以反映社会经济现象总体数量综合变动的相对数。任意一个总量指标可以分解为两个或两个以上的因素指标时，将其中一个或一个以上的因素指标固定下来，研究另一个因素指标的变动程度，这种指数即综合指数。

例如，产品产量指数 $I_q = \dfrac{\sum q_1 p_0}{\sum q_0 p_0}$，分子、分母都是总量指标即总产值指标，其中，$\sum q_0 p_0$ 为基期总产值，$\sum q_1 p_0$ 为按基期价格计算的报告期总产值。由于总产值指标可以分解为产量和价格两个因素，所以为综合反映产品产量的变动，可以把价格固定在基期 p_0 上，以研究产量 q 的变动；同样，对于产品价格指数 $I_p = \dfrac{\sum p_1 q_1}{\sum p_0 q_1}$，分子、分母都是总量指标即总产值指标，其中，$\sum p_1 q_1$ 为报告期总产值，$\sum p_0 q_1$ 为按报告期产量计算的基期总产值，为综合反映产品价格的变动，可以将产量固定在报告期 q_1 上，以研究产品价格 p 的变动。

◎**知识窗**

拉氏指数和帕氏指数的区别

拉氏指数是德国经济学家拉斯贝尔（Laspeyre）于 1864 年首先提出的，他主张无论是数量指数还是质量指数，都采用基期同度量因素（权数）的指数。

帕氏指数是 1874 年德国学者帕舍（Paasche）提出的一种指数计算方法。他主张计算综合指数时，都采用报告期同度量因素（权数）的指数。

拉氏指数的优点是用基期数量做权数，可以消除权数变动对指数的影响，从而使不同时期的指数具有可比性。

帕氏指数可以同时反映价格和数量及其结构的变化。

资料来源：https://www.jiangzi.com/tuwen/jinrong/107793.html［2021-10-15］。

二、综合指数的编制原理

编制综合指数，关键是在现象的经济联系中寻找同度量因素，再把它固定下来以反映所要研究的现象总体某种因素的变化情况。

同度量因素是指把不能直接加总的现象总体过渡到可以加总的现象总体的因素。例如，要计算某企业产品的价格总指数，由于商品的价格不能直接加总而无法计算，但用同度量因素销售量乘以价格，得到销售额即可加总。同样，要计算某企业产品的销售量总指数，由于实物量计量单位不同不能加总，但用同度量因素价格乘以销售量，得到销售额即可加总。同度量因素不是随意选定的，它是从现象的经济联系中选择的，具有权数和同度量即汇总的作用。

明确了同度量因素及其基本作用后，再看综合指数编制的基本原理。具体如下。

（1）借助同度量因素，将不可相加的现象总体过渡到可相加的现象总体。如果要研究价格的变动，则价格为指数化指标，销售量为同度量因素。同理，如果要研究销售量的变动，则销售量为指数化指标，价格为同度量因素。

（2）将同度量因素固定在某一时期。例如，要反映两个不同时期物价的变动情况，在用销售量乘以价格转化为销售额的过程中，必须将销售量这个同度量因素固定在某一个时期，然后再进行比较，以反映物价的变动情况。

综合指数包括数量指标综合指数和质量指标综合指数，下面分别说明其编制方法。

（一）数量指标综合指数的编制

数量指标综合指数是说明现象总体在总规模上的数量变动情况的相对数。

【例 11-1】以商品销售量指数为例，假设某超市基期和报告期五种商品的销售量及价格资料见表 11-1。

表 11-1　某超市五种商品的销售量及价格

商品名称	计量单位	价格/元		销售量	
		基期	报告期	基期	报告期
衣服	件	300	360	2 400	2 600
猪肉	斤	18	20	84 000	95 000
白菜	斤	1	1.5	10 000	15 000
钢笔	支	100	130	24 000	23 000
冰箱	台	4 500	4 300	510	612
合计	—	—	—	—	—

注：1 斤=0.5 千克

试计算五种商品的销售量综合指数和价格综合指数。

要反映五种商品销售量的变动情况，若计算各种商品的个体销售量指数，可直接用每种商品的报告期销售量与基期销售量对比即 q_1/q_0 。但是，若要计算五种商品的销售量总指数以综合反映其销售量的变动情况，显然不能简单地加总比较，具体方法是，先寻找同度量因素，将五种商品的销售量由不可直接加总过渡到能够加总的销售额，然后将同度量因素固定在同一时期。

解 设销售量为 q ，价格为 p ，指数计算过程见表 11-2。

表 11-2 综合指数计算表

商品名称	计量单位	价格/元		销售量		销售额/万元		p_0q_1	p_1q_0
		基期	报告期	基期	报告期	基期	报告期		
		p_0	p_1	q_0	q_1	p_0q_0	p_1q_1		
衣服	件	300	360	2 400	2 600	72	93.6	78	86.4
猪肉	斤	18	20	84 000	95 000	151.2	190	171	168
白菜	斤	1	1.5	10 000	15 000	1	2.25	1.5	1.5
钢笔	支	100	130	24 000	23 000	240	299	230	312
冰箱	台	4 500	4 300	510	612	229.5	263.16	275.4	219.3
合计	—	—	—	—	—	693.7	848.01	755.9	787.2

（1）以基期价格作为同度量因素时：

$$I_q=\frac{\sum q_1p_0}{\sum q_0p_0}$$

上式称为拉氏物量指数公式。根据表 11-2 的资料计算五种商品的销售量综合指数：

$$I_q=\frac{755.9}{693.7}\times100\%=108.97\%$$

计算结果表明在物价水平不变的情况下，五种商品的销售量报告期比基期平均增长了 8.97%。销售量的增长使销售额增加了，增加额为

$$\sum q_1p_0-\sum q_0p_0=755.9-693.7=62.2\text{（万元）}$$

（2）以报告期价格作为同度量因素时：

$$I_q=\frac{\sum q_1p_1}{\sum q_0p_1}$$

上式称为帕氏物量指数公式。根据表 11-2 的资料计算五种商品的销售量综合指数：

$$I_q=\frac{848.01}{787.2}\times100\%=107.72\%$$

计算结果表明在报告期价格水平下，五种商品的销售量增长了 7.72%。销售量的增长使销售额增加了，增加额为

$$\sum q_1p_1-\sum q_0p_1=848.01-787.2=60.81\text{（万元）}$$

（二）质量指标综合指数的编制

质量指标综合指数是说明总体内涵数量变动情况的相对数。以商品物价指数为例，资料见表 11-2。

要反映五种商品的价格变动情况，若计算其个体价格指数，容易理解与计算。但若要计算五种商品的价格总指数以综合反映其价格的总变动情况，则不能简单加总比较。具体方法是：先寻找同度量因素，将五种商品的价格由不可直接加总过渡到能够加总的销售额，然后将同度量因素固定在同一时期。

（1）以基期销售量作为同度量因素时：

$$I_p=\frac{\sum p_1q_0}{\sum p_0q_0}$$

上式称为拉氏价格指数公式。根据表 11-2 的资料计算五种商品的价格综合指数：

$$I_p=\frac{787.2}{693.7}\times 100\%=113.48\%$$

计算结果表明在销售量不变的情况下，五种商品的价格上涨了 13.48%。价格的上涨，使销售额增加了：

$$\sum p_1q_0-\sum p_0q_0=787.2-693.7=93.5\text{（万元）}$$

（2）以报告期销售量作为同度量因素时：

$$I_p=\frac{\sum p_1q_1}{\sum p_0q_1}$$

上式称为帕氏价格指数公式。根据表 11-2 的资料计算五种商品的价格综合指数：

$$I_p=\frac{848.01}{755.9}\times 100\%=112.19\%$$

计算结果表明在按报告期销售量计算时，五种商品的价格上涨了 12.19%。价格的上涨，使销售额增加了：

$$\sum p_1q_1-\sum p_0q_1=848.01-755.9=92.11\text{（万元）}$$

（三）综合指数公式的选择

1. 数量指标综合指数

以商品销售量指数为例，有拉氏和帕氏物量指数公式。

$$\text{拉氏物量指数公式：}I_q=\frac{\sum q_1p_0}{\sum q_0p_0}\tag{11-1}$$

$$\text{帕氏物量指数公式：}I_q=\frac{\sum q_1p_1}{\sum q_0p_1}\tag{11-2}$$

由前面的计算可以发现，所采用的同度量因素的固定期不同，两种公式的计算结果通常是不相同的。拉氏物量指数公式以基期价格作为同度量因素，其中只有销售量的变动，$\sum q_1p_0-\sum q_0p_0$ 是在价格不变的情况下，销售量的变动引起的销售额的增加（或减少）额。

帕氏物量指数公式以报告期的价格作为同度量因素，表面上看似乎只有销售量的变动，但实际上其中还包括了价格的变动。

将$\dfrac{\sum q_1p_1}{\sum q_0p_1}$分解如下：

$$\frac{\sum q_1p_1}{\sum q_0p_1}=\frac{\sum q_1\left[(p_1-p_0)+p_0\right]}{\sum q_0\left[(p_1-p_0)+p_0\right]}=\frac{\sum q_1(p_1-p_0)+\sum q_1p_0}{\sum q_0(p_1-p_0)+\sum q_0p_0}$$

$$\begin{aligned}\sum q_1p_1-\sum q_0p_1&=\sum q_1(p_1-p_0)+\sum q_1p_0-\sum q_0(p_1-p_0)-\sum q_0p_0\\&=\sum(q_1-q_0)(p_1-p_0)+\left(\sum q_1p_0-\sum q_0p_0\right)\end{aligned}$$

容易看出，帕氏物量指数公式既包括了销售量的变动，又包括了价格的变动，而且从绝对额看现实经济意义也不甚明确。所以，编制产量指数的目的在于观察产量的变动以及产量变动对产值的影响，一般将同度量因素固定在基期，即选择拉氏物量指数公式。推而广之，编制物量综合指数的一般原则是以基期的质量指标作为同度量因素。

2. 质量指标综合指数

以商品价格指数为例，有拉氏和帕氏物价指数公式。

$$\text{拉氏价格指数公式：}I_p=\frac{\sum p_1q_0}{\sum p_0q_0} \tag{11-3}$$

$$\text{帕氏价格指数公式：}I_p=\frac{\sum p_1q_1}{\sum p_0q_1} \tag{11-4}$$

同样，以上两种公式的计算结果通常也是不相同的，拉氏价格指数公式以基期销售量作为同度量因素，其中只有价格的变动。所以，若单纯从反映物价变动程度的角度出发，式（11-3）最为理想。但是$\sum p_1q_0-\sum p_0q_0$的现实经济意义不甚明确。

帕氏价格指数公式以报告期的销售量作为同度量因素，其中同时含有价格和销售量的共同变动。如果单纯为了反映价格的变动，从理论上讲应选择式（11-3），然而，编制价格指数的目的不仅仅是测定指数化指标的相对变动情况，还要测定该指数化指标的变动对总量指标如销售额的绝对影响额。可以看出式（11-4）中，$\sum p_1q_1-\sum p_0q_1$ 表示价格上升使报告期的销售额增加的绝对额，现实经济意义明确。考虑到编制指数的现实经济意义以及指数体系的成立，一般认为，编制质量指标综合指数时，以报告期的数量指标作为同度量因素。

由上面的分析可以看出，综合指数有其鲜明的特点。第一，先综合后对比，即先将不可直接加总的多种事物（如多种产品或多种商品），借助同度量因素，过渡到能够进行加总；第二，同度量因素固定在同一时期，即用于对比的两个总量指标中的同度量因素必须固定在同一时期的水平上；第三，必须以全面资料为基础，且分子、分母所包含的范围必须一致。

◎想一想

（1）当前零售行业竞争十分激烈，为了吸引消费者，各超市经常进行一些促销活动。

某超市在“十一”黄金周进行了一次大规模促销活动。活动之后，经理助理要向经理提交一份营销报告，在这份营销报告中，经理关心的主要问题有哪些呢？

（2）价格降低后，同样多的人民币可多购商品 15%，价格指数应为多少？

三、平均指数的编制

（一）加权算术平均指数

1. 以基期的总量指标（p_0q_0）为权数计算的加权算术平均指数

加权算术平均指数是个体指数的加权算术平均数。其编制步骤如下。

第一，计算个体指数，包括个体数量指数和个体质量指数。

第二，取得基期的总量指标 p_0q_0 的资料。

第三，以个体指数为变量，基期的总量指标 p_0q_0 为权数，加权算术平均求得总指数。

$$物量指数：\overline{I}_q=\frac{\sum i_q p_0 q_0}{\sum p_0 q_0} \tag{11-5}$$

$$价格指数：\overline{I}_p=\frac{\sum i_p p_0 q_0}{\sum p_0 q_0} \tag{11-6}$$

【**例 11-2**】已知某超市基期和报告期五种商品的相关资料如表 11-3 所示。

表 11-3 某超市五种商品的资料数据（一）

商品名称	计量单位	销售额/万元		个体销售量指数/%	$i_q p_0 q_0$
		基期 p_0q_0	报告期 p_1q_1	$i_q=q_1/q_0$	
衣服	件	72	93.6	108.33	78
猪肉	斤	151.2	190	113.10	171
白菜	斤	1	2.25	150.00	1.5
钢笔	支	240	299	95.83	230
冰箱	台	229.5	263.16	120.00	275.4
合计	—	693.7	848.01	—	755.9

试计算五种商品的销售量指数。

解 根据式（11-5）计算销售量指数为

$$\overline{I}_q=\frac{\sum i_q p_0 q_0}{\sum p_0 q_0}=\frac{\sum \frac{q_1}{q_0} p_0 q_0}{\sum p_0 q_0}=\frac{\sum q_1 p_0}{\sum q_0 p_0}=\frac{755.9}{693.7}\times 100\%=108.97\%$$

计算结果表明在物价水平不变的情况下，五种商品的销售量报告期比基期平均增长了 8.97%。销售量的增长使销售额增加了：

$$\sum q_1 p_0-\sum q_0 p_0=755.9-693.7=62.2（万元）$$

需要说明的是：计算加权算术平均指数，只要掌握了有关的个体指数和基期的数值

p_0q_0 即可计算，不必掌握全面资料，也不用计算假定指标，所以极易取得有关资料。

2. 以固定权数（ w ）计算的加权算术平均指数

算术平均指数不仅可以用绝对数加权，还可以用相对数加权。其公式为

$$\overline{I}_p=\frac{\sum kw}{\sum w} \tag{11-7}$$

式中，k 为个体指数；w 为各组权数。具体应用见例 11-5。

固定加权算术平均指数在实际工作中应用较广，零售物价指数、消费者价格指数、工业生产指数等在我国及国外都采用这种方法编制。

（二）加权调和平均指数

1. 以报告期总量指标（ p_1q_1 ）为权数计算的加权调和平均指数

加权调和平均指数是个体指数的加权调和平均数。其编制步骤如下。

第一，计算个体指数，包括个体数量指数和个体质量指数。

第二，取得报告期的总量指标 p_1q_1 的资料。

第三，以个体指数为变量，报告期的 p_1q_1 为权数，加权调和平均求得总指数。

$$\text{物量指数：}\overline{I}_q=\frac{\sum p_1q_1}{\sum\frac{p_1q_1}{i_q}} \tag{11-8}$$

$$\text{价格指数：}\overline{I}_p=\frac{\sum p_1q_1}{\sum\frac{p_1q_1}{i_p}} \tag{11-9}$$

【例 11-3】已知某超市基期和报告期五种商品的相关资料如表 11-4 所示。

表 11-4 某超市五种商品的资料数据（二）

商品名称	计量单位	销售额/万元		个体价格指数/%	$\frac{p_1q_1}{i_p}$
		基期 p_0q_0	报告期 p_1q_1	$i_p=p_1/p_0$	
衣服	件	72	93.6	120.00	78
猪肉	斤	151.2	190	111.11	171
白菜	斤	1	2.25	150.00	1.5
钢笔	支	240	299	130.00	230
冰箱	台	229.5	263.16	95.56	275.4
合计	—	693.7	848.01	—	755.9

试计算五种商品的价格指数。

解 根据式（11-9）计算价格指数：

$$\bar{I}_p=\frac{\sum p_1q_1}{\sum \frac{p_1q_1}{i_p}}=\frac{\sum p_1q_1}{\sum \frac{p_1q_1}{\frac{p_1}{p_0}}}=\frac{\sum p_1q_1}{\sum p_0q_1}=\frac{848.01}{755.9}\times 100\%=112.19\%$$

计算结果表明在按报告期销售量计算时，五种商品的价格报告期比基期平均上涨了12.19%。价格的上涨，使销售额增加了：

$$\sum p_1q_1-\sum p_0q_1=848.01-755.9=92.11\text{（万元）}$$

需要说明的是：计算加权调和平均指数，只要掌握了个体指数和报告期的价值量 p_1q_1 即可计算，不需掌握全面资料，也不用计算假定指标，资料的取得简便、易行。

2. 以固定权数（w）加权计算的调和平均指数

$$\bar{I}=\frac{\sum w}{\sum \frac{w}{k}} \tag{11-10}$$

这种计算方法很少应用，故在此不作解释。

综上所述，对于平均指数有关公式的应用要根据掌握的不同资料和实际情况加以选择。若掌握了个体指数和 p_0q_0，一般用加权算术平均指数；若掌握了个体指数和 p_1q_1，一般用加权调和平均指数。另外，若计算数量指标平均指数，一般采用算术式；若计算质量指标平均指数，一般采用调和式。当然，不同的国家或地区采用的方法有一定差别。例如，零售物价指数、消费者价格指数、工业生产指数的计算绝大多数国家采用算术式，而农副产品收购价格指数的计算，国外一般按算术式，我国则按调和式。

平均指数的特点包括：第一，先对比后加权平均；第二，权数可以是基期或报告期总量指标，也可采用固定权数；第三，可以用非全面资料，也可以用全面资料，资料容易取得，特别是在全面资料不易取得的场合有其特有的使用价值。平均指数有加权算术平均指数和加权调和平均指数两种形式。

第三节　指数体系及因素分析

一、指数体系的概念及作用

社会经济现象之间的联系是普遍的，在实际应用中，我们不仅要确定单个指数的计算方法，更重要的是确定由几个指数组成指数体系，以便对相互联系的社会经济现象作更深入的分析。例如，工业总产值指数=产品产量指数×产品价格指数，商品销售额指数=商品销售量指数×商品价格指数，等等。

通常我们把由三个或三个以上相互联系的指数构成的体系称为指数体系。其主要作用如下。

第一，它是因素分析的依据，即利用指数体系可以分析复杂现象总体数量总变动中各因素变动的影响程度和方向。

第二，利用各指数之间的联系进行指数间的相互换算。

二、指数体系的构建及因素分析

借助指数体系进行因素分析，即分析社会经济现象数量总变动中各种因素的变动对总体数量变动的影响程度的方法，称为因素分析法。

因素分析的内容主要包括两方面：一是从相对数来看，总量指数等于各因素指数的乘积；二是从绝对数来看，总量的变动差额等于各因素变动差额之和。因此，指数体系可表示为

相对数形式 $$\frac{\sum p_1q_1}{\sum p_0q_0}=\frac{\sum p_1q_1}{\sum p_0q_1}\times\frac{\sum p_0q_1}{\sum p_0q_0}$$

绝对数形式 $$\sum p_1q_1-\sum p_0q_0=(\sum p_1q_1-\sum p_0q_1)+(\sum p_0q_1-\sum p_0q_0)$$

【**例 11-4**】已知某超市五种商品的有关资料如表 11-5 所示。根据表 11-5 中的有关数据构建指数体系，利用因素分析法分别分析价格和销售量的变动对销售额的影响。

表 11-5　某超市五种商品的资料数据（三）

商品名称	计量单位	销售额/万元		个体价格指数/% $i_p=p_1/p_0$	个体销售量指数/% $i_q=q_1/q_0$
		基期 p_0q_0	报告期 p_1q_1		
衣服	件	72	93.6	120.00	108.33
猪肉	斤	151.2	190	111.11	113.10
白菜	斤	1	2.25	150.00	150.00
钢笔	支	240	299	130.00	95.83
冰箱	台	229.5	263.16	95.56	120.00
合计	—	693.7	848.01	—	—

解　根据表 11-5 中的数据计算如下。

（1）从相对变动水平来分析。

销售额指数：$$I=\frac{\sum p_1q_1}{\sum p_0q_0}=\frac{848.01}{693.7}\times100\%=122.24\%$$

其中，销售量指数：$$I_q=\frac{\sum q_1p_0}{\sum q_0p_0}=\frac{755.9}{693.7}\times100\%=108.97\%$$

价格指数：$$I_p=\frac{\sum p_1q_1}{\sum p_0q_1}=\frac{848.01}{755.9}\times100\%=112.19\%$$

三者之间的数量关系为 $$\frac{\sum p_1q_1}{\sum p_0q_0}=\frac{\sum p_1q_1}{\sum p_0q_1}\times\frac{\sum p_0q_1}{\sum p_0q_0}$$

$$122.24\%=108.97\%\times112.19\%$$ ①

① 等式左右不相等是四舍五入修约所致。

（2）从绝对变动水平来分析。

销售额总变动：$\sum p_1q_1-\sum p_0q_0=848.01-693.7=154.31$（万元）

其中，销售量变动的影响额：$\sum q_1p_0-\sum q_0p_0=755.9-693.7=62.2$（万元）

价格变动的影响额：$\sum p_1q_1-\sum p_0q_1=848.01-755.90=92.11$（万元）

三者之间的数量关系为

$$\sum p_1q_1-\sum p_0q_0=(\sum p_1q_1-\sum p_0q_1)+(\sum p_0q_1-\sum p_0q_0)$$

$$154.31=62.2+92.11$$

计算结果表明，该超市报告期的销售额比基期增长了 22.24%。其中，销售量的变动使得销售额增长了 8.97%；价格的变动使得销售额增长了 12.19%。该超市报告期的销售额比基期增加了 154.31 万元。其中，销售量的变动使得销售额增加了 62.2 万元；价格的变动使得销售额增加了 92.11 万元。

第四节　几种常见的经济指数

一、居民消费价格指数

居民消费价格指数（consumer price index，CPI）是反映一定时期内城乡居民所购买的生活消费品价格和服务项目价格的变动趋势和程度的相对数。该指数可以观察和分析消费品的零售价格和服务价格变动对城乡居民实际生活消费支出的影响程度。具体可以分为城市居民消费价格指数和农村居民消费价格指数。

居民消费价格指数是世界各国政府都非常重视的一项经济指数，同人民生活密切相关，在整个国民经济价格体系中具有极为重要的地位。不同国家对这一指数所赋予的名称不一致，国外称为消费者价格指数，我国称为居民消费价格指数。

（一）编制过程

（1）将居民消费分为八大类，食品烟酒、衣着、居住、生活用品及服务、交通和通信、教育文化和娱乐、医疗保健、其他用品和服务。这八大类再划分为若干个中类和小类。

（2）从各小类中选定代表性的商品项目入编指数，利用有关对比时期的价格资料分别计算个体价格指数。

（3）依据各种商品的销售额构成确定代表品的比重权数，它包括代表品本身的权数，还包括该类商品中其他项的权数。

（4）从低到高，采用固定权数算术平均指数公式 $I_p=\frac{\sum i_pw}{\sum w}=\frac{\sum iw}{100}$，依次编制各小类、中类的消费价格指数和消费价格总指数。

【例 11-5】已知某市居民某年度消费的各大类、交通工具和通信工具中类及其代表商品的有关资料。要求根据表 11-6 的资料编制该市某年度的消费价格指数。

表 11-6 某市居民某年度消费价格指数计算表

类别及品名	平均价格/元		指数/% (p_1/p_0)	权数/% (w)	指数×权数 /%
	基期	报告期			
总指数	—	—	106.62	100	—
一、食品烟酒	—	—	112.3	33.6	37.73
二、衣着	—	—	108.74	14.4	15.66
三、居住	—	—	95.46	9	8.59
四、生活用品及服务	—	—	102.7	6.2	6.37
五、医疗保健	—	—	110.43	9.4	10.38
六、交通和通信	—	—	101.73	9.3	9.46
1. 交通工具	—	—	104.37	60	62.62
车辆使用及维修费	8450	8580	101.54	45	45.69
市区公共交通费	336	360	107.14	50	53.57
城间交通费	1300	1329	102.23	5	5.11
2. 通信工具	—	—	97.77	40	39.11
七、教育文化和娱乐	—	—	101.26	4.5	4.56
八、其他用品和服务	—	—	103.5	13.6	14.08

各类消费价格指数和消费价格总指数计算如下。

解

（1）计算车辆使用及维修费、市区公共交通费和城间交通费的价格指数：

车辆使用及维修费价格指数 $i_p=\dfrac{p_1}{p_0}=\dfrac{8580}{8450}\times 100\%=101.54\%$

市区公共交通费价格指数 $i_p=\dfrac{p_1}{p_0}=\dfrac{360}{336}\times 100\%=107.14\%$

城间交通费价格指数 $i_p=\dfrac{p_1}{p_0}=\dfrac{1329}{1300}\times 100\%=102.23\%$

（2）计算交通工具中类的价格指数：

$$I_p=\frac{\sum i_p w}{100}=\frac{101.54\times 45\%+107.14\times 50\%+102.23\times 5\%}{100}\times 100\%$$
$$=\frac{45.69+53.57+5.11}{100}\times 100\%=104.37\%$$

（3）计算交通和通信大类的价格指数：

$$I_p=\frac{\sum i_p w}{100}=\frac{104.37\times 60\%+97.77\times 40\%}{100}\times 100\%$$
$$=\frac{62.62+39.11}{100}\times 100\%=101.73\%$$

（4）计算居民消费价格总指数：

$$I_p=\frac{\sum i_p w}{100}=\frac{112.3\times 33.6\%+\cdots+103.5\times 13.6\%}{100}\times 100\%$$
$$=\frac{37.73+\cdots+14.08}{100}\times 100\%=106.83\%$$

（二）作用

居民消费价格指数通常影响着政府关于财政、货币、消费、工资、社会保障等的政策的制定，是研究人民生活，监测社会稳定性，进行宏观经济分析和决策、价格总水平监测和调控的重要依据。具体有以下几方面的作用。

（1）用于测定通货膨胀的状况。按年度计算的居民消费价格指数变动率通常被用来作为反映通货膨胀或紧缩程度的指标。一般来讲，物价全面地、持续地上涨被认为发生了通货膨胀；通货膨胀率小于 0 时，表示出现了通货紧缩。

$$\text{通货膨胀率}=\frac{\text{报告期居民消费价格指数}-\text{基期居民消费价格指数}}{\text{基期居民消费价格指数}}\times 100\%$$

（2）用于反映货币购买力的变动程度。货币购买力是指单位货币所能够买的消费品和服务的数量。价格上升意味着货币贬值，货币购买力下降；反之，价格下降意味着货币升值，货币购买力上升。货币购买力指数通常是通过居民消费价格指数的倒数来计算的。

$$\text{货币购买力指数}=\frac{1}{\text{居民消费价格指数}}\times 100\%$$

（3）用于缩减经济序列。将价值量指标的名义值缩减为实际值，以消除价格变动的影响。如用名义工资除以居民消费价格指数，得到实际工资；用经济序列除以居民消费价格指数得到缩减经济序列；类似地，可以用于测定居民实际可支配收入水平和实际消费水平等。

$$\text{实际工资}=\frac{\text{名义工资}}{\text{居民消费价格指数}}$$

CPI 调查目录的变化

二、零售价格指数

零售价格指数（retail price index，RPI）是反映一定时期内城乡商品零售价格变动趋势和程度的相对数。商品零售价格的变动直接影响城乡居民的生活支出和国家的财政收入，影响居民的购买力和市场供需的平衡，影响消费与积累的比例关系。因此，该指数可以从一个侧面对上述经济活动进行观察和分析。

零售价格指数资料是采用分层抽样的方法取得的，即在全国范围内选择不同的经济区域和分布合理的地区以及有代表性的商品作为样本，对市场价格进行经常性的调查，以样本推断总体。目前，国家级抽选的调查市、县有550个。一般采用固定加权算数平均公式计算。

三、工业生产指数

工业生产指数（index of industrial production，IIP）能够概括地反映一个国家或地区各种工业产品产量的综合变动程度，是衡量产量个体指数在生产指数形成过程中的地位和作用的指标，是衡量经济增长水平的重要指标之一，在生产指数的计算中起着十分重要的作用。

世界各国都非常重视工业生产指数的编制，但采用的编制方法不完全相同。

在我国，工业生产指数是通过计算各种工业产品的不变价格产值来进行编制的，采用固定加权算数平均公式。

四、采购经理指数

采购经理指数（purchasing managers' index，PMI）涵盖了生产与流通、制造业与非制造业等领域，是国际上通行的宏观经济监测指标体系之一，对国家经济活动的监测和预测具有重要作用。PMI分为制造业PMI、服务业PMI，也有一些国家建立了建筑业PMI。其中50为荣枯分水线。当PMI大于50时，说明经济在发展；当PMI小于50时，说明经济在衰退。全球已有20多个国家建立了PMI体系，世界制造业PMI和服务业PMI已经建立。PMI采用加权综合指数方法计算，反映了经济的变化趋势。

五、股票价格指数

股票价格指数（stock price index）是反映某一股票市场上多种股票价格的变动趋势的一种相对数，是由证券交易所或金融服务机构编制的表明股票行市变动的一种供参考的指示数字，是市场经济的晴雨表，简称股价指数。股票价格指数的编制，通常以某年某月某日为基期，以这个基期的股票价格平均数作为100。用以后各时期的股票价格平均数与基期相比较，计算出来的百分比，就是该时期的股票价格指数。

计算股票价格指数时，要考虑以下三个因素。

一是抽样，即在众多股票中抽取少数具有代表性的成分股。

二是加权，按单价或总值加权平均，或不加权平均。

三是计算程序，计算算术平均数、几何平均数，或兼顾价格与总值。

由于上市股票种类繁多，计算全部上市股票的价格平均数或指数的工作艰巨而复杂，因此人们常常从上市股票中选择若干种具有代表性的样本股票，并计算这些样本股票的价格平均数或指数，用以表示整个市场的股票价格的总体趋势及涨跌幅度。

世界著名的几种股价指数

本 章 小 结

（1）广义地讲，任意两个数值对比形成的相对数都可以称为指数；狭义地讲，指数是指用于测定多个事物在不同场合下的综合变动的一种特殊相对数。从指数理论和方法上看，指数所研究的主要是狭义指数。

（2）综合指数是实际生活中应用最多的一种指数形式。常用的综合指数有价格指数和销售量指数等。

（3）平均指数是编制总指数的另一个重要形式。运用综合指数法编制总指数时，要求掌握全面的统计资料，但是，有时候却难以取得，而平均指数则弥补了综合指数的这一不足。

（4）消费价格指数、零售价格指数、股票价格指数和工业生产指数是几种重要的经济指数，理解它们的编制过程有助于我们对实际经济问题有更好的认识和研究。

第十二章

统计综合评价

本章主要讲授统计综合评价的基本思路和常用的综合评价方法。本章的具体要求：①了解统计综合评价的目的及意义；②掌握统计综合评价的基本思想及常用方法。

➤案例引入

对客观对象的评价，往往需要从多个方面用多个变量进行。山东某集团有限公司的经营范围包括普通机械设备、电子设备、五金交电、建筑材料、金属材料的批发零售等。为了对该集团及其子公司的经营绩效进行评价，需要设计指标体系并采集企业的基础数据，具体包括净资产收益率、总资产报酬率、总资产周转率等。按照指标的性质，各指标可分为五类，即财务效益状况指标、资产运营状况指标、偿债能力状况指标、企业发展能力状况指标和投入产出能力状况指标。

◎知识窗

在20世纪60~70年代，国内相关学界在环境评价等领域产生了一些多指标综合评价的思想，但没有形成系统的方法研究。自20世纪80年代开始，有关经济效益衡量与评价问题的讨论成为学术界的一大热点。庞皓、谢胜智最早引入多目标规划思想进行经济效益综合评价，提出了后来产生很大影响的“功效系数法”。钱昆润等曾经介绍了综合指数法、综合评分法等多种将多个指标综合成“单指标”的评价方法。邱东于1988年为全国第一次中青年统计科学讨论会提交了题为《多指标综合评价方法的系统分析》的论文，1990年完成了同名的博士学位论文，并于1991年由中国统计出版社出版。这可能是第一次针对多指标综合评价案例进行的系统方法论研究。

资料来源：苏为华. 2012. 我国多指标综合评价技术与应用研究的回顾与认识. 统计研究，29（8）：98-107。

第一节　统计综合评价概述

统计综合评价是对所要研究的对象，建立一个统计评价体系，并利用一定的方法，对反映该对象不同侧面的指标进行综合分析，从整体上对评价对象做出定量判断与分析。

一、构成综合评价问题的要素

（一）评价目的

首先必须明确评价的目的，这是评价工作的根本性指导方针。对某一事物开展综合评价时，首先要明确为什么要综合评价，要评价事物的哪一方面，评价的精确度要求如何，等等。

（二）评价对象

评价对象通常是同类事物（横向）或同一事物在不同时期的表现（纵向）。评价对象的特点直接决定评价的内容、方法以及结果。

（三）评价者

评价者可以是某个人（专家）也可以是某团体（专家小组）。评价目的的确定、评价对象的确定、评价指标的建立、权重系数的确定、评价模型的选择都与评价者有关。因此，评价者在评价过程中的作用是不可轻视的。

（四）评价指标

指标是指根据研究的对象和目的，能够确定地反映研究对象某一方面情况的特征依据。每个评价指标都是从不同侧面刻画对象所具有的某种特征。指标体系是指由一系列相互联系的指标构成的整体。它能够根据研究的对象和目的，综合反映对象各个方面的情况。指标体系不仅受评价客体与评价目标的制约，而且受评价主体价值观念的影响。

（五）权重系数

相对于某种评价目标来说，评价指标之间的相对重要性是不同的。评价指标之间的这种相对重要性的大小，可用权重系数来刻画。指标的权重系数，简称权重，是指标对总目标的贡献程度。很显然，当评价对象及评价指标都确定时，综合评价的结果就依赖于权重系数，即权重系数确定得合理与否，关系到综合评价结果的可信程度。因此，对权重系数的确定应特别谨慎。

（六）综合评价模型

多指标综合评价是指通过一定的数学模型将多个评价指标值“合成”一个整体性的综合评价值。可用于合成的数学方法较多，问题在于我们如何根据评价目的及评价对象的特点来选择较为合适的合成方法。

（七）评价结果

输出评价结果并解释其含义，依据评价结果进行决策。应该注意的是，要正确认识综合评价方法，公正看待评价结果。综合评价结果只具有相对意义，即只能用于性质相同的对象之间的比较和排序。任何一种综合评价方法都要依据一定的权数对各单项指标评判结果进行综合，权数比例的改变会变更综合评价的结果。另外，非数量性评判因素的评判主要依赖于投票者对评价对象的主观感受。对同一评判对象，不同评价者的主观感受是不一样的。由此可见，综合评价结果存在一定的主观性，这是我们不应回避的问题。综合评价工作是一项主观性很强的工作，我们在评价工作中必须以客观性为基础，提高评价方法的科学性，保证评价结果的有效性。当然，由于综合方法具有局限性，使得它的结论只能作为认识事物、分析事物的参考，而不能作为决策的唯一依据。

综合评价的具体方法有许多种，各种方法的总体思路是统一的，大致可分为熟悉评价对象、建立评价指标体系、确定各指标的权重、建立评价的数学模型、分析评价结果等几个环节。其中，建立评价指标体系、确定各指标的权重、建立评价的数学模型这三个环节是综合评价的关键。

有关综合评价结果的几点认识

二、统计综合评价的基本步骤

统计综合评价的基本步骤包括：明确评价目的；建立评价指标体系；评价指标的无量纲化处理；确定评价指标的权重；确定综合评价方法，计算综合评价结果；根据评价结果进行统计分析。

（一）明确评价目的

进行统计综合评价，首先需明确评价的目的，即评价的目标。对于同一个评价对象而言，不同的评价目的会有不同的评价指标体系和不同的方法。只有目标明确，才能有针对性，这是综合评价前的一项基础性工作。

（二）建立评价指标体系

建立评价指标体系，是综合评价的基础和依据。建立评价指标体系乍看起来无非是选择几个指标，但实际上这是一个十分复杂的问题。对于同一个分析评价对象，分析评价目的不同，评价指标体系也就不一样，即使是同一分析评价对象和同样的分析评价目的，人们的认识不同，设置的统计指标也不会完全相同，甚至还会有相当大的差异。关于如何建立评价指标体系的问题，在此只提出一些应注意的原则。

1. 评价指标体系的构建原则

1）科学性原则

评价指标体系要能够客观地反映对象本身的性质、特点、内在关系和变动过程，且评价指标体系内部各指标之间要具有一定的逻辑关系。例如，同样是经济效益评价，工业企业与服务型企业不同，设置的评价指标体系也应不同。

2）全面性原则

评价指标体系应能够全面反映分析对象。例如，评价某地区的科技进步时，评价指标体系的设置需综合考虑科技进步基础、科技活动投入、科技活动支出、科技促进经济社会发展等，这样才能较全面地反映该地区科技进步的状况。

3）敏感性原则

评价指标体系中各指标要能比较敏感地反映分析对象的变化。有些指标从理论上讲是重要的，但是，它的变化过多地受政策因素的制约，不能或不完全能显示出总体的实际变化，这样的指标不宜编入指标体系。

4）简约性原则

删除重复和关联度高的指标，使评价指标体系包含的指标尽可能少，且各个指标要相互独立。这样既可以减少工作量，也可以使分析过程简单明了。

5）可行性原则

评价指标体系设计既要考虑必要性，也要考虑资料收集的可行性，否则再好的指标，缺乏数据的支持也是无用的。

6）要注意指标的可比性

评价指标体系的作用一方面是对某一特定的评价对象进行定量描述与评价；另一方面是对不同评价对象进行比较分析。因此必须充分考虑各评价对象的差异，在具体指标的选择上尽可能选取具有共性的综合指标，以保证评价结果的可比性。

2. 评价指标的选择方法

选择指标的方法可分为两类，一类是定性方法；另一类是定量方法。定性方法在建立评价指标体系的过程中，主要根据理论和经验对指标进行定性筛选；定量方法则是根据指标在历史资料中的表现加以确定。

1）专家评判法

专家评判法是定性方法中常用的也是效果较好的一种方法。其做法其实十分简单，就是通过研讨会或通信的方式反复征询专家意见，集中各位专家的智力优势和经验来选择具体指标构成评价指标体系。

2）试算法

试算法是定量方法中常用的方法，它通过历史资料的试算来判断指标的有效性。例如，我们打算建立一个评价指标体系来对 2019 年全国各地区的科技进步状况进行分析，那么就可以用 2018 年的数据进行试算，通过试算结果判断指标是不是合适，然后再修正指标体系直至满意为止。

3）最小均方差法

对于 m 个确定的评价对象（或系统）$S_1,S_2,\cdots,S_m$，每个评价对象都可用 n 个指标的观测值 $x_{ij}(i=1,2,\cdots,m;j=1,2,\cdots,n)$ 来表示。容易看出，如果 m 个评价对象关于某项指标的取值都差不多，那么即使这个评价指标是非常重要的，对于这 m 个评价对象的评价结果来说，它并不起什么作用。因此，为了减少计算量就可以删除这个指标。

4）极小极大离差法

先求出各评价指标 x_j 的最大离差 r_j，即

$$r_j = \max_{1\leqslant i,k\leqslant n}\{|x_{ij} - x_{kj}|\}$$

再求出 r_j 的最小值，即令

$$r_0 = \min_{1\leqslant j\leqslant m}\{r_j\}$$

当 r_0 接近于零时，即可删除与 r_0 相对应的评价指标。

5）系统聚类法（相关系数法）

系统聚类法是通过计算相关系数判断指标之间的相似程度从而进行指标筛选的一种方法。其基本思想是：如果两个指标的作用完全相同，那么同时选用这两个指标与只用其中的一个指标是没有区别的，因此在指标体系容量有限的条件下，应该尽量减少相似程度较高的指标。具体做法为：如果有 n 个指标，首先将每个指标看作一类，然后根据指标间的相似程度，通过比较类间距离进行并类。将距离最近的两类进行合并，然后余下 $n-1$ 类。再选择距离最近的两类进行合并。这样，每合并一次，就减少一类，不断重复这一过程，直至将所有指标合并成一类为止，形成由小到大的分类系统。最后整个分类结果可画成一张聚类图，以反映所有指标间的亲疏关系。我们可以根据这种关系确定指标体系包含指标的个数（类数），以及从每一类中选择合适的指标。

系统聚类法的具体实施过程有以下四个步骤。

第一，假设现有 8 个指标，根据其指标值，计算两两指标之间的相关系数，并列成相关系数矩阵表，见表 12-1。

表 12-1　相关系数矩阵表

变量	X_1	X_2	X_3	X_4	X_5	X_6	X_7	X_8
X_1	1	0.40	0.57	0.53	0.43	0.62	0.69	0.55
X_2	—	1	0.54	0.55	0.55	0.61	0.21	0.55
X_3	—	—	1	0.88	0.77	0.79	0.35	0.73
X_4	—	—	—	1	0.78	0.71	0.30	0.77
X_5	—	—	—	—	1	0.78	0.20	0.86
X_6	—	—	—	—	—	1	0.34	0.81
X_7	—	—	—	—	—	—	1	0.23
X_8	—	—	—	—	—	—	—	1

第二，从相关系数矩阵中挑选相关系数最大的指标逐次合并聚类。第一步，在相关系数矩阵中，找到最大的相关系数是 $R_{34} = 0.88$，说明指标 X_3 和指标 X_4 最为密切，即将指标 X_3 和指标 X_4 合并为一类。按照上述方法，从大到小，依次进行第二步、第三步、第四步……直至将所有指标合并成一类。合并过程见表 12-2。

表 12-2 指标并类结果

并类次数	相关系数值	并类结果
1	$R_{34}=0.88$	X_1，X_2，(X_3，X_4)，X_5，X_6，X_7，X_8
2	$R_{58}=0.86$	X_1，X_2，(X_3，X_4)，(X_5，X_8)，X_6，X_7
3	$R_{68}=0.81$	X_1，X_2，(X_3，X_4)，(X_5，X_6，X_8)，X_7
4	$R_{48}=0.77$	X_1，X_2，(X_3，X_4，X_5，X_6，X_8)，X_7
5	$R_{17}=0.69$	(X_1，X_7)，X_2，(X_3，X_4，X_5，X_6，X_8)
6	$R_{28}=0.55$	(X_1，X_7)，(X_2，X_3，X_4，X_5，X_6，X_8)
7	$R_{78}=0.23$	X_1，X_2，X_3，X_4，X_5，X_6，X_7，X_8

注：表中“( )”表示被合并成一类的指标序号

第三，以指标之间的相关程度作为划分标准，确定指标体系所包含的指标类数，若对指标体系的精简性要求不高，可选较大的相关系数。例如，$R>0.8$，可采用表 12-2 中的第三次并类结果，上述 8 个指标就分为 5 类：X_1，X_2，(X_3，X_4)，(X_5，X_6，X_8)，X_7。若对指标体系的精简性要求较高，可选较小的相关系数。例如，$R>0.65$，则采用表 12-2 中的第 5 次并类结果，即上述 8 个指标就分为 3 类：(X_1，X_7)，X_2，(X_3，X_4，X_5，X_6，X_8)。

第四，根据经验，从包括多个指标的类内选择一个指标作为此类指标的代表指标，组成统计综合评价指标体系。对于本实例，若分为 5 类，可从指标 X_3 和指标 X_4 中选择指标 X_4 作为代表指标，从指标 X_5、指标 X_6 和指标 X_8 中选择 X_6 作为代表指标，则统计综合评价指标体系由指标 X_1、指标 X_2、指标 X_4、指标 X_6 和指标 X_7 组成。同理，若分为 3 类，则统计综合评价指标体系可由 X_1、X_2 和 X_6 组成。

（三）评价指标的无量纲化处理

指标无量纲化，也称为数据的标准化，它是通过数学变换消除指标量纲影响的方法。由于评价指标体系中各指标的性质不同，计量单位往往也不一样，所以必须对各指标的实际值进行无量纲化处理，使之具有可比性，在此基础上才能综合汇总。为了解决这一问题，最常用的方法是确定评价指标体系各指标的评价标准，即各指标的比较标准，然后，用各指标的实际值 x_i 与相应的标准值 x_m 进行比较，得出能直接汇总的相对数，这种方法被称为相对化处理法。在指标体系中，有正指标和逆指标之分。正指标数值越大表明现象越好，例如效益、利润等，要用公式 x_i/x_m 处理；逆指标值越小表明现象越好，例如单位产品成本、万元产值能耗等，要用公式 x_m/x_i 处理。另外，还有指标属于适度指标，过大或过小都不好，例如资产负债率就属于适度指标。

标准值要根据评价分析的目的确定，常用的标准有以下几类。

1. 计划标准

若评价分析的目的是说明计划完成情况，则可选择计划数值作为标准值。值得注意的是，此时的计划指标必须具有较高的科学性。

2. 动态标准

若对评价对象进行综合动态分析，可选择评价对象前一时期、上年同期、历史最高水平时期、某一基准时期的数值作为标准值。

3. 平均标准或最优标准

若评价的总体包括若干个对象，通过统计综合评价分析来说明评价对象的水平高低或排序时，可选择某一时期所有参评单位的平均值或最优值作为标准值。

4. 行业、国家或国际标准

若评价分析的目的是说明一个评价对象或若干个评价对象在行业内、全国、国际上所处的地位与差距，可选择行业、国家或国际上同类指标的一般水平、先进水平作为标准值。

在统计综合评价中，以上四类标准常结合运用，以便对所有评价对象做出全面定量分析评价。

（四）确定评价指标的权重

权重是对不同指标的作用、地位和重要程度的度量。相对于某种评价目的来说，评价指标之间的相对重要性是不同的，可用权重来表示。为了评价分析的科学性，必须为不同指标赋予不同的权重。当评价对象及评价指标（值）给定时，综合评价的结果就依赖于权重。权重确定得合理与否，关系到综合评价结果的可信度，因此对权重的确定必须谨慎。

确定权数的常用方法有六种。

（1）德尔菲（Delphi）法，又称专家咨询法，就是集中专家的意见与经验，确定各指标的权重。第一步，选择专家（10~30 人）；第二步，请专家各自给出不同指标的权重；第三步，计算各指标所给权重的均值和标准差，并确定标准差的容许范围；第四步，将第一次结果反馈给专家，专家进行二次赋值。这个过程持续进行，直到标准差符合预先给定的范围为止。

（2）相邻指标比较法。该方法是对所有指标进行两两对比，重要性强的给予较高的权重，重要性低的给予较低的权重。若干次对比以后，得出结论。

（3）离散系数加权法。每个指标都有离散系数，将各个指标的离散系数的总和作为分母，将某一指标的离散系数作为分子，可以求得某指标的离散系数在总离散系数中的比重，可将这个比重作为权重。其原理是哪个指标差异程度高，就给予这个指标较高的权重。

（4）复相关系数倒数加权法。复相关系数是线性回归模型的判别系数。可以将某一变量作为因变量，其他变量作为自变量建立模型，计算其复相关系数。该系数越大，说明该指标被其他指标解释的程度越高，即其他指标对该指标的可替代性就越强，其本身的作用就越弱，所以用各指标的复相关系数的倒数作为权数，正好说明了其在所有指标中的重要程度。

（5）层次分析法。层次分析法（analytic hierarchy process，AHP）是美国运筹学家萨迪（T. L. Saaty）教授于 20 世纪 70 年代初期提出的一种简便、灵活且实用的多准则决策方法。该方法是目前比较常用的确定指标权重的科学方法。

运用层次分析法确定权重时，大体上可按以下步骤进行；第一步，建立递阶层次结构模型；第二步，构造出各层次中的所有判断矩阵；第三步，层次单排序及一致性检验，确定层次权重；第四步，层次总排序及一致性检验，确定总权重。

（6）主成分分析法。用这种方法确定权数，是依据参加评价的各指标的方差的大小来确定的。该方法认为方差大的指标贡献率高，方差小的指标贡献率低。在做主成分分析时，首先要对数据标准化然后计算相关矩阵。再计算其特征值，相关矩阵的特征值即相应指标的方差。

一般情况下，多数人都使用特征值的贡献率作为权数。

（五）确定综合评价方法，计算综合评价结果

在对各个评价指标进行无量纲化处理和确定各评价指标相应的权数之后，需选择合适的数学方法将多个评价指标值合成为一个整体性的综合评价值。可用于合成的数学方法较多，常用的合成方法主要有加权算术平均法与加权几何平均法。

加权算术平均法：$$D=\frac{\sum d_i w_i}{\sum w_i} \tag{12-1}$$

加权几何平均法：$$D=\sqrt[\sum w_i]{\prod d_i^{w_i}} \tag{12-2}$$

（六）根据评价结果进行统计分析

根据综合评价的结果——综合值，评价客观对象的数量特征，并利用该综合值对各个被评价的对象进行排序、比较，指出评价对象的优势、劣势，并据此查找原因，提出相应的改进措施。

应用多指标综合评价的三点建议

第二节　几种常用的统计综合评价方法

现代科学评价主要分为两类：一类是综合评价的多元统计分析法，主要讨论各种多元统计方法，特别是主成分分析法、因子分析法、判断分析法、聚类分析法、典型相关分析法等在综合评价中的应用要求与适用条件等；另一类是综合评价的系统分析方法，主要讨论模糊数学综合评价法、灰色系统评价法、人工神经网络评价法、数据包络分析法、层次分析法等的基本思路、特点及适用条件，特别是一些新兴学科思想在综合评价实践中的应用前景及改进思路。下面介绍几种常用的统计综合评价方法。

一、综合指数法

综合指数法是将每项指标的实际值与标准值进行比较，计算出各项指标的个体指数，再加权平均计算综合指数。

（一）计算各指标的个体指数

$$\text{某指标的个体指数}(\%)=\frac{\text{报告期某项指标的实际值}}{\text{该指标标准值}}\times 100\% \tag{12-3}$$

（二）计算综合指数

$$\text{综合指数}(\%)=\frac{\sum(\text{某指标的个体指数}\times\text{该指标权数})}{\sum\text{各指标权数}}\times 100\% \tag{12-4}$$

在运用该方法时，各项评价指标一般应采用正指标，若为逆指标，在计算之前应将其转化为正指标。最后计算的综合指数数值越大，评价对象越好。

【例 12-1】假定甲、乙两企业 2019 年的经济效益指标资料如表 12-3 所示，试采用综合指数法对甲、乙两企业的经济效益进行评价与比较。

解　具体计算过程及结果见表 12-3。

表 12-3　甲、乙两企业经济效益综合指数计算表

序号	指标名称	单位	全国标准值	统一权数	甲企业			乙企业		
					实际	个体指数	加权分值	实际	个体指数	加权分值
			①	②	③	④=③÷①	⑤=④×②	⑥	⑦=⑥÷①	⑧=⑦×②
1	总资产贡献率	%	10.7	20	12.0	1.121	22.42	10.0	0.935	18.70
2	资产保值增值率	%	120.0	16	125.0	1.042	16.67	105.0	0.875	14.00
3	资产负债率	%	60.0	12	55.0	0.917	11.00	60.0	1.000	12.00
4	流动资金周转率	次/年	1.52	15	1.5	0.987	14.81	1.45	0.954	14.31
5	成本费用利润率	%	3.71	14	4.0	1.078	15.09	3.5	0.943	13.20
6	全员劳动生产率	元/人	16 500	10	17 000	1.030	10.30	16 500	1.000	10.00
7	工业产品销售率	%	96	13	95.0	0.990	12.87	95.0	0.990	12.87
综合经济效益指数		%	—	100	—	—	103.16	—	—	95.08

（三）对企业经济效益进行评价和分析

上述经济效益指标除资产负债率（适度指标）外，其余六项指标均为正指标，当某企业的经济效益综合指数大于或等于 100%时，表明该企业的经济效益水平超过或达到全国一般水平；小于 100%时，则低于全国一般水平。

从计算结果来看，甲企业的经济效益状况良好，经济效益综合指数为 103.16。但从具体项目来看，甲企业的资产负债率低于标准值（55%<60%），甲企业应适当提高企业负债比率，充分发挥资金杠杆作用。乙企业的经济效益综合指数为95.08%，七项经济效益指标中，除资产负债率、全员劳动生产率与全国标准值持平外，其他均低于全国标准值，乙企业应找出原因，采取有力措施，提高经济效益。

从综合指数公式可以看出，综合指数实质就是若干个体指数的加权算术平均数。每个个体指数对比的基数通常是全国的平均值或标准值。这样，综合指数在总体内的各单位之间就具有充分的可比性，可以广泛用于横向对比。但是，不同地区、不同部门和企业，由于各种原因实际水平存在一定的差距，在进行比较时，需要考虑具体情况。

【例 12-2】某电力企业 2019 年投入产出有关数据见表 12-4，要求计算企业投入产出能力综合指数。

表 12-4　某企业 2019 年投入产出能力综合指数计算过程

核算基础	具体指标	单位	实际指标值	社会最好值	单项指数 k_i	权数 w_i	综合加权 k_iw_i
活劳动投入	企业全员劳动生产率	元/人	2000	2500	0.80	0.17	0.136
	企业职工工资产值率	元/百元	5000	5000	1.00	0.10	0.100
劳动手段投入	生产设备综合利用率	%	89	95	0.94	0.15	0.141
	固定资产企业营业盈余率	元/百元	240	250	0.96	0.10	0.096
劳动对象投入	单位原材料、燃料消耗总产出	元/百元	300	320	0.94	0.10	0.094
	企业流动资产周转次数	次	5	8	0.63	0.08	0.050
成本费用投入	成本利税率	%	43	45	0.96	0.17	0.163
	资金利税率	%	39	42	0.93	0.13	0.121
	合计	—	—	—	—	—	0.901

注：表中的数据摘自某电力企业的统计报表，社会最好值是根据有关资料估计的

解　根据表 12-4 可得

$$\bar{k}=\frac{\sum_{i=1}^{n}k_iw_i}{\sum_{i=1}^{n}w_i}=\frac{0.8\times0.17+1\times0.1+\cdots+0.93\times0.13}{0.17+0.1+\cdots+0.13}=90.1\%$$

投入产出能力综合指数为 100%时最好。该企业实际为 90.1%，可认为该企业投入产出能力综合指数接近 100%，属于企业投入产出较好的企业，但仍有潜力未充分发挥。

二、功效系数法

功效系数法是先将每一个指标的实际值转化为用百分制表示的值，再汇总计算评价值的方法。

（1）根据经验和评价目的，对每个指标确定一个上限值（或称满意值）x_{ih} 和一个下限值（或称不允许值）x_{il}。上限值可以是所有参与企业的最优值，也可以是同行业、全国、国际的先进水平，还可以是某一时期的奋斗目标等；下限值可以是所有参评企业的最差值，

也可以是同行业、全国、国际的最低水平，或某一时期的最差值。

（2）计算每项指标的功效系数。

$$d_i = \frac{x_i - x_{il}}{x_{ih} - x_{il}} \times 40 + 60 \tag{12-5}$$

式中，d_i为第i个指标的功效系数；x_i为第i个指标的实际值。

式（12-5）适合正指标功效系数的计算，如果是逆指标或适度指标，应采用式（12-6）：

$$d_i = 100 - \frac{x_{ih} - x_i}{x_{ih} - x_{il}} \times 40 \tag{12-6}$$

（3）将各项指标的功效系数得分，与各项指标的权数进行加权平均，求得功效系数综合得分，计算时可以采用式（12-1），也可以采用式（12-2）。

总功效系数得分值越高，表示评价对象或综合评价指标越好；反之，则越差。功效系数法的优点是可比性强，适用面较广，可用于企业之间和地区之间的对比。另外，功效系数得分的计算中满意值和不允许值可以根据不同需要确定。

（4）按照各评价企业的功效系数总得分，从高到低依次排序，确定各企业的名次。

【例 12-3】某行业 2019 年甲、乙、丙三个企业效益水平指标实际值如表 12-5 所示，试用功效系数法对三个企业的效益水平做统计综合评价。

表 12-5　2019 年甲、乙、丙三个企业效益水平功效系数评价计算表

指标名称	单位	权数	三个企业实际值			同行业企业		三个企业功效得分		
			甲	乙	丙	同行最高 x_{ih}	同行最低 x_{il}	甲	乙	丙
资金利润率	%	50	16	18	14	20	10	84.0	92.0	76.0
成本费用利润率	%	20	15	17	12	24	10	74.3	80.0	65.7
人均利润	元/人	30	3500	4000	2000	5000	1000	85.0	90.0	70.0
合计	—	100	—	—	—	—	—	82.36	89.0	72.14

解　根据表 12-5，三个企业效益水平指标统计综合评价得分中，乙企业最高，为 89 分；甲企业次之，为 82.36 分；丙企业最低，为 72.14 分。这说明三个企业尤其丙企业与同行业最佳企业的效益水平相比差距较大，应寻找具体原因，采取措施，努力提高企业经济效益。

三、综合打分法

如果反映评价对象的项目是定性变量，可以对每一评价项目事先确定一个最高分，例如满分为 10 分，然后对评价对象逐项打分，再汇总计算得出综合得分。

（1）确定评价对象每一项指标的得分（一般采用专家意见法）。

（2）计算各评价对象的综合得分。

$$综合得分=\frac{\sum(每项指标得分\times该指标权重)}{\sum指标权重} \tag{12-7}$$

（3）根据综合评价总得分进行分析，做出决策。

【例 12-4】以足球守门员的选拔为例，说明综合打分法的计算，见表 12-6。

表 12-6　足球守门员素质指标评价打分表

序号	比较项目	权数 f	甲		乙	
			x_1	x_1f	x_2	x_2f
1	整体素质	9	9	81	9	81
2	意识	12	9.5	114	8.5	102
3	判断反应	20	9	180	8.5	170
4	身体素质	8	8	64	9.5	76
5	临场发挥	8	8.5	68	9	72
6	指挥布防	15	9	135	8	120
7	高球处理	4	9	36	9.5	38
8	低球处理	6	9	54	8.5	51
9	扑点球	8	8	64	8	64
10	稳定性	10	8	80	8.5	85
合计		100	87	876	87	859

解　根据计算结果，甲、乙队员得分分别为 8.76 分与 8.59 分，最终确定甲队员为足球守门员的合适人选。

综上，传统的综合评价方法主要采用效用函数法（又称当量平均法）原理，主要研究效用函数法的一般原理、无量纲化方法与原理、效用函数评价值的合成方法等。

四、层次分析法

（一）层次分析法的基本思想

1977 年，美国运筹学家、匹兹堡大学教授萨迪在第一届国际数学建模会议上宣读了“无结构决策问题的建模——层次分析法”一文，宣告一种新的决策方法问世。

层次分析法的基本特征：其一是要有一个属性集的层次结构模型，它是层次分析法赖以建立的基础；其二是针对上一层的某个准则，把下一层与之相关的各个不可公度的因素，通过对比，按重要性等级赋值，从而完成从定性分析到定量分析的过渡。

（二）层次分析法的步骤

假定要进行一次旅游，有三个旅游地点可供选择时，如何选择旅游地点呢？人们大概会用景色、费用、旅游条件等因素去衡量这些地点。如果你对秀丽的山光水色特别偏爱，那么你可能会选择风景如画的地方；如果费用的节省在你的心目中占据很大比重，那么你可能会选择距离较近的地方；如果你想享受现代交通工具、高级旅馆的舒适，那么你可能会选择旅途条件优越的地方；等等。

不妨把人们对这个问题的一般决策过程分解一下，大致有以下几步：首先是确定景色、费用、旅途条件等因素在影响你选择旅游地点这个总目标中各占有多大比重；其次是比较三个旅游地点的景色、费用、其他条件；最后是综合以上结果得到三个地点在总目标中所占的比重，一般应该选择比重最大的那个地点。这就是层次分析法的基本想法。

运用层次分析法解决问题，大体可以分为五个主要步骤，现分述如下。

1. 建立递阶结构

这是层次分析法中最重要的一步。首先，根据对问题的了解和初步分析，把复杂问题分解成可称为元素的各组成部分，把这些元素按属性不同分成若干组，以形成不同层次。某一层次的元素对下一层次的某些元素起支配作用，同时它又受上一层次元素支配。这种从上到下的支配关系形成了一个递阶层次。处于最上边的层次称为目标层，通常它只有一个元素，一般是分析问题的预定目标或理想结果。中间的层次一般是准则、子准则，称为准则层，是衡量是否达到目标的判断准则。最底层是方案（措施）层，其中排列了各种可能采取的方案或措施。层次之间的支配关系不一定是完全的，即可以存在这样的元素，它并不支配下一层的所有元素。一个典型的层次结构可以用图 12-1 表示出来。

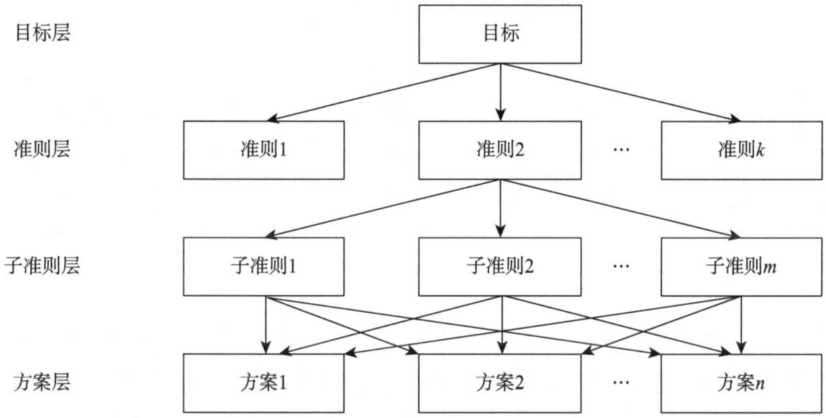

图 12-1　递阶结构示意图

层次数与问题的复杂程度和所需要分析的详细程度有关。每一层次中的元素一般不超过 9 个，因为同一层次中包含数目过多的元素会给两两比较判断带来困难。一个好的层次结构对于解决问题是极为重要的。层次结构是建立在分析者对所面临的问题具有全面、深入的认识的基础之上的，如果在层次的划分和确定层次之间的支配关系上举棋不定，最好重新分析问题，弄清问题各部分相互之间的关系。

2. 构造两两比较判断矩阵

在建立递阶结构以后，上下层之间的隶属关系就被确定了。假定上一层的元素 α 作为准则，对下一层的元素 $x_1,x_2,\cdots,x_n$ 有支配关系，我们的目的是在准则 α 之下按它们的相对

重要性赋予 x_i 相应的权重 $w_i(i=1,2,\cdots,n)$ 。对于大多数社会经济问题，特别是对人的判断起重要作用的问题，直接得到这些元素的权重并不容易，往往需要通过适当的方法来导出它们的权重。层次分析法所用的是两两比较的方法。

比较 n 个元素 $x_1,x_2,\cdots,x_n$ 对准则 α 的影响，以确定它们在准则 α 中所占的比重。每次取两个元素 x_i 和 x_j ，用 a_{ij} 表示 x_i 和 x_j 关于准则 α 的相对重要程度之比，其全部比较结果可用矩阵 $\boldsymbol{A}$ （ $\boldsymbol{A}$ 称为比较判断矩阵，简称判断矩阵）表示。

$$\boldsymbol{A}=\begin{bmatrix} a_{11} & a_{12} & \cdots & a_{1n} \\ a_{21} & a_{22} & \cdots & a_{2n} \\ \vdots & \vdots & & \vdots \\ a_{n1} & a_{n2} & \cdots & a_{nn} \end{bmatrix}=\boldsymbol{A}(a_{ij})$$

判断矩阵中的 a_{ij} 表示元素 x_i 关于元素 x_j 的重要程度的赋值。这些赋值的根据或来源，是由决策者直接提供，或是通过决策者与分析者对话来确定，或是由分析者通过某种技术咨询而获得，或是通过其他合适的途径来酌定。一般地，判断矩阵应由熟悉问题的专家独立地给出。

3. 各元素相对权重的计算

对于元素 $x_1,x_2,\cdots,x_n$ ，通过两两比较判断得到判断矩阵 $\boldsymbol{A}$ 。若 $\boldsymbol{A}$ 是一致阵，则解特征值问题得

$$\boldsymbol{A}\boldsymbol{w}=n\boldsymbol{w}$$

所得到的 $\boldsymbol{w}=(w_1,w_2,\cdots,w_n)^{\mathrm{T}}$ 经归一化后作为元素 $x_1,x_2,\cdots,x_n$ 在准则 α 下的排序权重，这种方法称为排序权向量计算的特征值方法。特征值方法是层次分析法中最早提出的排序权向量计算方法，使用广泛。近年来，不少学者提出了排序权向量计算的其他方法，例如最小二乘法、对数最小二乘法、上三角元素法等，这些方法在不同场合下各有优点。

4. 判断矩阵一致性的检验

一般来说，由于客观事物的复杂性和人们认识上的多样性以及主观上的片面性和不稳定性，判断者不可能给出 a_{ij} 的精确值，只能给出它的估计判断或大概判断。即实际给出的 a_{ij} 的值与客观存在的 w_i/w_j 是有偏差的，这样，就不能保证判断矩阵具有一致性。为了保证应用层次分析法分析得到的结论合理、正确，还需要对所构成的判断矩阵进行一致性检验。

5. 方案层的组合权重及总体一致性的检验

一般地，如果一个系统可以分解为三个层次，设最高层为 Z ，第二层为 $Y=[y_1,y_2,\cdots,y_m]$ ，第三层为 $X=[x_1,x_2,\cdots,x_n]$ 。设已知 Y 对 Z 的权重向量为 $\boldsymbol{w}_Z(Y)=[w_Z(y_1),w_Z(y_2),\cdots,w_Z(y_m)]^{\mathrm{T}}$ ，一致性指标为 $\mathrm{CI}_Z(Y)$ ； X 对 y_i 的权重向量为 $\boldsymbol{w}_{y_i}(X)=[w_{y_i}(x_1),w_{y_i}(x_2),\cdots,w_{y_i}(x_n)]^{\mathrm{T}}$ ，一致性指标为 $\mathrm{CI}_{y_i}(X)(i=1,2,\cdots,m)$ ，则 x_j 在 Z 中占的比重是

$$w_Z(x_j)=\sum_{i=1}^{m}w_{y_i}(x_j)w_Z(y_i)\qquad j=1,2,\cdots,n$$

若记

$$r_{ij}=w_{y_i}(x_j)$$
$$R=R(r_{ij})$$

则

$$\boldsymbol{w}_Z(X)=R\boldsymbol{w}_Z(Y)$$

式中，$\boldsymbol{w}_Z(X)=[w_Z(x_1),w_Z(x_2),\cdots,w_Z(x_n)]^{\mathrm{T}}$ 为 X 对 Z 的权重向量；$\boldsymbol{w}_Z(Y)=[w_Z(y_1),w_Z(y_2),\cdots,w_Z(y_m)]^{\mathrm{T}}$ 为 Y 对 Z 的权重向量。

对于一致性指标 $\mathrm{CI}_Z(Y)$ 和 $\mathrm{CI}_{y_i}(X)(i=1,2,\cdots,m)$ 除了逐个检验之外，也可以作如下的统一检验：X 对 Z 的一致性指标定义为

$$\mathrm{CI}_Z(X)=\mathrm{CI}_Z(Y)+\sum_{i=1}^{m}w_Z(y_i)\mathrm{CI}_{y_i}(X)$$

相应地，随机一致性指标为

$$\mathrm{RI}_Z(X)=\mathrm{RI}_Z(Y)+\sum_{i=1}^{m}w_Z(y_i)\mathrm{RI}_{y_i}(X)$$

可参照 $\dfrac{\mathrm{CI}_Z(X)}{\mathrm{RI}_Z(X)}<0.1$ 的标准检验整体的一致性。

更一般地，若一个复杂系统可以分解为 h 个层次，最高层（即第 1 层）为 Z，最低层（即第 h 层）为 $X=[x_1,x_2,\cdots,x_n]$，以较低层次（第 k 层）元素对较高层次（第 $k-1$ 层）元素的权重向量构成的矩阵，记为 $R_k(k=3,4,\cdots,h)$，则 $X=[x_1,x_2,\cdots,x_n]$ 对目标 Z 的权重向量为

$$\boldsymbol{w}_Z(X)=R_hR_{h-1}\cdots R_3U$$

式中，U 是第二层元素对 Z 的权重向量。

◎想一想

综合评价结论是一种观点还是一种事实？

有一种认识误区，把综合评价结论当成千真万确的事实，忘记了综合评价的主观性。其实，综合评价结论是一种观点。凡观点必有所处角度与立场。角度与立场不同，观点自然不同，因此综合评价必然存在主观因素。评价指标体系的设计、评价方法的选择、评价标准值的设定等，无不体现了评价者的观点与立场，因此，认为综合评价结论就是一件“板上钉钉”的事实，显然是不对的。另外，夸大评价结论的主观性，全盘否定综合评价结论的科学性，出于不了解或因评价结果不符合其个人内心预期，对综合评价的结论总是表露一种“不屑一顾”的态度，也是错误的。我们必须科学地看待综合评价结论，综合评价结论是基于客观事实的一种观点，不是臆造的观点。

资料来源：苏为华. 2012. 我国多指标综合评价技术与应用研究的回顾与认识. 统计研究，29（8）：98-107.

本 章 小 结

（1）统计综合评价是对所要研究的对象，建立一个统计指标体系，并利用一定的方法，对反映该现象不同侧面的指标进行综合分析，对评价的对象从整体上做出定量的总体判断，从而揭示事物的本质及发展规律。

（2）统计综合评价指标体系的选择要遵循科学性原则、全面性原则、敏感性原则、简约性原则、可行性原则等。

（3）不同评价指标具有不同的量纲，在评价中为消除不同量纲的影响，需进行指标无量纲化处理。

（4）常用的统计综合评价方法包括综合指数法、功效系数法、统计打分法、层次分析法等。

主要参考文献

安德森 D R，等. 2006. 商务与经济统计. 9 版. 张建华，等译. 北京：机械工业出版社.

奥特 R L，朗格内克 M. 2003. 统计学方法与数据分析引论. 5 版. 张忠占，等译. 北京：科学出版社.

戴世光. 1987. 世界经济统计概论. 北京：人民出版社.

丹尼尔 W，特勒 J C. 1984. 经营管理统计学. 陈鹤琴，等译. 北京：中国商业出版社.

德沃 R D，等. 2016. 统计学：数据与模型. 3 版. 耿修林译. 北京：中国人民大学出版社.

方国松，何海燕. 2017. 统计学. 广州：华南理工大学出版社.

方娜. 2015. 商务统计学. 2 版. 武汉：武汉大学出版社.

何晓群. 2019. 多元统计分析. 5 版. 北京：中国人民大学出版社.

黑斯蒂 T，等. 2004. 统计学习基础——数据挖掘、推理与预测. 范明，等译. 北京：电子工业出版社.

胡良平. 2000. 现代统计学与 SAS 应用. 北京：军事医学科学出版社.

黄良文. 1988. 统计学原理问题研究. 北京：中国统计出版社.

贾俊平，等. 2018. 统计学. 7 版. 北京：中国人民大学出版社.

江立华，水延凯. 2018. 社会调查教程. 7 版. 北京：中国人民大学出版社.

莱文 D M，等. 2017. 商务统计学. 7 版. 岳海燕，等译. 北京：中国人民大学出版社.

莱文 D M，克雷比尔 T C，贝伦森 M L. 2010. 商务统计学. 5 版. 黄耀锋，等译. 北京：中国人民大学出版社.

李金昌. 2018. 统计学. 北京：高等教育出版社.

李心愉. 1999. 应用经济统计学. 北京：北京大学出版社.

联合国经济和社会事务部统计处. 1985. 社会和人口统计体系. 许成钢，黄琪，钟学义译. 北京：中国财政经济出版社.

林德，等. 2005. 商务与经济统计技术. 易丹辉，等译. 北京：中国人民大学出版社.

穆尔 D S，诺茨 W I. 2017. 统计学的世界. 8 版. 郑磊译. 北京：中信出版社.

庞皓. 2020. 统计学. 6 版. 成都：西南财经大学出版社.

钱伯海. 1985. 经济统计学概论. 北京：中国财政经济出版社.

萨尔金德 N J. 2008. 爱上统计学. 史玲玲译. 重庆：重庆大学出版社.

宋廷山，蔚雪波，吴风庆. 2006. 应用统计学：以 Excel 为分析工具. 成都：西南财经大学出版社.

王见定. 2006. 统计学：社会统计学与数理统计学的统一. 北京：中国经济出版社.

王静龙，梁小筠. 2008. 定性数据统计分析. 北京：中国统计出版社.

王振成. 2019. 统计学. 重庆：重庆大学出版社.

沃拉克 G K B. 2006. 统计学：在经济和管理中的应用. 6 版. 王琪延，等译. 北京：中国人民大学出版社.

吴风庆，王艳明. 2011. 统计学. 2 版. 北京：科学出版社.

吴风庆，王艳明. 2016. 统计学. 3 版. 北京：科学出版社.

吴喜之. 2004. 统计学：从数据到结论. 北京：中国统计出版社.

吴喜之. 2019. 非参数统计学. 5 版. 北京：中国统计出版社.

向蓉美，王青华. 2015. 统计学导论. 3 版. 成都：西南财经大学出版社.
肖昭媛. 2001. 统计学理论与应用. 上海：上海交通大学出版社.
徐国祥. 2009. 统计指数理论及应用. 2 版. 北京：中国统计出版社.
徐国祥. 2016. 金融统计学. 2 版. 上海：格致出版社；上海人民出版社.
杨坚白，莫日达，冯杞靖，等. 1987. 统计学原理. 上海：上海人民出版社.
杨曾武. 1985. 社会经济统计学原理. 天津：天津科学技术出版社.
袁卫，等. 2009. 统计学. 3 版. 北京：高等教育出版社.
袁卫，等. 2019. 统计学. 5 版. 北京：高等教育出版社.
袁卫，刘超. 2016. 统计学：思想、方法与应用. 2 版. 北京：中国人民大学出版社.
曾五一，肖红叶. 2019. 统计学导论. 3 版. 北京：科学出版社.
曾五一，朱建平. 2017. 统计学. 北京：高等教育出版社.
中国大百科全书出版社. 2007. 不列颠百科全书. 北京：中国大百科全书出版社.
Freedman D，Pisani R，PurvesR，等. 1997. 统计学. 魏宗舒，等译. 北京：中国统计出版社.
Kleinbaum D G，Kupper L L. 1988. Applied Regression Analysis and Other Multivariable Methods. Boston：Mass.
Levine D M，Krehbiel T C，Berenson M L，等. 李鹏宇，等译. 2004. 商务统计学. 北京：中国人民大学出版社.

附表 1　标准正态分布函数值表

本表列出了标准正态分布 $N(0,1)$ 的分布函数 $\Phi(\lambda)=\dfrac{1}{\sqrt{2\pi}}\int_{-\infty}^{\lambda}\mathrm{e}^{-\frac{x^2}{2}}\mathrm{d}x\quad(\lambda>0)$ 的值。

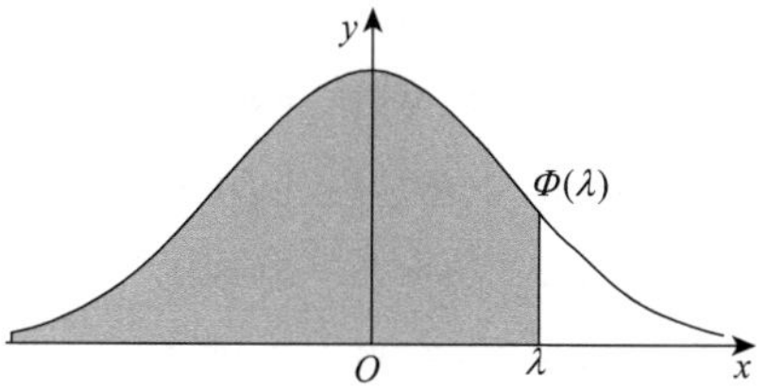

λ	0.00	0.01	0.02	0.03	0.04	0.05	0.06	0.07	0.08	0.09
0.0	0.500 0	0.504 0	0.508 0	0.512 0	0.516 0	0.519 9	0.523 9	0.527 9	0.531 9	0.535 9
0.1	0.539 8	0.543 8	0.547 8	0.551 7	0.555 7	0.559 6	0.563 6	0.567 5	0.571 4	0.575 3
0.2	0.579 3	0.583 2	0.587 1	0.591 0	0.594 8	0.598 7	0.602 6	0.606 4	0.610 3	0.614 1
0.3	0.617 9	0.621 7	0.625 5	0.629 3	0.633 1	0.636 8	0.640 6	0.644 3	0.648 0	0.651 7
0.4	0.655 4	0.659 1	0.662 8	0.666 4	0.670 0	0.673 6	0.677 2	0.680 8	0.684 4	0.687 9
0.5	0.691 5	0.695 0	0.698 5	0.701 9	0.705 4	0.708 8	0.712 3	0.715 7	0.719 0	0.722 4
0.6	0.725 7	0.729 1	0.732 4	0.735 7	0.738 9	0.742 2	0.745 4	0.748 6	0.751 7	0.754 9
0.7	0.758 0	0.761 1	0.764 2	0.767 3	0.770 4	0.773 4	0.776 4	0.779 4	0.782 3	0.785 2
0.8	0.788 1	0.791 0	0.793 9	0.796 7	0.799 5	0.802 3	0.805 1	0.807 8	0.810 6	0.813 3
0.9	0.815 9	0.818 6	0.821 2	0.823 8	0.826 4	0.828 9	0.831 5	0.834 0	0.836 5	0.838 9
1.0	0.841 3	0.843 8	0.846 1	0.848 5	0.850 8	0.853 1	0.855 4	0.857 7	0.859 9	0.862 1
1.1	0.864 3	0.866 5	0.868 6	0.870 8	0.872 9	0.874 9	0.877 0	0.879 0	0.881 0	0.883 0
1.2	0.884 9	0.886 9	0.888 8	0.890 7	0.892 5	0.894 4	0.896 2	0.898 0	0.899 7	0.901 5
1.3	0.903 20	0.904 90	0.906 58	0.908 24	0.909 88	0.911 49	0.913 09	0.914 66	0.916 21	0.917 74
1.4	0.919 24	0.920 73	0.922 20	0.923 64	0.925 07	0.926 47	0.927 85	0.929 22	0.930 56	0.931 89
1.5	0.933 19	0.934 48	0.935 74	0.936 99	0.938 22	0.939 43	0.940 62	0.941 79	0.942 95	0.944 08
1.6	0.945 20	0.946 30	0.947 38	0.948 45	0.949 50	0.950 53	0.951 54	0.952 54	0.953 52	0.954 49
1.7	0.955 43	0.956 37	0.957 28	0.958 18	0.959 07	0.959 94	0.960 80	0.961 64	0.962 46	0.963 27
1.8	0.964 07	0.964 85	0.965 62	0.966 38	0.967 12	0.967 84	0.968 56	0.969 26	0.969 95	0.970 62
1.9	0.971 28	0.971 93	0.972 57	0.973 20	0.973 81	0.974 41	0.975 00	0.975 58	0.976 15	0.976 70
2.0	0.977 25	0.977 78	0.978 31	0.978 82	0.979 32	0.979 82	0.980 30	0.980 77	0.981 24	0.981 69
2.1	0.982 14	0.982 57	0.983 00	0.983 41	0.983 82	0.984 22	0.984 61	0.985 00	0.985 37	0.985 74
2.2	0.986 10	0.986 45	0.986 79	0.987 13	0.987 45	0.987 78	0.988 09	0.988 40	0.988 70	0.988 99

续表

λ	0.00	0.01	0.02	0.03	0.04	0.05	0.06	0.07	0.08	0.09
2.3	0.989 28	0.989 56	0.989 83	0.990 10	0.990 36	0.990 61	0.990 86	0.991 11	0.991 34	0.991 58
2.4	0.991 80	0.992 02	0.992 24	0.992 45	0.992 66	0.992 86	0.993 05	0.993 24	0.993 43	0.993 61
2.5	0.993 79	0.993 96	0.994 13	0.994 30	0.994 46	0.994 61	0.994 77	0.994 92	0.995 06	0.995 20
2.6	0.995 34	0.995 47	0.995 60	0.995 73	0.995 85	0.995 98	0.996 09	0.996 21	0.996 32	0.996 43
2.7	0.996 53	0.996 64	0.996 74	0.996 83	0.996 93	0.997 02	0.997 11	0.997 20	0.997 28	0.997 36
2.8	0.997 44	0.997 52	0.997 60	0.997 67	0.997 74	0.997 81	0.997 88	0.997 95	0.998 01	0.998 07
2.9	0.998 13	0.998 19	0.998 25	0.998 31	0.998 36	0.998 41	0.998 46	0.998 51	0.998 56	0.998 61
3.0	0.998 65	0.998 69	0.998 74	0.998 78	0.998 82	0.998 86	0.998 89	0.998 93	0.998 96	0.999 00
3.1	0.999 03	0.999 06	0.999 10	0.999 13	0.999 16	0.999 18	0.999 21	0.999 24	0.999 26	0.999 29
3.2	0.999 31	0.999 34	0.999 36	0.999 38	0.999 40	0.999 42	0.999 44	0.999 46	0.999 48	0.999 50
3.3	0.999 52	0.999 53	0.999 55	0.999 57	0.999 58	0.999 60	0.999 61	0.999 62	0.999 64	0.999 65
3.4	0.999 66	0.999 68	0.999 69	0.999 70	0.999 71	0.999 72	0.999 73	0.999 74	0.999 75	0.999 76
3.5	0.999 77	0.999 78	0.999 78	0.999 79	0.999 80	0.999 81	0.999 81	0.999 82	0.999 83	0.999 83
3.6	0.999 841	0.999 847	0.999 853	0.999 858	0.999 864	0.999 869	0.999 874	0.999 879	0.999 883	0.999 888
3.7	0.999 892	0.999 896	0.999 900	0.999 904	0.999 908	0.999 912	0.999 915	0.999 918	0.999 922	0.999 925
3.8	0.999 928	0.999 931	0.999 933	0.999 936	0.999 938	0.999 941	0.999 943	0.999 946	0.999 948	0.999 950
3.9	0.999 952	0.999 954	0.999 956	0.999 958	0.999 959	0.999 961	0.999 963	0.999 964	0.999 966	0.999 967
4.0	0.999 968	0.999 970	0.999 971	0.999 972	0.999 973	0.999 974	0.999 975	0.999 976	0.999 977	0.999 978

附表 2　t 分布上侧分位数表

本表列出了 $t(n)$ 分布的上侧 α 分位数 $t_{\alpha}(n)$，它满足 $P\{t(n) > t_{\alpha}(n)\} = \alpha$。

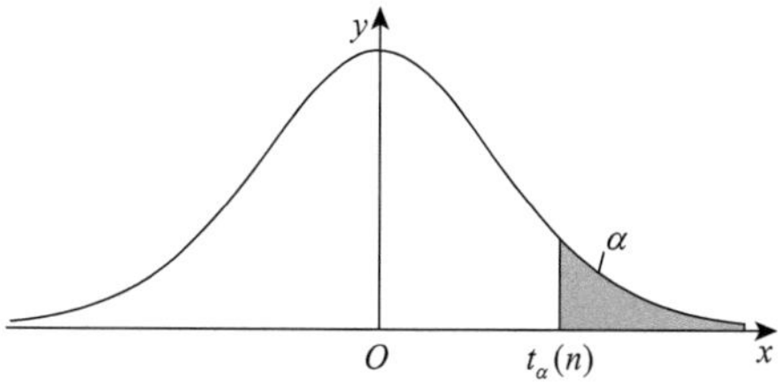

自由度 n	α					
	0.25	0.10	0.05	0.025	0.01	0.005
1	1.0000	3.0777	6.3138	12.7062	31.8205	63.6567
2	0.8165	1.8856	2.9200	4.3027	6.9646	9.9248
3	0.7649	1.6377	2.3534	3.1824	4.5407	5.8409
4	0.7407	1.5332	2.1318	2.7764	3.7469	4.6041
5	0.7267	1.4759	2.0150	2.5706	3.3649	4.0321
6	0.7176	1.4398	1.9432	2.4469	3.1427	3.7074
7	0.7111	1.4149	1.8946	2.3646	2.9980	3.4995
8	0.7064	1.3968	1.8595	2.3060	2.8965	3.3554
9	0.7027	1.3830	1.8331	2.2622	2.8214	3.2498
10	0.6998	1.3722	1.8125	2.2281	2.7638	3.1693
11	0.6974	1.3634	1.7959	2.2010	2.7181	3.1058
12	0.6955	1.3562	1.7823	2.1788	2.6810	3.0545
13	0.6938	1.3502	1.7709	2.1604	2.6503	3.0123
14	0.6924	1.3450	1.7613	2.1448	2.6245	2.9768
15	0.6912	1.3406	1.7531	2.1314	2.6025	2.9467
16	0.6901	1.3368	1.7459	2.1199	2.5835	2.9208
17	0.6892	1.3334	1.7396	2.1098	2.5669	2.8982
18	0.6884	1.3304	1.7341	2.1009	2.5524	2.8784
19	0.6876	1.3277	1.7291	2.0930	2.5395	2.8609
20	0.6870	1.3253	1.7247	2.0860	2.5280	2.8453
21	0.6864	1.3232	1.7207	2.0796	2.5176	2.8314
22	0.6858	1.3212	1.7171	2.0739	2.5083	2.8188
23	0.6853	1.3195	1.7139	2.0687	2.4999	2.8073
24	0.6848	1.3178	1.7109	2.0639	2.4922	2.7969

续表

自由度 n	α					
	0.25	0.10	0.05	0.025	0.01	0.005
25	0.6844	1.3163	1.7081	2.0595	2.4851	2.7874
26	0.6840	1.3150	1.7056	2.0555	2.4786	2.7787
27	0.6837	1.3137	1.7033	2.0518	2.4727	2.7707
28	0.6834	1.3125	1.7011	2.0484	2.4671	2.7633
29	0.6830	1.3114	1.6991	2.0452	2.4620	2.7564
30	0.6828	1.3104	1.6973	2.0423	2.4573	2.7500
31	0.6825	1.3095	1.6955	2.0395	2.4528	2.7440
32	0.6822	1.3086	1.6939	2.0369	2.4487	2.7385
33	0.6820	1.3077	1.6924	2.0345	2.4448	2.7333
34	0.6818	1.3070	1.6909	2.0322	2.4411	2.7284
35	0.6816	1.3062	1.6896	2.0301	2.4377	2.7238
36	0.6814	1.3055	1.6883	2.0281	2.4345	2.7195
37	0.6812	1.3049	1.6871	2.0262	2.4314	2.7154
38	0.6810	1.3042	1.6860	2.0244	2.4286	2.7116
39	0.6808	1.3036	1.6849	2.0227	2.4258	2.7079
40	0.6807	1.3031	1.6839	2.0211	2.4233	2.7045
41	0.6805	1.3025	1.6829	2.0195	2.4208	2.7012
42	0.6804	1.3020	1.6820	2.0181	2.4185	2.6981
43	0.6802	1.3016	1.6811	2.0167	2.4163	2.6951
44	0.6801	1.3011	1.6802	2.0154	2.4141	2.6923
45	0.6800	1.3006	1.6794	2.0141	2.4121	2.6896

附表 3　χ^2 分布上侧分位数表

本表列出了 $\chi^2(n)$ 分布的上侧 α 分位数 $\chi^2_\alpha(n)$，它满足 $P\left\{\chi^2(n) \geqslant \chi^2_\alpha(n)\right\} = \alpha$。

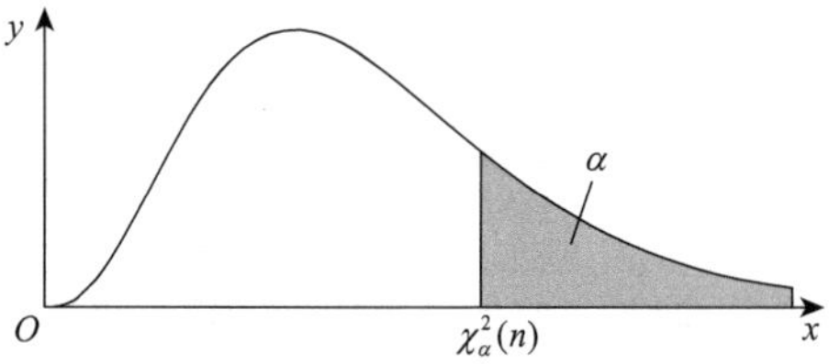

n	α												
	0.995	0.99	0.975	0.95	0.9	0.75	0.5	0.25	0.1	0.05	0.025	0.01	0.005
1	0.000 04	0.000 2	0.001 0	0.003 9	0.015 8	0.101 5	0.454 9	1.323 3	2.705 5	3.841 5	5.023 9	6.634 9	7.879 4
2	0.010	0.020	0.051	0.103	0.211	0.575	1.386	2.773	4.605	5.991	7.378	9.210	10.597
3	0.072	0.115	0.216	0.352	0.584	1.213	2.366	4.108	6.251	7.815	9.348	11.345	12.838
4	0.207	0.297	0.484	0.711	1.064	1.923	3.357	5.385	7.779	9.488	11.143	13.277	14.860
5	0.412	0.554	0.831	1.145	1.610	2.675	4.351	6.626	9.236	11.070	12.833	15.086	16.750
6	0.676	0.872	1.237	1.635	2.204	3.455	5.348	7.841	10.645	12.592	14.449	16.812	18.548
7	0.989	1.239	1.690	2.167	2.833	4.255	6.346	9.037	12.017	14.067	16.013	18.475	20.278
8	1.34	1.65	2.18	2.73	3.49	5.07	7.34	10.22	13.36	15.51	17.53	20.09	21.95
9	1.73	2.09	2.70	3.33	4.17	5.90	8.34	11.39	14.68	16.92	19.02	21.67	23.59
10	2.16	2.56	3.25	3.94	4.87	6.74	9.34	12.55	15.99	18.31	20.48	23.21	25.19
11	2.60	3.05	3.82	4.57	5.58	7.58	10.34	13.70	17.28	19.68	21.92	24.72	26.76
12	3.07	3.57	4.40	5.23	6.30	8.44	11.34	14.85	18.55	21.03	23.34	26.22	28.30
13	3.57	4.11	5.01	5.89	7.04	9.30	12.34	15.98	19.81	22.36	24.74	27.69	29.82
14	4.07	4.66	5.63	6.57	7.79	10.17	13.34	17.12	21.06	23.68	26.12	29.14	31.32
15	4.60	5.23	6.26	7.26	8.55	11.04	14.34	18.25	22.31	25.00	27.49	30.58	32.80
16	5.14	5.81	6.91	7.96	9.31	11.91	15.34	19.37	23.54	26.30	28.85	32.00	34.27
17	5.70	6.41	7.56	8.67	10.09	12.79	16.34	20.49	24.77	27.59	30.19	33.41	35.72
18	6.26	7.01	8.23	9.39	10.86	13.68	17.34	21.60	25.99	28.87	31.53	34.81	37.16
19	6.84	7.63	8.91	10.12	11.65	14.56	18.34	22.72	27.20	30.14	32.85	36.19	38.58
20	7.43	8.26	9.59	10.85	12.44	15.45	19.34	23.83	28.41	31.41	34.17	37.57	40.00
21	8.03	8.90	10.28	11.59	13.24	16.34	20.34	24.93	29.62	32.67	35.48	38.93	41.40
22	8.64	9.54	10.98	12.34	14.04	17.24	21.34	26.04	30.81	33.92	36.78	40.29	42.80
23	9.26	10.20	11.69	13.09	14.85	18.14	22.34	27.14	32.01	35.17	38.08	41.64	44.18
24	9.89	10.86	12.40	13.85	15.66	19.04	23.34	28.24	33.20	36.42	39.36	42.98	45.56

续表

n	α												
	0.995	0.99	0.975	0.95	0.9	0.75	0.5	0.25	0.1	0.05	0.025	0.01	0.005
25	10.52	11.52	13.12	14.61	16.47	19.94	24.34	29.34	34.38	37.65	40.65	44.31	46.93
26	11.16	12.20	13.84	15.38	17.29	20.84	25.34	30.43	35.56	38.89	41.92	45.64	48.29
27	11.81	12.88	14.57	16.15	18.11	21.75	26.34	31.53	36.74	40.11	43.19	46.96	49.64
28	12.46	13.56	15.31	16.93	18.94	22.66	27.34	32.62	37.92	41.34	44.46	48.28	50.99
29	13.12	14.26	16.05	17.71	19.77	23.57	28.34	33.71	39.09	42.56	45.72	49.59	52.34
30	13.79	14.95	16.79	18.49	20.60	24.48	29.34	34.80	40.26	43.77	46.98	50.89	53.67
40	20.7	22.2	24.4	26.5	29.1	33.7	39.3	45.6	51.8	55.8	59.3	63.7	66.8
50	28.0	29.7	32.4	34.8	37.7	42.9	49.3	56.3	63.2	67.5	71.4	76.2	79.5
60	35.5	37.5	40.5	43.2	46.5	52.3	59.3	67.0	74.4	79.1	83.3	88.4	92.0

附表 4　F 分布上侧分位数表

本表列出了 $F(n_1, n_2)$ 分布的上侧 α 分位数 $F_\alpha(n_1, n_2)$，它满足 $P\{F(n_1,n_2) > F_\alpha(n_1,n_2)\} = \alpha$。

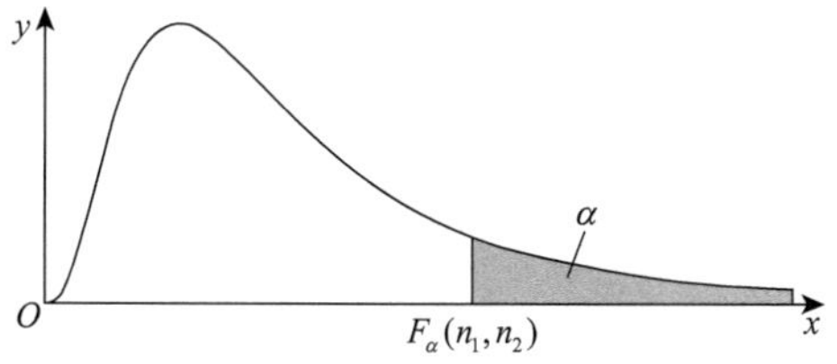

（1）α=0.05

n_2	n_1							
	1	2	3	4	5	6	7	8
1	161.4	199.5	215.7	224.6	230.2	234.0	236.8	238.9
2	18.5	19.0	19.2	19.2	19.3	19.3	19.4	19.4
3	10.1	9.6	9.3	9.1	9.0	8.9	8.9	8.8
4	7.71	6.94	6.59	6.39	6.26	6.16	6.09	6.04
5	6.61	5.79	5.41	5.19	5.05	4.95	4.88	4.82
6	5.99	5.14	4.76	4.53	4.39	4.28	4.21	4.15
7	5.59	4.74	4.35	4.12	3.97	3.87	3.79	3.73
8	5.32	4.46	4.07	3.84	3.69	3.58	3.50	3.44
9	5.12	4.26	3.86	3.63	3.48	3.37	3.29	3.23
10	4.96	4.10	3.71	3.48	3.33	3.22	3.14	3.07
11	4.84	3.98	3.59	3.36	3.20	3.09	3.01	2.95
12	4.75	3.89	3.49	3.26	3.11	3.00	2.91	2.85
13	4.67	3.81	3.41	3.18	3.03	2.92	2.83	2.77
14	4.60	3.74	3.34	3.11	2.96	2.85	2.76	2.70
15	4.54	3.68	3.29	3.06	2.90	2.79	2.71	2.64
16	4.49	3.63	3.24	3.01	2.85	2.74	2.66	2.59
17	4.45	3.59	3.20	2.96	2.81	2.70	2.61	2.55
18	4.41	3.55	3.16	2.93	2.77	2.66	2.58	2.51
19	4.38	3.52	3.13	2.90	2.74	2.63	2.54	2.48
20	4.35	3.49	3.10	2.87	2.71	2.60	2.51	2.45
21	4.32	3.47	3.07	2.84	2.68	2.57	2.49	2.42
22	4.30	3.44	3.05	2.82	2.66	2.55	2.46	2.40

续表

n_2	n_1							
	1	2	3	4	5	6	7	8
23	4.28	3.42	3.03	2.80	2.64	2.53	2.44	2.37
24	4.26	3.40	3.01	2.78	2.62	2.51	2.42	2.36
25	4.24	3.39	2.99	2.76	2.60	2.49	2.40	2.34
26	4.23	3.37	2.98	2.74	2.59	2.47	2.39	2.32
27	4.21	3.35	2.96	2.73	2.57	2.46	2.37	2.31
28	4.20	3.34	2.95	2.71	2.56	2.45	2.36	2.29
29	4.18	3.33	2.93	2.70	2.55	2.43	2.35	2.28
30	4.17	3.32	2.92	2.69	2.53	2.42	2.33	2.27

n_2	n_1						
	9	10	12	14	16	18	20
1	240.5	241.9	243.9	245.4	246.5	247.3	248.0
2	19.4	19.4	19.4	19.4	19.4	19.4	19.4
3	8.8	8.8	8.7	8.7	8.7	8.7	8.7
4	6.00	5.96	5.91	5.87	5.84	5.82	5.80
5	4.77	4.74	4.68	4.64	4.60	4.58	4.56
6	4.10	4.06	4.00	3.96	3.92	3.90	3.87
7	3.68	3.64	3.57	3.53	3.49	3.47	3.44
8	3.39	3.35	3.28	3.24	3.20	3.17	3.15
9	3.18	3.14	3.07	3.03	2.99	2.96	2.94
10	3.02	2.98	2.91	2.86	2.83	2.80	2.77
11	2.90	2.85	2.79	2.74	2.70	2.67	2.65
12	2.80	2.75	2.69	2.64	2.60	2.57	2.54
13	2.71	2.67	2.60	2.55	2.51	2.48	2.46
14	2.65	2.60	2.53	2.48	2.44	2.41	2.39
15	2.59	2.54	2.48	2.42	2.38	2.35	2.33
16	2.54	2.49	2.42	2.37	2.33	2.30	2.28
17	2.49	2.45	2.38	2.33	2.29	2.26	2.23
18	2.46	2.41	2.34	2.29	2.25	2.22	2.19
19	2.42	2.38	2.31	2.26	2.21	2.18	2.16
20	2.39	2.35	2.28	2.22	2.18	2.15	2.12
21	2.37	2.32	2.25	2.20	2.16	2.12	2.10
22	2.34	2.30	2.23	2.17	2.13	2.10	2.07
23	2.32	2.27	2.20	2.15	2.11	2.08	2.05

续表

n_2	n_1						
	9	10	12	14	16	18	20
24	2.30	2.25	2.18	2.13	2.09	2.05	2.03
25	2.28	2.24	2.16	2.11	2.07	2.04	2.01
26	2.27	2.22	2.15	2.09	2.05	2.02	1.99
27	2.25	2.20	2.13	2.08	2.04	2.00	1.97
28	2.24	2.19	2.12	2.06	2.02	1.99	1.96
29	2.22	2.18	2.10	2.05	2.01	1.97	1.94
30	2.21	2.16	2.09	2.04	1.99	1.96	1.93

（2）$\alpha=0.025$

n_2	n_1							
	1	2	3	4	5	6	7	8
1	647.8	799.5	864.2	899.6	921.8	937.1	948.2	956.7
2	38.51	39.00	39.17	39.25	39.30	39.33	39.36	39.37
3	17.44	16.04	15.44	15.10	14.88	14.73	14.62	14.54
4	12.22	10.65	9.98	9.60	9.36	9.20	9.07	8.98
5	10.01	8.43	7.76	7.39	7.15	6.98	6.85	6.76
6	8.81	7.26	6.60	6.23	5.99	5.82	5.70	5.60
7	8.07	6.54	5.89	5.52	5.29	5.12	4.99	4.90
8	7.57	6.06	5.42	5.05	4.82	4.65	4.53	4.43
9	7.21	5.71	5.08	4.72	4.48	4.32	4.20	4.10
10	6.94	5.46	4.83	4.47	4.24	4.07	3.95	3.85
11	6.72	5.26	4.63	4.28	4.04	3.88	3.76	3.66
12	6.55	5.10	4.47	4.12	3.89	3.73	3.61	3.51
13	6.41	4.97	4.35	4.00	3.77	3.60	3.48	3.39
14	6.30	4.86	4.24	3.89	3.66	3.50	3.38	3.29
15	6.20	4.77	4.15	3.80	3.58	3.41	3.29	3.20
16	6.12	4.69	4.08	3.73	3.50	3.34	3.22	3.12
17	6.04	4.62	4.01	3.66	3.44	3.28	3.16	3.06
18	5.98	4.56	3.95	3.61	3.38	3.22	3.10	3.01
19	5.92	4.51	3.90	3.56	3.33	3.17	3.05	2.96
20	5.87	4.46	3.86	3.51	3.29	3.13	3.01	2.91
21	5.83	4.42	3.82	3.48	3.25	3.09	2.97	2.87
22	5.79	4.38	3.78	3.44	3.22	3.05	2.93	2.84

续表

n_2	n_1							
	1	2	3	4	5	6	7	8
23	5.75	4.35	3.75	3.41	3.18	3.02	2.90	2.81
24	5.72	4.32	3.72	3.38	3.15	2.99	2.87	2.78
25	5.69	4.29	3.69	3.35	3.13	2.97	2.85	2.75
26	5.66	4.27	3.67	3.33	3.10	2.94	2.82	2.73
27	5.63	4.24	3.65	3.31	3.08	2.92	2.80	2.71
28	5.61	4.22	3.63	3.29	3.06	2.90	2.78	2.69
29	5.59	4.20	3.61	3.27	3.04	2.88	2.76	2.67
30	5.57	4.18	3.59	3.25	3.03	2.87	2.75	2.65

n_2	n_1						
	9	10	12	14	16	18	20
1	963.3	968.6	976.7	982.5	986.9	990.3	993.1
2	39.39	39.40	39.41	39.43	39.44	39.44	39.45
3	14.47	14.42	14.34	14.28	14.23	14.20	14.17
4	8.90	8.84	8.75	8.68	8.63	8.59	8.56
5	6.68	6.62	6.52	6.46	6.40	6.36	6.33
6	5.52	5.46	5.37	5.30	5.24	5.20	5.17
7	4.82	4.76	4.67	4.60	4.54	4.50	4.47
8	4.36	4.30	4.20	4.13	4.08	4.03	4.00
9	4.03	3.96	3.87	3.80	3.74	3.70	3.67
10	3.78	3.72	3.62	3.55	3.50	3.45	3.42
11	3.59	3.53	3.43	3.36	3.30	3.26	3.23
12	3.44	3.37	3.28	3.21	3.15	3.11	3.07
13	3.31	3.25	3.15	3.08	3.03	2.98	2.95
14	3.21	3.15	3.05	2.98	2.92	2.88	2.84
15	3.12	3.06	2.96	2.89	2.84	2.79	2.76
16	3.05	2.99	2.89	2.82	2.76	2.72	2.68
17	2.98	2.92	2.82	2.75	2.70	2.65	2.62
18	2.93	2.87	2.77	2.70	2.64	2.60	2.56
19	2.88	2.82	2.72	2.65	2.59	2.55	2.51
20	2.84	2.77	2.68	2.60	2.55	2.50	2.46
21	2.80	2.73	2.64	2.56	2.51	2.46	2.42
22	2.76	2.70	2.60	2.53	2.47	2.43	2.39

续表

n_2	n_1						
	9	10	12	14	16	18	20
23	2.73	2.67	2.57	2.50	2.44	2.39	2.36
24	2.70	2.64	2.54	2.47	2.41	2.36	2.33
25	2.68	2.61	2.51	2.44	2.38	2.34	2.30
26	2.65	2.59	2.49	2.42	2.36	2.31	2.28
27	2.63	2.57	2.47	2.39	2.34	2.29	2.25
28	2.61	2.55	2.45	2.37	2.32	2.27	2.23
29	2.59	2.53	2.43	2.36	2.30	2.25	2.21
30	2.57	2.51	2.41	2.34	2.28	2.23	2.20

（3）$\alpha=0.1$

n_2	n_1							
	1	2	3	4	5	6	7	8
1	39.9	49.5	53.6	55.8	57.2	58.2	58.9	59.4
2	8.53	9.00	9.16	9.24	9.29	9.33	9.35	9.37
3	5.54	5.46	5.39	5.34	5.31	5.28	5.27	5.25
4	4.54	4.32	4.19	4.11	4.05	4.01	3.98	3.95
5	4.06	3.78	3.62	3.52	3.45	3.40	3.37	3.34
6	3.78	3.46	3.29	3.18	3.11	3.05	3.01	2.98
7	3.59	3.26	3.07	2.96	2.88	2.83	2.78	2.75
8	3.46	3.11	2.92	2.81	2.73	2.67	2.62	2.59
9	3.36	3.01	2.81	2.69	2.61	2.55	2.51	2.47
10	3.29	2.92	2.73	2.61	2.52	2.46	2.41	2.38
11	3.23	2.86	2.66	2.54	2.45	2.39	2.34	2.30
12	3.18	2.81	2.61	2.48	2.39	2.33	2.28	2.24
13	3.14	2.76	2.56	2.43	2.35	2.28	2.23	2.20
14	3.10	2.73	2.52	2.39	2.31	2.24	2.19	2.15
15	3.07	2.70	2.49	2.36	2.27	2.21	2.16	2.12
16	3.05	2.67	2.46	2.33	2.24	2.18	2.13	2.09
17	3.03	2.64	2.44	2.31	2.22	2.15	2.10	2.06
18	3.01	2.62	2.42	2.29	2.20	2.13	2.08	2.04
19	2.99	2.61	2.40	2.27	2.18	2.11	2.06	2.02
20	2.97	2.59	2.38	2.25	2.16	2.09	2.04	2.00
21	2.96	2.57	2.36	2.23	2.14	2.08	2.02	1.98

续表

n_2	n_1							
	1	2	3	4	5	6	7	8
22	2.95	2.56	2.35	2.22	2.13	2.06	2.01	1.97
23	2.94	2.55	2.34	2.21	2.11	2.05	1.99	1.95
24	2.93	2.54	2.33	2.19	2.10	2.04	1.98	1.94
25	2.92	2.53	2.32	2.18	2.09	2.02	1.97	1.93
26	2.91	2.52	2.31	2.17	2.08	2.01	1.96	1.92
27	2.90	2.51	2.30	2.17	2.07	2.00	1.95	1.91
28	2.89	2.50	2.29	2.16	2.06	2.00	1.94	1.90
29	2.89	2.50	2.28	2.15	2.06	1.99	1.93	1.89
30	2.88	2.49	2.28	2.14	2.05	1.98	1.93	1.88

n_2	n_1						
	9	10	12	14	16	18	20
1	59.9	60.2	60.7	61.1	61.3	61.6	61.7
2	9.38	9.39	9.41	9.42	9.43	9.44	9.44
3	5.24	5.23	5.22	5.20	5.20	5.19	5.18
4	3.94	3.92	3.90	3.88	3.86	3.85	3.84
5	3.32	3.30	3.27	3.25	3.23	3.22	3.21
6	2.96	2.94	2.90	2.88	2.86	2.85	2.84
7	2.72	2.70	2.67	2.64	2.62	2.61	2.59
8	2.56	2.54	2.50	2.48	2.45	2.44	2.42
9	2.44	2.42	2.38	2.35	2.33	2.31	2.30
10	2.35	2.32	2.28	2.26	2.23	2.22	2.20
11	2.27	2.25	2.21	2.18	2.16	2.14	2.12
12	2.21	2.19	2.15	2.12	2.09	2.08	2.06
13	2.16	2.14	2.10	2.07	2.04	2.02	2.01
14	2.12	2.10	2.05	2.02	2.00	1.98	1.96
15	2.09	2.06	2.02	1.99	1.96	1.94	1.92
16	2.06	2.03	1.99	1.95	1.93	1.91	1.89
17	2.03	2.00	1.96	1.93	1.90	1.88	1.86
18	2.00	1.98	1.93	1.90	1.87	1.85	1.84
19	1.98	1.96	1.91	1.88	1.85	1.83	1.81
20	1.96	1.94	1.89	1.86	1.83	1.81	1.79
21	1.95	1.92	1.87	1.84	1.81	1.79	1.78
22	1.93	1.90	1.86	1.83	1.80	1.78	1.76

续表

n_2	n_1						
	9	10	12	14	16	18	20
23	1.92	1.89	1.84	1.81	1.78	1.76	1.74
24	1.91	1.88	1.83	1.80	1.77	1.75	1.73
25	1.89	1.87	1.82	1.79	1.76	1.74	1.72
26	1.88	1.86	1.81	1.77	1.75	1.72	1.71
27	1.87	1.85	1.80	1.76	1.74	1.71	1.70
28	1.87	1.84	1.79	1.75	1.73	1.70	1.69
29	1.86	1.83	1.78	1.75	1.72	1.69	1.68
30	1.85	1.82	1.77	1.74	1.71	1.69	1.67